新教育

教育將死

五明智學將創造新紀元
（開啟普世善慧根本之光）

沙默

目录

序言 1

第一章 五明智學教育的緣起及未來 14

1、五明智學的淵源 14

2、五明與佛法 17

3、五明傳到中國西藏 18

4、五明智學普適的世俗價值第一次被開掘 19

5、五明智學教育能成就世界新文明？ 21

6、只有五明智學教育可彌補世界人類人格及能力的差異性 .. 22

7、五明智學教育將能成就美國教育的天花板 22

8、五明智學教育在歐洲的可行性 26

9、五明智學教育在亞非拉等洲的可行性 27

10、北歐人尤其與五明智學親近 30

11、五明智學教育的展望 30

第二章 五明智學教育的五種特性 32

五明智學內涵簡介 32

1、五明的概念 32

一　創新性

1、推陳出新 43

2、世俗化通識教育上的創新 48

3、教育理念創新 60

4、課程創新 64

5、教學方法創新 79

6、創造新人類 92

二 智慧性 125

1、世間智 125

2、出世間智 128

3、智學與科學或知學 130

4、五明智學 133

5、五明智學與教育 136

三 普適性

1、普適性與普世性 142

2、五明智學的包容性 145

3、五明智學教育的通用性 151

四 系統性

1、五明智學是個系統 154

2、五明智學教育也是系統化 159

3、平衡是五明智學系統性的最優化 162

五 終結性 163

1、五明智學能終結教育嘛？ 163

2、五明智學教育既能宏大敘事也可涓涓細流 165

3、教育的終極目的是終結輪回 166

第三章 五明智學教育的理論建設根基 168

1、五明智學教育的核心理念..................168
2、智學與科學..................173
3、五明是智慧的門戶..................176
4、五明智學的教育及教學理念基礎..................178
5、五明智學的師資與學生..................181
6、五明智學的必需課程安排..................187
7、五明智學教育與其他教育理論的比較..................203

第四章　五明智學教育的實踐方法..................209
1、五明智學教育在課堂教學中的應用..................209
2、五明智學教育在課外活動中的應用..................213
3、五明智學教育對師生關係的影響..................220
4、五明智學在家庭教育上的應用和價值..................223
5、互聯網上的五明智學課堂..................226

第五章　五明智學及教育在世俗社會中有何實用價..................234
1、五明智學在職業中的應用..................234
2、五明智學教育在社區建設中的應用..................247
3、五明智學教育對政治體制發展的巨大價值..................249
4、五明智學對經濟發展前景的貢獻不可低估..................259
5、五明智學對藝術創造和文化發展的意義..................266
6、五明智學對高科技未來發展的意義巨大..................275
7、五明智學與醫學心理學健康學的關係..................282
8、五明智學及教育對開啟民智具足最大化實用性..................288
9、五明智學可持續性終生教育..................294
10、五明智學教育對未來老齡化社會的價值..................297
11、五明智學對臨終關懷的最高級意義..................302

第六章　五明智學教育對創造新人類的貢獻 310
1、為什麼五明智學能創造新人類？ 310
2、新舊人類的心性對比 314
3、五明智學教育對個人成長的增上緣作用 318
4、五明智學教育對社會和諧發展的貢獻 324
5、五明智學教育對人類文明進步的推動作用 328
6、五明智學與 AI 的關係 337

第七章　佛法與五明智學的連結是人類教育的終極 346
1、佛法的本質與五明智學 346
2、佛法與真理 347
3、佛法與世俗哲學的不共 352
4、佛法佛學與五明智學的關係 356
5、五明智學教育與佛法正智 357
6、如何掌握佛法最高智慧？ 358
7、佛法的中觀與唯識學是開啟大智慧總門的關鍵 367
8、《金剛經》和《心經》的啟迪及功德 370
9、透過五明智學才能最大方便透視佛法 372
10、為何佛法是創造新人類的終極動力源 373
11、佛法與五明智學的普適性 373

注釋部分： 379
第一章 379
第二章 381
第三章 387
第四章 390
第五章 390

第六章 394

第七章 396

教育將死

五明智學將創造新紀元
（開啟普世善慧根本之光）

序言

教育還能終結？這世界豈不立即沉淪毀滅？

難道這世界沉淪得還不夠嗎？不是朝著毀滅而去嗎？正因為要及時踩住世界沉淪的剎車，所以才要與其說終結教育，不如說終結教育的革命，該是讓教育適時列出到達終點的時刻表了。教育有革命嘛？而且即使有革命卻要終結？很多人會提出如是疑問。世人都知道，政治革命是個啥滋味，流血是確定無疑的。英國的瓦特蒸汽機的完善導致了工業有革命。文化有革命，義大利文藝復興運動即是。科技有革命，電腦的發明是標誌。資訊有革命，互聯網的發明普及便是一場大革命。當下的 AI 更是未來的革命前衛。ChatGPT 更是最新革命中的衝鋒隊。那麼教育的革命性到底在哪裡呢？回顧歷史，教育的革命實在是隱形的默流，從不張揚。但是教育的革命都是緊跟隨社會上其他革命性的大事件背後的續流，而且是民眾賴以文明生存的基礎和法則。如果沒有這些個埋在革命浪潮下面一股一股連續的潛流運作，人類的文明將不得延續生存下來。這些大事件可以總結出如下事出有名的證據——

我首先要說，中國的孔子應是世界最古老最早的專業教育改革家，是教育革命家。他的《論語》｛見注釋：❶｝有將近三分之一的篇幅都談論教育，這在世界古代史是絕無僅有。他不但在道理上廣說樸素的教育，而且還身體力行地廣收弟子，並攜弟子奔往於他國四處遊學傳授。三千多學生追隨他，擁有七十二大弟子的聰明鐵粉。這種規模化的教學奠定了中國儒家思想為頂樑柱的主流意識形態基礎，並形成了堅固的文化形態——儒家文化，直到今天仍不失民心。

從孔子的教育業力可以看到，"教育救國也可害國"，"教育強民也可弱民，"不是一句空話。正如中國的著名成語："水能載舟亦能覆舟"。教育給一個民族定音定調，這在世界人類歷史上，唯有孔子做到了。他的教育革命成果簡直是千古獨秀。

但是自從孔子之後至今，中國再無人有教育上的實質革新甚至革命，然而後人們不是傳承孔教的法脈，就是吸收了他國現成的教育思潮和成果，如，西方人的自由個性化教育及蘇聯式的"党文化"的大社會群體教育系統。然而獨立的創新改革教育幾乎為零。

希臘有無教育上的革命？應該說有，但遠不如孔子的教育革命那樣規模化專業化而已。所以我們也拿不出像樣的史料，來證明古希臘在教育上獨特的理論。但有些片言隻語足以證明古希臘人金色童年時期教育思想的偉大性和進步的普世性。如：亞裡斯多德的一句名言："我愛我師但我更愛真理"。僅憑這句名言，它的革命性遠超孔子的教育言論之總和。

憲法運動（14世紀至17世紀）：憲法是歐洲歷史上一次重要的文化和政治開明運動，也是文明的新覺醒。對教育產生了必然的影響。在這個時期，人們開始重新關注古希臘和古羅馬的經典文化，並強調人文主義教育。這導致了大學系統的興起，以及對古典文學和人文學科的重視。當然最值得一提的憲法始作俑者當屬英國的1215年的大憲章頒佈。這樁"跨文明"的大事件少不了對教育的影響。歐洲人文主義為主題的教育即是從文藝復興開始延續了近300多年，不能不說與《大憲章》的革命推動力為源泉不無關係。

法國的啟蒙運動（17世紀末至18世紀末）強調理性、科學和人權的重要性，對教育產生了必然的影響。啟蒙思想家如伏爾泰、盧梭和康得等人都曾致力於教育，努力培養人們的理性和批判思維能力。這導致了現代公立學校制度的建立和教育普及化的推動。盧梭最重要的教育著作《愛彌兒‧論教育》至今對全球的教育界都有重大影響。尤其是書中強調的自然主義化的教育原則對未成年人的教育理念和方法至今不衰。

工業革命（18世紀末至19世紀）：工業革命的發展改變了社會和經濟結構，也對教育領域產生了重要影響。工業化的興起，新技術需求增加，教育系統開始重視實用技能的培養，職業教育和技術教育得到了發展。教育改革運動（19世紀末至20世紀）：許多國家啟動了教育改革運動，涉及課程改革、教學方法改進、教師培訓以及教育機構的發展。其中一些重要的教育改革運動包括美國的進步教育運動和德國的維特爾斯巴赫計畫。社會平等運動和反種族隔離運動（20世紀）：在20世紀，社會平等運動和反種族隔離運動對教育領域產生了深遠的影響。這些運動爭取廢除對少數族裔和弱勢群體的教育不平等待遇，並推動了種族融合與教育平等的進程。例如，美國的布朗訴托皮卡教育，在1954年廢除了種族隔離教育制度。這當然是在教育上的人權革命，非常重要！資訊技術革命（20世紀末至21世紀）：隨著資訊技術的迅猛發展，教育方式和學習方式發生了根本性的改變。互聯網的普及使線上教育和遠端教育成為可能，學習資源的全球化和個性化大有改進。當然這些都屬於教學技術手段上的革命，但教育思想並未見其革命性的突破。

除了上述的教育革命大板塊隨社會革命而跟進之外，教育本身也有不少革命性的改進：如：蒙特梭利教育法（20則）：由義大利教育家瑪利亞‧蒙台梭利創立的蒙特梭利教育法，強調兒童自主學習和發展。大眾以觀察和實踐為基礎的學習環境，注重培養兒童的自主性、創造力和社交技能。蒙特梭利教育法在全球範圍內得到了廣泛應用。

社會主義教育改革（20世紀）：在一些社會主義國家，如蘇聯、中國和古巴，進行了大規模的教育改革。這些改革包括普及義務教育、強調科學和技術教育、推進社會主義思想教育，並在一定的程式設計中實現了教育的社會化。

開放教育運動（20世紀）：開放教育運動強調通過開放和靈活的教育模式，使教育更加普及化。開放的核心思想是提供遠端教育、成人教育和終身學習機會，開放大學和線上學習平臺是這項運動的重要成果。

反教育制度運動（20世紀升級至21世紀）：反教育制度運動是對傳統教育體制和方法的批評和挑戰。這一運動旨在以自主學習、非正規教育和學習社區為基礎，質疑傳統教育中的權威性和標準化，強調獨立的個性化學習和學生的自主性。

數位化教育革命（21世紀）：隨著數位技術的迅猛發展，數位化教育革命改變了教育的方式和形式。虛擬實境、增強現實、人工智慧和大資料等技術被教育界認可，為學習者提供更加互動和個性化的學習體驗。線上教育和遠端學習的普及也成為這一革命的重要標誌。當然還有一些被稱作現代教育思想和教育方法的革命性舉措。

如：存在主義思潮影響下的教育改良，結構主義思潮影響下的教育改革。新行為主義的教育方法改革。後現代主義湧動下的去中心主義而強調差異性的教育改革思潮。建構主義教育思潮以學生為中心教師為輔助的教育思想改革，也是些很有趣的革命。強調師生之間學生之間互動合作學習的教育理論也是很有新意的小小革命。

最值得一提的是，美國著名心理學家霍華德·加德納於1983年提出了多元智慧的教育理論，應是目前世界上就個人教育來說，最全面的教育思想和方法（這個我後面要做詳細討論，這裡從略）。

總結來看，以上是通過在人類歷史上，摘取的部分有一定革命性意義的教育改良事項。這些改良雖對人類的心智提升，有巨大的推動力作用，但我們所見的當今世界的人性人格及各種能力的現狀，我們對之能滿意嗎？是我們理想中的人類現狀嗎？回答基本是不大滿意的。

人們對教育概念公認的簡則有兩個：勸善與開智。

勸善，全世界的專業教育界都做到了嗎？我想毋庸置疑，做到了一部分，但遠遠不足以令人滿意，這是真的。開智，都做到了嗎？有人一定會說，做得應該很好吧。瞧，當下的高科技水準就足以令人驕傲了！馬斯克正在創建人類的火星移民計畫了。要我說，差的真的好遠！人類的智慧尤其是智慧，真的開發出10%以上，其實人工智慧的開發意義就不是很大了。如果人類的善德和智慧真的開發出來10%以上，火星移民計畫就顯得沒有必要了。人類完全可以踏踏實實安心地守護自己的地球家園好好度日。當然，作為人類娛樂去外面的星球遊玩，耍一耍，倒是個不錯的項目。照上述現存的人類諸多的教育革命成果能否完成開發10%以上的心智（善德與智慧）？回答是不幸的！

但有一種教育思想和方法是可以完成10%甚至以上的任務——五明智學教育系統。甚至可以完成教育革命的終極任務。本書將向世人展示五明智學新教育體系給人類在教育方面，提供一個全息的完善價值鏈。

從古至今，人類以往的世俗教育體系基本都圍繞或鎖定獲得新舊知識而行的教育。而嚴重忽略了對人內在善德與智慧的根性進行啟迪開發。因為教育家和教育者本人也未必開啟了自我的善根和慧根，即便是世俗社會認同的所謂先哲們。而今天本書將向人類的教育領域展現一個古老而彌新的教育教學體系——五明智學教育。五明智學的重點不是"勸善"，而是長養人之善根，不是開啟智力，而是開啟慧根。此書將展開來討論五明智學能給人類教育帶來怎樣的普世光明。

此書的重點是來討論教育與內在善德和智慧的極重要關係。也討論教育本身的智慧，叫做智慧教育。這種智慧的教育即是上述提到的五明智學。

五明智學的難點是，不僅僅是受教育者要開啟內在的善根和慧根，更重要的是，施教者首先要開啟自我的五明智慧，否則你無法對學生施教。幸運的是，這個方法我們已經找到了，這就是此書有現實價值的利器，而非僅僅是空談的教育理念。

本書的書名有幾個關鍵詞需要說明一下：普世之光，善慧之根。先說普世，常聽說有"普世價值"之說，也就是普遍適用於人類受益的價值系統，才能說具普世價值。如，自由，人性，人權，向善，正義，自利，利他，明真理，等等，這些就是普世價值所關照的基本問題。這些都是世俗價值最關心的命題。它們的價值很具普世性，但如何實現這些善命題呢？難道僅靠說教嗎？當然說教也是必需的，但如果依賴說教達到目的這就很值得懷疑效果了。

在當今資訊爆炸而碎片化的時代，最廉價的教育除了說教還是說教。因為一切搜尋引擎就是最好的說教，比呆板的講師要有用很多。一位職業教師或講師站在課堂前，他除了說教還能做些什麼？

現在好了，有五明智學教育即將出世，它能完成說教所不能替代的任務。但它不想取代現存的好說教的師資們，而是願意幫助他們升級，甚至脫胎換骨。乃至成為創造新人類的先導。

可以毫不懷疑地說，五明智學教育應是能創造新人類的最大利器，它比任何高科技人工智慧都來的更高效，成本最低，最具活力，最具靈性，平衡性，自由性，乃至神性的開啟。這些個特性，是我們以往至今的舊人類所陌生而從未涉及的專案，尤其是世俗的教育。的確，五明智學古代時期只流行於極少數修行修道的智者眼目，不入世俗的泥淖。所以它們只作為秘法如古董珍寶那樣藏匿于修道者之中。

今天我將它們推陳出新，改造升級為世俗化普世光明的教育系統，甚至能使其准"工業化""藝術化"的模式推廣出來，使整個人類受益並能造就全新的人類，何樂而不為呢？！明眼人都知道，人類燦爛的文明發展，是靠文化傳播而逐步形成的，但誰是文化傳播的最主要旗手呢？應該說除了教育還是教育，沒其他。教育旗手們的先鋒隊應該就是學校。尤其是現代文明，國與國、國民與國民之文明程度比的是啥？仔細想來，拼的還是教育。現實證明，凡是在教育上肯拼血本的國家民族，都是強盛的，反之即便有錢也是外強中乾。都說美國最強大，他到底強大在何處？仔細想來還是教育。尤其是大學教育。美國的中小學教育雖然也能名列世界前茅，但不是最強的，然而大學的教育他們絕對當仁不讓，綜合實力始終領先。老實說，美國燈塔的地位，並非來自他們的政治經濟軍事等，而是來自教育的墊底。沒有教育尤其大學教育的墊底，美國的燈塔早就熄滅轉移了。世界最具盛名的哈佛及耶魯大學等年歲都遠遠長於獨立的美國。

而且兩所大學的校訓皆是"求真理"的意趣：哈佛——拉丁文為"VERITAS"，英譯為："Verity"。耶魯——拉丁文 Lux et Veritas（真理和光明）。請看這兩所大學校訓的精神理性和靈性層面應該具足了最高最深厚的底蘊。

顯然是世俗社會立意形而上的高地。就如同茫茫大海中燈塔尖上的航標燈。所以說，美國的燈塔功德非來自政治經濟軍事，而是來自思想的底蘊——大學的校訓。

哈佛與耶魯校訓雖則追求人類至高理性天花板，但仍是停留於世俗法則，沒有超越。然而五明智學教育系統不僅僅追求世俗最高理性真理，而且還追求人類的出世間終極真理。所以說，哈佛與耶魯培植的是舊人類的佼佼者，而五明智學教育則能創造新人類。

什麼是新人類？現實中有無新的人類？有人肯定推薦有一個：馬斯克。相對來說他是個准合格新人類。我們說他是准新人類，意思是還未達到全新人類的標準。有人會說，如果馬斯克都不算全新的人類，那麼地球人將更不可能有很多馬斯克了！天才不是教育出來的，而是老天賜給的。你怎麼可能用再好的教育方法培養出一大堆馬斯克來呢？

上面的質疑當然有其道理，但那是流行的道理，而非新人類的道理和標準。理由是，必須注意：人類中的天才人物有不少，他們是佼佼者不假，但他們並非一定是新人類。他們只是這個世界低維度的優秀者，還未跳出來進入高維度。馬斯克也不例外。我們說他是准新人類，是站在高維度平臺上看的。

不錯，現在科學愛好者們很流行一種新理論的假說，三維四維乃至多維空間說。即越多維度的空間意識水準越高級。已經推演到了十一維度。也不知他們的推演有無充足理由論？不過這種假說很有意思，至少使人類的心願提供了美好的假設，擺脫了人類無聊的三維度舊套路。

我所討論的新人類也可以借用如上流行的多維度空間假說道理，來證明創造新人類是可行的，然而不僅僅是假說和推演。因為過去人已經身體力行，並且已經成功實現了全新人類的標杆。這些人我暫時先不透露他們的名字，因為我會用專章來討論他們。

所以說馬斯克也只是一個准新人類的模範，還未突破三維度空間，但他將要突破，因為他的心性已經有了那樣的種子和衝動。只稍欠一道燦爛的智光照耀他。這道智光應是五色光——五明智學。

馬斯克自家開辦了一所學校，名字叫：Ad Astra School 他把他五個孩子全部送到了自己的學校學習，與世隔絕。據說現在他的學校已經有學生 50 名以上了，現在的報名者趨之若鶩，紛紛想進入 Ad Astra。但馬斯克目前只想招收 50 名左右的學生足以。這所學校的 教學方法與傳統的中小學完全不同（這裡就不具體描述了）。據報導，他們的教學效果相當不錯，引起了全美社會及教育界的轟動，甚至引爆了全世界教育界的興趣熱點。我雖然沒有親自參觀過 Ad Astra School，但據報導的資訊使我得以用五明智學的平臺高度看，Ad Astra 不過只完成了一半五明智學中的工巧明教學。可以設想，如果 Ad Astra 能採納五明智學教學體系教授孩子們，那這所學校 理應很快能成為全美教育的燈塔。

我所說五明智學是教育的普世之光，其一大理由是，小、中、大學 及社會職業教育乃至中老年再教育等，都能容受，沒有任何局限，對國家種族民族甚至不同的宗教信仰也無局限。此問題我將在後面專章節討論。

有人一定會問，五明智學到底對人有哪些益處能否簡單列舉一下？我總結出了大約十五條益處如下：

1/ 使人開五智——聲明，工巧明，醫方明，因明，內明。開覺大智慧悟性，開覺善德性。

2/學生不易得心理疾病，反而心理日趨健康強壯。

3/內心承受力大大加強。

4/免抑鬱症，免各種七七八八的不良心理症。

5/增強記憶力，成就應試教育考試。如：語文、外語、數學、物理、科學、藝術體育等科目。

6/大大增長演講及溝通能力，增長卓越的語言藝術表現能力，包括口述語和書面語。

7/識別善惡法清晰，成就善行德操品質。

8/杜絕自私自利，擴展憐憫心同情心，大悲心，增長自省懺悔心，長養一切善心。

9/培植動手能力，熱愛勞動，增強平等觀，免好逸惡勞惡行。長養精進學習意志。

10/長養創造意識和創造力，想像力大繪。獨立思考邏輯推理能力倍增。長養多角度思維能力。

11/可以代替很多課外的補習教學科目，如：藝術鑒賞課，美術課，雕塑課，音樂鑒賞及作曲課，部分樂器課，部分體育課，手工藝課，科技實驗課等。

12/能最大效率地長養學生的自學能力。學生的自學能力有多重要是不必多加理論的。

13/五明智學不僅是知識型學習，而更多是教練式的觀摩學習，所以一旦掌握學會，不易遺忘。

14/懂得自我健康調節的一般知識，而且能掌握自我調理健康甚至自我治療疾病的能力。

15/使人脫去舊人類的軀殼，不但成就世俗智慧，而且還能長養超越世間的智慧和能力，成為一個開顯覺性（佛性）的新人類。

　　暫時列出以上 15 條。其實真能做到如上 15 條，這樣的學生已經在現實中鳳毛麟角了。這樣的一群學生走上社會，進入政治經濟科技 軍事文化農業等領域，你還會發愁擔憂他們做出阻礙社會前進阻礙眾生自由幸福的道路嗎？

　　就全人類來說，五明智學在世俗教育領域仍是零的狀態。人們對它的瞭解，如同早年英國工業革命初期對瓦特蒸汽機的瞭解。那時的 人們打死也不會想到瓦特蒸汽機對於未來的英國、歐洲及其全人類的工業會帶去怎樣的革命。五明智學也如是，人們不會有那麼遠見的頭腦，預知其未來教育的革命性變革。但今天的人類比較數百年前工業革命時代的人要聰明很多很多了，畢竟資訊智慧時代已經臨在每一個人的當下。聰明人給他一個槓杆，就能撬動整個地球。

由上可知，五明智學的前景是燦爛光明的。但是其開發的難度也是相當大的。從人類歷史上看，一個全新事物的接受需要很漫長的時間，瓦特蒸汽機用了多長時間才開啟了轟轟烈烈的工業革命？第一台龐大笨重的電腦 DOS 系統到個人電腦的視窗系統用了多長時間才如今天這樣普及？再看看今天的 ChatGPT，就知道了今天的人們接受新事物的能力有多麼快捷！快得不可思議了！所以我們完全有理由相信五明智學教育對今天人類的吸引力有多麼巨大，多麼不可思議，一旦它被明智的人們所接受。當然明智人多的地方越容易接受五明智學這樣的教育，反之則引起人們的恐懼。五明智學更多的是成就個人善根和慧根茁壯增長的高營養價值，本質上是反對烏合之眾的下劣意識而不共。所以它需要適宜的環境。

我現在用古希臘柏拉圖先知的一個著名的《理想國》中"洞穴隱喻"故事來結束這段序言：有一個黑暗的洞穴住著一群從生下來就一直生活在洞裡的人，他們始終只能背對著洞穴入口，面朝洞穴的牆壁生活，不得轉頭。他們從生到死都只看著牆壁上的投影世界而生活。

這些投影皆是由洞口外界的光線照在他們背後的物體而形成於面前的牆壁。每個人都確定無疑——牆壁上的投影世界是唯一真實不虛的，而對洞外的真實世界一無所知。然而他們當中僅有一人離開了洞穴走出外面，經歷了痛苦的適應過程，終於看清了外面的真實世界，他恍然大悟，欣喜若狂：原來這才是真實的世界！他想回到洞裡把他的經歷告訴洞穴中的同族。讓他們知道真相，走出洞外，從而醒來，享受真實世界的歡喜。然而他知曉，他如果這樣做，洞裡人都會認為他瘋了~~~

這個隱喻故事告訴我們：他就是代表醒來的智慧新人類，而洞內不肯回頭走出洞外的人群，即是我們現今的舊人類。英國人法蘭西斯·培根在文藝復興時期曾預言他自己的《新工具》一書，將是人類探索真理的思想從舊傳統的神壇中解放出來的明燈——科學歸納法+實驗科學法。而今五明智學教育系統卻與之有異曲同工之妙。

綜上所述，可以得出結論：五明智學教育的創新革命性是徹底的，已到了世俗教育的天花板層級。已經達成終極的了義——使人們走出洞穴，擁抱光明真實的世界。故說它是教育革命的終結，甚至是教育的終點站。

第一章 五明智學教育的緣起及未來

1、五明智學的淵源

五明，應該源自古印度的修行者中那些被尊為有成就的高人甚至仙人。這些人被稱作"沙門"。沙門在印度應是一支專業的修行社群，幾乎散落于印度南北全境。該人群中的階層成分比較複雜，有婆羅門，剎帝利，吠舍等。總之出身於中產的家庭者占多數。沙門修行人的社會主張比較尊重人權平等和自由，沒有強烈的等級觀念，主要靠乞食和人們供養而維持簡樸生計。他們的社會觀念和政治觀念多與婆羅門相左。釋迦牟尼佛{見注釋：❶}出世前沙門已經發展成了 96 種 修道法門了。對當時的印度影響很大。五明在這些沙門派別的修行中逐漸形成了共識。五明的具足者被稱為智者，缺一明也不行。具足五明者可受到眾生的供養和尊重乃至追隨。

五明包括：聲明，工巧明，醫方明，因明，內明。古印度時期對五明的解讀與我們今天的認知有不少差異。這一節我不多做討論，後面會有專章探討。

96 種外道教派修行方法，每一種都有其長處。其中有六種外道修行者成就最高。達到了當時大師的水準。

成就釋迦牟尼佛之前，喬達摩悉達多，他本人青少年時期，在王室中 所學的課程即是當時有名的教師所教授的課程應該都離不開五明。據 資料記載和傳說，正值青少年的悉達多，參加了當時全印度的各類文 體競技比賽，如，摔跤，射箭，騎馬，柔道，逾越障礙，各種手工藝 製作，音樂樂器如吹笛子，演講辯論，站樁坐禪等等盛大活動，他都 是佼佼者。被稱為最有能力品德最優的王子。他參加的所有比賽活動都包括進了五明的學習課程。成年後他仍然不間斷學習五明，直到出家修行，跟隨過上面提到的六位全印度頂級大師學習，但都不能滿足 悉達多的內明需求，索性辭退了所有大師，獨立修行，最終大徹大悟，成道成佛。

應該說，他年少時所學的五明為他的成佛起了催化劑的大加持作用力。此外，釋迦佛在不少經文中，也提到而且非常肯定了五明，對於度化世界眾生開導世界眾生走向大徹大悟的重大作用。也就是說，五明的概念，在釋迦佛這裡，得到了明確的印可。他之前，五明的概念還只是模糊含混地在沙門中流傳。

五明後來隨佛法經論，傳播到了古代的中國大地，從東漢就開始了。但是中國的本土修行學人們對五明和五明智慧的教法並不感冒，更不理解其內在價值，而是只專注於遠道而來的印度大譯師們翻譯成漢文的佛經本著作。至於五明，早被拋之腦後。當然了，印度譯師們 大多是些極聰明的修行人，他們很會投其漢人的所好——喜歡好大喜 功，一切從簡，喜歡最能受益的部分。所以五明這種教法自然也不會 向自恃聰明的漢地求法人傳授。而這種教法又不可能廣布民間。所以 自然成了一種秘法保存了下來。

但是，聰明而淳樸的西藏人則不然，他們從印度師父們接過了五明的衣缽，融入了藏傳佛教寺廟裡的日常功課中。直到今天，在藏區有好幾所專業的五明佛學院。但是他們所學習的課程與古印度的五明課程以及與我在這裡所談的五明智學教育課程，是有很大區別的。我曾聽一位曾在四川甘孜五明佛學院畢業的師父說，他在那裡學習三年就畢業了，五明課程只教授了因明學和內明學，至於醫方明和工巧明課程幾乎沒有涉及。聲明只學習過用於"辯法"的演說技巧。草草便結束了學業。也有另一種說法，據"百度百科"資料說，西藏的五明學起源于藏地本土的苯教{注釋：❷}。說約於四千年前，"象雄人"辛饒·米沃祖師對過去原始苯教進行了許多變革，創建雍仲苯教，被稱為西藏最古老的"象雄佛法"。辛饒·米沃祖師首先創造了象雄文字，並傳授了五明學科，大致內容也如古印度的五明學科內容。這個說法應該值得質疑，如果苯教徒人自己獨自創建的五明，怎麼可以說四千年前苯教就有了"象雄佛法"了呢？當時釋迦牟尼佛還未出世。難道是無獨有偶的雙料五明？所以有學者說，藏地的佛教應是苯教與印度佛教及印度教的雜糅體。此說是否有理？暫且不論。

我所談論的五明，應該屬普適化世俗化的五明智學教育，與藏區五明佛學院中的課程差異性很大。在這裡就不多做表述了。此五明，不同於彼五明。

此五明的靈感，源自於學習多年的廣博人文知識（包括哲學，宗教，歷史，各種藝術鑒賞，文學，音樂，博物學，自然醫學，道醫學，中醫學，西醫學，命理學，經濟商業，互聯網，心理學，教育學，禪修學，世界各地的旅行及見聞，尤其是有緣接觸到了佛學正法，禪修靜心冥想等等），才可能孕育激發了對五明智學教育的深刻認知，並身體力行地挖掘研究總結出了一整套系統可操作，而又具足了普適功德的世俗化教育課程及教學方法。尤其是它的人文進步價值不可估量。

不管任何國家，只要教育管理部門真能認清了五明智學教育之於自己國民素質的最高價值，那麼就是該國家的大福報和最大利益。這個利益是潛移默化的，不像股票市場那樣，漲跌涇渭分明。

2、五明與佛法

　　從我們前面簡單回顧五明的深遠淵源得知，它主要根植於印度與進步性而強勁生命力的沙門修道團隊中。五明在他們那裡已經基本成型，而且已經廣為實踐中，在師父和弟子之間已經形成了教授的課程規則。此時，五明這個詞彙還未明確傳播開來。所以可稱此階段為五明的有實而無名。釋迦佛出世後（成佛之後），五明這個詞才廣為認同和傳播。這一點可從很多的經典中找到依據。這裡只引用一點點片言隻語："菩薩習五明總為求種智者。明處有五。一內明。二因明。三聲明。四醫明。五巧明。菩薩學此五明總意為求一切種智。若不勤習五明。不得一切種智故。問別意雲何。答解伏信治攝為五。五別求如其次第學。內明為求自解學。因明為伏外執學。聲明為令他信學。

　　醫明為所治方學。巧明為攝一切眾生。"｛見注釋：❸｝佛的這段經文大意是——五明是為求一切種智。種智，可解為種子智，種類智。

　　即一切種子智，一切種類智。也就是，五明已經囊括了一切智慧種子和種類。佛陀已經認同印可了五明的巨大功德力。經中說，內明為求"自解"學，顯然這句經文與古希臘大先哲蘇格拉底的名言"認識你自己"，遙遙相應。蘇格拉底認為，人類的全部知識價值和真實意義就在於能認識你自己。如果你學得了當時的全部學問，成了活得圖書館，但是你卻不能了知自己，不認識自己，你也等於白搭，活得沒有意義。佛說的自解與其有異曲同工之妙。佛說的自

解較比蘇格拉底的 認識你自己，更有深義——不是簡單地知識性的自解，而是通過修行 能自證真理，自證自心和自性。

佛說，"因明為伏外執學"，意思是，菩薩{見注解：❹}學習因明是為了降伏對外在知識的執學。執學，即執著僵化的學識或學問。也就是說，因明可活學一切外在知識，而不至於將知識學成僵屍。當然，佛說的"外執學"，還有另一層意思——外道的執著學問。因為佛法本質是心法，除佛法外的修行者，多為心外求法。故稱其他學道者為外道。經說，聲明為令他信學。意思是，聲明，為了使他人信賴、信解信服而學誠實語。顯然，強調了菩薩的演說和辯才的卓越能 力，以感召學子們向善知識聚集依止。經說，"醫明為所治方學"，醫方明是為人排憂解難的，不但解決他人的病狀，還可自利自身的健康問題。所以，佛也被稱為大醫王。方，可解為藥方，治病方法方案等等。經最後說，"巧明為攝一切眾生"，意思是——菩薩的工巧明是為了聚合一切有緣眾生，因為工巧明是指什麼工作什麼活都會做都會幹，而且什麼活都能幹得最好，自然惹眾生敬佩親近，所以度化眾生就非常方便。由此段經文我們可以判明，五明的功德力在世間非常 實用巨大，不可思議。

3、五明傳到中國西藏

前面我們已知，印度的佛學大修行人也是大譯師們大多是精通五明者，他們來漢地傳播佛法，同時也帶來了五明智學，但漢人天性比較好高騖遠和好大喜功，不肯接受五明的教誨，而更渴望能直接修習佛經，以節省很多功夫，直接學習佛經。所以五明智學沒在漢地流布。可是天性質樸大智若愚的藏人則不然，他們首先接受了五明的教導，經過一定的薰陶，達成了相當理悟的水準，才去按部就班次第的學習佛法經論。一千五六百年以來，一直是這樣學習的。所以至今在藏地還擁有幾所專業的五明佛學院。藏人和漢地人學習佛法的次第，很不一樣：藏地學佛人需要花費很長時間才能進入佛法經論的學習，之前要經過漫長的善法教育課程，五明是其中的一部分。五明只針對專業的佛學院學生才能學習，一般民眾是無緣學習五明課程的。

而漢人則不同，一開局就直接接觸佛經、論的學習，不需要向藏人那樣經過漫長的多年學習善法甚至學習五明才可進入佛法經論的學習。所以漢地的學佛人遠比藏地人要輕浮焦躁很多。

4、五明智學普適的世俗價值第一次被開掘

我們已經對五明智學有了一個大概的印象了。這一節我想專門談論五明智學是怎麼能嫁接到世俗化教育教學中的呢？在我參透了五明之前，可以說是沒想過要把五明智學與世俗化教育連結起來，更沒想過要實地做這件費力不討好的艱難再艱難的創建工作。但我天性就喜歡想些前人和他人不敢想或不願想、想了也沒用的很是前衛的事情。五明智學教育就是之一。我通過佛經對五明的描述，覺察到，佛所說五明，既然通達一切種智，則一定也通達世間一切智。進一步推演：世間一切智，靠什麼來開發啟迪？一定是教育，除了教育還是教育。可是現實的世俗教育表面上看，與五明好似半分錢關係也沒有啊！特別是那些持應試主義教育觀念的人，更會認為五明雖然對學生成長很好，但對考試沒用，所以不會接受。我通過研究發現，五明智學，並非與應試主義教育課程相矛盾，勢不兩立。相

反，它還能成全應試教育的成果，雖然短期難以湊效，但從長遠看，對應試是有幫助的。我想，五明智學首先最能直接成全的就是語文課程，如聲明和因明。聲明對應於語言文字及演說交流能力，這對學生來說實在太重要了。語文和外語課程能直接受益。其次，因明對應於數學課程，數學是最講究邏輯思維能力的推導演算，然後就是物理學原理等的其他課程。教育界從技術層面看，普遍認為，中小學的核心課程即是語文和數學，這兩門基礎課打好了，未來的文理科通識的平衡就不會有偏廢了。再說內明，對於健壯學生們的心理自我調節，那是非常重要的。據知，在中國以應試主義教育為主導的中小學，至少有5%~10%有自閉症或憂鬱傾向。學習成績優良的和學習成績差的學生都有如此傾向。與之相反的是，還有一些學生有狂躁症，懶惰症。學生們普遍感覺承受的壓力過重。在這種形勢下，更需要內明技巧的自我調節和疏導。再說醫方明，現在的中小學甚至大學學生近視率眼鏡率已經達到了20%以上，有的班級或整個學校都能到30%~40%以上。這說明什麼？普遍學生健康出了問題。眼睛是心靈的窗戶，這個窗戶模糊不清了，窗內的靈魂還能清亮嘛？學生階段，身體的成長是基礎工程，這個地基不打好，未來走上社會的前景不會太光明。工巧明對應於用手用腳的能力，成全心靈手巧。科學物理化學實驗數學實地測量等、工藝製作文藝體育等課程都屬於工巧明的範疇。所以說，其實五明本就沒離開過學生的課程，只是教育者沒有意識到而已，更沒有總結和實施。所以也就沒有這樣的師資力量。

通過以上對五明與現實教育的深入思考研究，發現了五明智學與教育的緊密關聯。如果能專業性的實施，那對學生的善根和慧根的開發利用，都有醍醐灌頂的覺醒力。

我前面說過，五明智學是根性化開掘教育系統。它主要是教育之道（道，這裡表述為形而上的道理，是抽象的不可眼見的精神層面的 理性之道）的深刻層面，雖不是直接的淺顯的教育"器"（器，表示 具體可見的形而下的綜合形式。比如，具體的培訓方法的可操作性，等等）之層面，但它又不離器，而且能成就"器"的完善。這就是五明智學的實用性所在。它並非束之高閣的象牙塔，而是非常接地氣具強壯生命力的有效工具。這些工具不在身外，而正屬於自體的身、口、意六根五蘊（六根和五蘊詞彙在後面章節有專論）的內在部分。

有了這樣的現實有生命力的思考研究平臺，就可以吸收諸多的世俗教育中有關課程及教學方法鑲嵌入五明的載體。形成了我後面論說的系統性

課程安排。於是也就有了撰寫本書的動力，將此奉獻給世界。

5、五明智學教育能成就世界新文明？

有人會問，難道五明智學教育確能成就世界新的文明？回答是肯定的。因為如果地球人有1-5%的人具備了五明，這個世界就會發生巨大變革，這1%-5%的人可以教授成就更多的人獲得五明智慧，這些少數羽毛豐滿道德操守善良並具備全面能力的人如果擔當起管理社會和國家的職能，人類的方向就不會偏離。邪惡勢力就會被有效遏制甚至被降伏度化。這種被期待的境況不管出現在西方還是東方，或者南北方，都是人類的大福報。都有燈塔師範的巨大作用。以點帶面，以面帶全域全地球，則人類新文明出現將會進入議事日程。

6、只有五明智學教育可彌補世界人類人格及能力的差異性

我們已知，五明為一切種智，所以它可以覆蓋人的一切所謂的智力開發，情商開發，善德的開發等等。現在的世界各地區各國家民族社群等人類的人格及能力是有很大差異的。這些差異也造成了人們之間福報上的差異。這些差異導致強烈對比分別，甚至猜忌，敵對，乃至仇恨暴力和戰爭。人類這些差異的形成，如果追根溯源，最終都能追到教育體制教育思想教育方法上來。教育的差異，導致了人格的差異，也導致了能力的差異等等。當然有人會駁斥說，教育不是唯一的，更非萬能的。即便教育一樣，也會出現人與人強烈的差異。我從未否認每個人天生帶來的業力、習氣差異性而促生了每個人之間福報上的差異。這種差異都是自作自受的別業妄見。教育不但影響每個人的別業，也影響人群的共業。我們談教育，主要是對應於共業。五明智學教育更是如是，它更對應於受教育者的共業，也對應於每個人的別業。由於它強大的包容性，所以它能很有效地平抑教育的差別性，同樣也平衡了人與人間的差異性。如，人格和能力的差異性——趨善避邪，擇善驅惡。平等的能力均得以開發。

7、五明智學教育將能成就美國教育的天花板

有人會問，五明智學教育對美國教育到底能貢獻些什麼？美國人到底需要不需要五明智學教育？這個問題很尖銳，也很有必要來回答。

講一個故事就知道美國現在的教育走到了何處？是否已經在人類教育的十字路口上徘徊很久了。

2006年人類的教育界出了一件大事：世界第一大學哈佛大學院長 哈瑞·路易士，出版了一部新書《失去靈魂的卓越》。顯然這是一部對世界第一大學在教育上的反思反省的一部巨著。書中沒有什麼對哈佛的溢美之詞，更多的是中肯的批評甚至批判。明眼人看看書目就能一目了然書中的內容了：

英文版序言：

大學忘卻了什麼？

導言：不實的卓越

第一章 選擇與方向

第二章 知識精英與公民意識

第三章 溝通、競爭與合作

第四章 諮詢：永恆的主題

第五章 為什麼分數在上升

第六章 評價只是教育手段

第七章 獨立、責任感、性侵犯問題

第八章 學生與金錢

第九章 大學體育與金錢

從網上的資料看：哈瑞·路易士為哈佛大學電腦科學教授，任教哈佛30餘年。1995年至2003年任哈佛學院院長。主持過哈佛學院紀律和體育政策委員會的工作，並長期擔任哈佛學院招生委員會成員。哈瑞·路易士撰寫的《失去靈魂的卓越》曾入選《波士頓環球報》暢銷書行列，並有中文（簡體、繁體）和韓文的譯本。

這部書對世界教育的影響很大，特別是對中國教育界有識之士影響更大。很多教授們都在反思中國的大學失去的更多，有人甚至說中國大學數十年向來就無靈魂可失。這些尖刻的評論令人振聾發聵。哈佛的靈魂是什麼？一般都認為是，自由教育和通識教育的理念，以培養理性的自由人為宗旨。其實這只是哈佛的靈魂的血液，而不是髓，哈佛靈魂的精髓應是他們大門口匾額上的拉丁文字"真理"。哈佛忘記的是這個人類理性精神的實質，而並非什麼自由教育和通識教育云云，這些只是哈佛之靈的表現形式而已。你可以仔細看《失去靈魂的卓越》的目錄會發現，簡短的九個章節裡，居然有兩個章節點名了"金錢"二字。所以你可以敏銳覺察到，哈佛的靈魂飛走了，應該是被金錢奪走了。不實的卓越，這一章節估計談的是，卓越的金錢和名利，

而非卓越的教育靈魂。書中也確實是這個主題，以經濟為導向的辦學方針主導了哈佛的方向很多年。前任校長勞倫斯。薩默斯是一位很厲害的經濟學家，他在任期間，哈佛獲得了捐款數字飆升，曾達到80億美元之巨。發財致富，哈佛也是世界第一大學。哈佛的福報，也為世界第一大！與此同時，哈佛人恐怕早已將校大門口的匾額古老的希臘文字"求真理"拋擲腦後遠遠的了。

哈瑞·路易士在書中呼籲什麼？想招回什麼靈魂？其實就是想找回校門口牌匾上真實的初發心，找回自由教育和通識教育的模式，找回兢兢業業充滿對未來社會及人類責任感大胸懷的學生們。找回

原始的大學人文精神。其實就是想渴望有這麼一種教育模式能承繼並能升級或發揚哈佛的傳統教育精神——五明智學教育。

我敢肯定地說，五明智學教育一定能滿足哈瑞·路易士對教育的理想夙願。因為五明智學教育體系能滿足求真理的全部元素，更能滿足自由教育與通識教育理念及模式，並能滿足培養理性自由人為宗旨的條件。

我們知道，現有的歐美教育是目前世界教育品質最高的。但是其教育內容仍有很多的不如人意的因素，缺漏仍是很多。仔細觀察，其中就是不能滿足五明智學的條件要素。一個國家一個民族的現有形態，正透視反映了該國民的教育品質。美國之所以能成為世界人類善法航行的燈塔，也正透視出美國教育的高水準高品質。如，從哈佛大學大門口上的頭匾，校訓是"真理"二字（古拉丁語）就可以敏銳地覺察到，這所大學的原始靈魂，已遠遠超越世界上其他國家的任何大學的精神層次。古老的哈佛，其實質正是美國教育之本，治學之本，由此才會有數量第一多的諾貝爾獎得主。這也是美國之所以能成為世界燈塔的根本基調或底牌——哈佛大門上雕刻的校訓"真理"——求學治學只為尋找真理，沒有其他。這雖是一句很漂亮的口號，但其正反映了美國先驅們，教育理念的高瞻遠矚。令世人讚歎！

其實，五明智學教育的實質正是為實現尋求真理而設置的完美路徑。這個路徑美國前輩教育大師們雖然沒有發現，但他們已在教育實踐中做到了一部分。今天我願將這張尋找真理的地圖奉獻出來。讓其同樣成為人類教育的燈塔而奠基。應該可以肯定，五明智學在教育高度上，已經達到了天花板地位。所以它也能成就美國教育高度上的天花板。

8、五明智學教育在歐洲的可行性

歐洲是西方文明的發源地，文化結構和氣質品格與北美文化一脈相承。基本都是基督文明與古希臘文明的和合體，血脈相承。但是歐洲人相對北美人，開放性包容性較比北美文化激進性就稍弱些。文化的傳統性更有沉澱感和成熟感。教育理念教育方式自由度雖然與北美基本相類，但是在接受新事物上，相比北美人還是趨於保守。所以五明智學教育的革命性創新形式之於歐洲，可能接受要慢一些。但是歐洲文化與五明智學，應該有天然很親近的因緣。強調自由獨立自主，強調科學性，喜歡形而上的抽象理論架構，是歐洲傳統文化的一貫性格，這一點與五明智學有相當近似的品格。但五明智學不僅僅停留於形而上的抽象理則，而且還非常接地氣的注重實踐和高效。這一點可能是歐洲文化能接受五明智學文化的遲鈍性表現。但是歐洲人一旦接受了五明智學文化，尤其是五明，那種充沛活力的展現，會使歐洲文化如虎添翼，如久旱逢甘雨。晉升整個歐洲人的品質。據資料，英國人早些年就已經在某些中小學內的教學中，引入了禪修課程。並且成為了固定的教學內容，得到了某些教育官方的認可。雖然們的禪修課程比較簡單化，但是收到了很好的教學效果，相當大地提升了學生們控制自心的意識能力，內觀能力。禪修課程就是五明智學的必修課之一，而且是很重要的課程內容，雖然它只是五明智學中內明的一小部分。但足以證明歐洲英國人的高遠意識，和對五明智學的親因緣性。英國文化可以說是西方現代文明的先驅者，不論在哲學宗教政治經濟文化藝術等各領域幾乎都是領頭羊的角色。在教育上也同樣如此。其實單從近代和現代文化上看，說英國人是西方文明的燈塔一點也不過分。我們可以看到，新教革命，政治憲章運動，工業革命，科學實證主義，現代經濟學，文學藝術等，對於近現代西方文明的推動力影響力，英國幾乎都是老大級別的領袖風範。甚至包括他們引以為豪的英語。歐洲其他國家的文化當然都是西方文明的組成部分。如義大利文藝復興，法國的文學藝術繪畫及人權的政治理念，德國的哲學音樂，西班牙的文學，瑞典的工業製作工藝發明等，都對西方文明獻出了各自的大禮包。種種這些燦爛的文化，可以說都被五明智學文化巨大的包容性吸納性盡收了眼底。

9、五明智學教育在亞非拉等洲的可行性

現在談談五明智學教育在亞非拉洲的可行性應該會如何。五明智學教育是服務於全人類，它的普世性平等性決定了它不會捨棄一切眾生，只要有緣來相會。亞非拉洲人的文化也是源遠流長，其中也含有巨大的寶藏。東西方文明這種分別法已然由來已久。先簡單說說亞洲的文明。

亞洲的文明板塊是絕對不容忽視的璀璨，被人們稱作東方文明的代表作。印度，中國，日本，阿拉伯等文化都對東方文明有其各自的獻禮。印度貢獻了佛學佛法文明，只這一點，就足以立於人類文明之顛。況且五明智學的老家也在印度。雖然他們現實已經遠離了本是自家的最偉大的佛法文明及文化，但是他們並未獨享其成，而是很大度的把它們傳播給了全世界，尤其是鄰國的中國，還有鄰

近的東南亞各國，給這些國家和眾生帶去了無量的福報。五明智學教育能否在印度紮根流布，這個很難判定，但畢竟是他們的文明祖師。有可接受的因緣，但也有拒絕的因緣。印度現在的文化很複雜，有印度教伊斯蘭教和其他古老的宗教共居其地，佛文化包括五明智學幾乎沒有了一席之地。眾生的進取心普遍不強。但印度人的慧根很強，不輸給世界上任何高智商的民族。精英階層仍然保留著他們固有的聰慧。尤其可見印度的移民在美國加拿大的生存狀態令人可贊可歎。令其他亞裔人慚愧。

　　東方的中國儒家道家的本土文化多虧歷史上承接了佛法文明，不然僅靠漢文化的儒家法家道家的"官文化"體系支撐，恐怕早已沉淪於歷史了。因為佛教佛法文明給中國眾生帶來了最大最多的福報，所以才可能使本土的漢文化得以延綿數千年之久，從未間斷。為什麼大乘佛法佛教文明得以在中國生根成長？一大因緣，即是儒家的主流文化內部，具有博大的"仁義"思維和情懷。仁義思維的最大特徵——利他，二人定一人的思維模型。二人定一人的原始思維，意味著不講個性，不講獨立，自由。即這是一種傾向于合群的文化模型——集體主義意識。個人價值由他人而定，所以人的性格裡就會有好大喜功的傾向，犧牲自我成就集體意識的傾向。這一點正契合了佛法佛教文明的精氣神。中土文化從古至今離不開兩個根本特性——"官文化"與五福世俗文化的連體兒。佛法文化的一大功德力，即是給信眾能帶去無量的福報。這也正好契合了五福文化的神經系統。所以佛教與佛法佛學文明能順利得以在中國流行廣布，甚至普及到了官方和皇族乃至皇帝本人。中國歷史上信佛禮佛的皇帝大有人在，如，梁武帝，李世民，武則天，雍正、乾隆皇帝等，西藏的皇帝更如是。這樣的文化形態與五明智學文化是否相應對機？老實說，很難。但也不乏接受者，尤其是信佛之人。前面說過，古代時，印度的佛經譯師們幾乎都是擅長五明的成就者，由於漢地人喜歡從簡和好大喜功的性格，不會接受五明的長時熏習，然後再進入經典。但五明智學教育對於中國傳統官文化的對治，卻是極為難得的良方良藥。如果這味良藥能受到採納，將對現有的中國敗壞的不良文化及深植於其中的不良人格確是一場大洗禮運動。是真正革命性的提升開掘中華眾生的優良人格品質和智慧根性。

日韓那樣的民族文化雖然承繼了中國漢地的法家儒家的文化，但他們都有其自己的獨立性。特別是日本文化，它的吸收性也非常的好，甚至有拿來主義傾向。如，現代西方文明及文化對日本眾生的影響力也非常巨大，尤其是二戰後。由此可見，日本人對於五明智學與西方人對於五明智學的吸收接納態度應該是異曲同工。相對來說，比較有近因緣。至少不會拒絕。

非洲眾生其實更易接受五明智學教育體系，因為他們沒有固有的文化沉重負擔。只要他們能理解五明智學的功德力，他們會毫不猶豫地接受。正如一張白紙，可畫更新更美的圖畫。另，五明智學教育的方法，以實踐行動為主，知識記憶為輔，更易被簡單而好動的非洲人所接受。

阿拉伯人是否願意接受五明智學的教育？這是個疑問。但是可以肯定，五明智學的價值觀，與阿拉伯伊斯蘭文明也並非勢不兩立或矛盾重重。伊斯蘭文明也是很講究集體主義共同精神的。五明智學教育在那裡有阻力，但也有接受的可能。

拉丁美洲人的散漫自由氣質，其實更適合接受五明智學教育的營養補充。他們那種性格簡單為人爽快的特點，其實更易接受五明智學教育的學習，能優化他們的智商和情商，也能優化他們的精進勤勞的 品質。更能優化他們心靈手巧的天賦。

10、北歐人尤其與五明智學親近

我這裡要唯獨說說北歐人，因為北歐人的平衡善良而理性仁義責 任感超強的人格魅力，以及他們特有的平靜心態。少欲則剛，在北歐 人那裡，表現十分普及，實在是令世人讚歎！在全世界都是公認的。另，北歐人絕不缺少其他歐洲人北美人的熱愛自由，獨立自主的性格，更不缺少創新精神。北歐人的獨處能力也是很出名的。北歐人還 特別擅長工巧明，喜歡自己動手搞定一切的家庭事務（機械電器維修，房屋裝修，傢俱製作等等，什麼活都能幹）。可以說，北歐人的 人格特色，正是五明智學教育所要對應的成果。

假如全人類都能如北歐人那樣的狀態，則地球人就能很好的安住於當下，生態環境也會一天好比一天，人與人充滿友愛仁慈，各個人少欲知足長樂，內卷外卷，似乎沒有必要的，合群與獨處都可兼得，隨緣即事。與天人相比，除了壽命短暫，除了不能四處飛翔以外，其他真的差不了太多了。想移民火星的計畫自然就會泡湯。去火星探索旅行可以，移民就免了。五明智學教育在那裡，應該是天衣無縫了。

11、五明智學教育的展望

如果五明智學教育能在最善接納創意理性的土壤國度中紮根生息繁衍，則說明世間還有福報，反之，說明人們的福報，已消耗殆盡。我們只能隨緣隨願做一件事——為之祈禱。至於說，五明智學教育的未來前景應是非常樂觀的。只要人們接受它親近它，而非故意冷落它，則它對世界的趨善避惡影響力應是巨大的，貢獻成果也是不可思議的。

就如同上面所說的孔子教育論斷對中國儒家文化思潮的深遠影響是一樣的。五明智學的前景，這要看世間人的福報。

序言中已說，既然它是教育革命的終結，則可認知其為世俗化教育的了義法。即教育的義理已經完成了，不需要再添加任何元素。即沒有能超越此法的教育方式了。

第二章　五明智學教育的五種特性

五明智學內涵簡介

1、五明的概念

在討論五明智學教育的五種特性之前，讀者們必須首先需對五明智學的概念要有所印象，有所初步認知，不然就會越讀越摸不著廟門。

那麼此書對您的引力就會大大衰減，從而不能受益。這是作者最為失望的地方。所以我必須先交代清楚了五明的概念。

五明的分類：聲明。工巧明。醫方明。因明。內明。

（1）聲明——主要對應於人的六根中舌根（眼、耳、鼻、舌、身根、意根），其次也對應於其他四根，還有心意識。說與寫，其實是人的和合動作的運用，不僅僅是舌根。

所以可如是說，聲明即是關於運用聽與說及寫的能力均需達成"通明無礙"的境界，駕馭母語或其他語言的能力達成通明無礙，方可稱為聲明。通明——通達無障礙之意。這是必須牢記的概念！所有的五明都不離此含義。

上面提到，"駕馭母語和其他語言的能力"，這意思是，行聲明者，必需瞭解語言組成的規則（名身，句身，文身）。名身，是名詞的概念，它是表述某事物的一個標籤，一般由單字或片語構成。句身，就是句子的結構身相，表示一個或一個以上的完整的意思。文身，表示多名身和句身，組成的文章，文字可多可少。包括母語和準備學習的他種語言。因為任何語言都含有三身（名身、句身、文身）。語言的三身構成了錯綜複雜的語言系統。所以一個通曉聲明的實踐者，應必須掌握所用語言的三身法則。這樣才可能在聲明中遊刃有餘，無有障礙的表達語義。各語言的三身法則都包含了其文字相和聲相的表達。文字相包括詞源、詞根、組詞結構、語法結構以及所對應的思維邏輯等，聲相，包含發音方式，音節組合規則等等。語言的文字相和聲相雖是各個相對獨立，但不可分割。它們是不一不異的關係。

古印度的沙門修行人，主要是靠口口相傳的言說，傳遞修行者對真理的認知。所以他們駕馭語言聲音的能力非常超群，能達到聲明的高度極其不容易。這一點和我們今天對聲明的認知有不少區別。我們今天的人對於運用語言職業人的標準，只需達成流利通暢思路清晰口述清楚基本就滿足了。

但對於古印度的沙門這遠遠不夠。他們對聲明的要求更高，語音的節奏感、發聲的腔調美化的感染力感動力，傳播的遠度，氣息的流暢和節制等等要素，都有很講究的修煉。那時古印度沒有文字記載，基本靠口口相傳記憶，所以他們格外發展了聲明語言中的聲相規則能力。關於聲明，我們暫時簡單討論這麼多，後面還有很多章節會進一步深挖。

（2）工巧明——主要對應於人的肢體和四肢（手和腳），當然也對應於大腦之間的聯動能力。用手用腳的能力達成通明無礙的境界，對本行業或他行業的職業非職業技藝，能快捷掌握其要領，熟練達成精通的地步。俗話說的心靈手巧，即是對工巧明的通俗表述。

今天的人再聰明也不可能面面俱到，掌握所有行業的技藝流程。今天的職業領域，千百種甚至更多，早已超出三百六十行。但是"心靈手巧"這一點，與古代毫無二致。今天的工巧明智學可以擴展到社會生活家庭生活的方方面面。如：高科技領域，人工智慧領域，自動化設備的製作，軟體的開發製作，各種文藝作品的數位元元化處理技術，名目繁多的藝術品製作和工藝的流程操作技巧等等，大到航太技術飛躍星球，小到微電子、基因、量子等的技術應用，都是工巧明涉獵的範疇。

對於工巧明，古印度人只局限於為數不多的手工藝行業，還有藝術舞蹈、吹、拉、彈、唱、射箭、摔跤等項目。但我所認定的工巧明遠超過古印度人的範疇。我甚至將家務工作的安置技巧等也納入了工巧明的範疇。

工巧明在古希臘文明也同樣留下了寶貴的證據和資源——古雅典城邦遺址，帕德農神廟{見注釋：❶}的宏偉壯麗的建築結構格局，為西方後來的諸多華麗崇高的公共建築形式不斷湧現，做了光輝的典範作品之參照——古羅馬建築，大英博物館建築，歐洲的皇宮議會廳，博物館，美國的白宮建築、紐約大都會博物館等等，都有古希臘建築形式的諸多元素。而這些皆是古希臘人工巧明智學的結晶。

中國也有句老話，叫做"幹嘛嘛不行，吃嘛嘛香"，意思是，一個人見什麼都喜愛幹，但幹哪一行都很笨拙不能成事。形容一個人的笨手笨腳。其實工巧明與之正相反——幹嘛嘛行吃嘛嘛香。

工巧明的價值，幾乎遍及到人們行為的各個層面，尤其是職業當中。工巧明我們俗稱心靈手巧，涉及到人類所從事的任何行業及自家的個人生活中。沒有工巧明的人，就必需花錢雇傭專業人來做事，這是毫無疑問的。工巧明還能促生人人平等觀，尊重勞動觀，打破陳腐的舊觀念——勞心者治人，勞力者至於人——歧視勞動者的惡劣心態。

工巧明使人的生命保持常新健康和年輕。四體不勤、好逸惡勞的心理只能催生人體老化衰朽，有害無益。有工巧明的人，生活自理自利能力超強，如家庭的房屋裝修裝飾清掃，電器維修，個人電腦的維護修理及操作，藝術擺放，巧種花草樹木等雜活，都可以自行解決，不求他人。所以工巧明無論對個人和社會的價值都是不能低估的。

在工巧明的教育方面，主要目的是開啟人自身的心靈手巧的多方面能力，既能利己又能利他，提高各種惡劣條件下生存能力的悟性（包括野外生存能力等）。

工巧明的教育在學校裡的科學實驗室中雖然實習課程很少，但也為學生們開啟靈巧的動手操作智慧，提供了展現靈感的舞臺。為他們將來走向科技職場，奠定了難得基礎。

工巧明智學的範圍非常廣泛——不僅僅是關於職業方面科學技術製造業等方面的技能，它還包括藝術文化體育等諸多領域。如：音樂，歌唱，舞蹈，樂器演奏，雕塑，美術，繪畫，工藝品製作，各種體育運動（足球，籃球，排球，體操，游泳等等），雜技、武術太極拳，醫術，甚至個人生活能力的方方面面（烹飪，傢俱製作維修，……）等都屬於工巧明範疇。

（3）醫方明——對應于健康與疾病的範疇。即對自身及他人的身體心理健康與疾病及治療調理方案方法手法等能了達到通明無礙的境界。

甚至超越職業醫者的水準。這裡需強調，職業醫者，並非一定具備"醫方明"。

我現在所討論的醫方明與古代的內容上有不少差異，但是本質上無異。今天的醫學雖然發展得如火如荼，高科技手段植入了各個醫療領域，但是普遍人類的健康狀況卻愈來愈糟，說明醫方明智學沒能得到發揚。

關於醫方明，我們都十分清楚，人的生命很短促，疾病沒有預知的隨時都會侵害我們的健康。醫方明的最低功能和價值，就是盡可能保持住我們自體身心的健康與活力。一個疾病的身體和心理是很痛苦的，也很難成就其利己利他的功德。了知自身的疾病和健康狀況，並能隨緣適宜地解決問題，這是一件很不容易的事情。醫方明無論年齡，都是不可或缺的自利工具。常聽說，著名的一些企業家、作家、藝術家、公司高管等精英人物的英年早逝的不幸。這是令人痛心的！喬佈斯過早的離去讓很多人重新思考人生的價值。假如他具有醫方明，上帝肯定會多留住他一段健康時間，他還能創造出更多的奇跡。所以醫方明的價值重要性是不分年齡的。

醫方明的功德力毋庸置疑，它能關乎到人體整個能量場的水準。一個疾病纏身腦力精力體力不足的人，與一個充滿活力精力充沛健康的人相比較相競爭，無論做什麼職業工作都是處於下風的。

古代的印度，很多修行人都是醫病的高手。不管是身體上的疾病，還是精神情緒上的痼疾。他們也都是自我醫療和保健的高手。釋迦牟尼佛，就被稱為大醫王。

我在這一小節只能簡單描述一下醫方明的特徵，在往後的章節中還要詳盡討論醫方明的深入概念和實用價值。

（4）因明——對應於因果和真理的邏輯思維路徑。簡單說，即是探索因果之明。也即探索認識真理的路徑之明。探索真理是需要思維路徑正確的導向，也就是今天所說的邏輯學知識方法。最早關於邏輯學的名詞來源於古希臘語"邏各斯"。最早由赫拉克利特將這一概念引入了哲學。原始大意是：言語、演說、原則、規律、溝通之意。後來演繹為認知探索原因之法則。至此"邏各斯"概念被用作古希臘哲學的常識理念，特指探索萬物及認識神的形而上的方法論。再後來到了西元前後，被亞歷山大的哲學神學家斐洛將"邏各斯"引入了舊約書中，為基督教的發展打開了基本之理路。所以斐洛被認為是基督教發展的奠基人。邏各斯成為了認知上帝的有效通路，所以在新約中被稱為"道"。所謂求道者，必了知邏各斯，否則就將失道。可見羅格斯的概念對認知求證真理有多重要。英語logos，後來就演變成了通俗的Logic（邏輯學）。其實因明智學更准確的義理應該是邏各斯。

所以撇開了邏輯學，人們很難甚至不可能發現和找到真理。只能如盲人摸象，大海裡撈針。古印度人的古老《奧義書》的吠陀哲學中，就充滿了深奧複雜的邏輯思維。古印度婆羅門修道者及各路沙門很喜歡開"辯法"大會，這成了一種習俗，從而鍛煉了他們的聲明學、因明學、邏輯學。這一點與古希臘人如出一轍。所以，我一直很讚歎西方古希臘文明文化裡的形式邏輯學。這是西方文明的根本瑰寶，甚至可以毫不誇張地說，是古希臘亞裡斯多德的邏輯學，孕育生產出了西方的科學和技術體系，以及一切今天的工業文明，電子文明，生物文明，資訊文明，人工智慧文明等等。當然人文哲學文明也在內。

不具備因明能力者，是很容易有從眾心理，獨立思考辨別真偽的能力就會減弱。商業中上當受騙損失錢財就在所難免。而且在職業上生活上等諸多方面，缺乏條理性，次序性，完整性，合理性，將導致 問題不斷。因明能力弱者，對事物不是盲信就是懷疑一切，猶豫不決的性格往往是這種人。因明智學——可有效長養提升人鑒別是非善惡美醜而擇真善美的能力。反之，如該種能力得不到有效彰顯，會影響障礙人的一生，活在糊塗愚癡中。缺乏獨立思考能力，獨立性也不完整。

因明邏輯思維方式，對人的行為方式影響也是遍及各個層面。無論是職業，還是日常生活，除了睡眠和打盹兒，恐怕因明邏輯思維都時時伴隨我們。往大說，因明邏輯思維水準關乎科學技術的生存和發展，關乎人創造性的意念想像理解思考力是否能自然的發揚，如果因明水準不足，創新幾乎是不可能。探索真理的實相，更需要發達的因明邏輯思維的細密推理論證，否則難以成事。歷史上諸多抽象的哲學理論，自然科學理論，宗教理論，經濟理論，政治理論，等等，哪一種理論都少不了因明邏輯的滲透貫穿始終。越是合乎因明邏輯的無漏，越有可能使理論接近真理，接近正確，否則粗造偏執的邏輯就會遠離因果定律，遠離真理，遠離人文理性精神。歷史上發生的那些野蠻戰爭，仔細觀察，都是統治者發動者嚴重偏離了正確的因明邏輯理性思維，沉迷於我慢的反邏輯思維而導致。可以說，假如全體人類的頭腦具足因明邏輯的正確思維方式，並按其因明的指導行住坐臥等一切行為，則世界永遠充滿和平。往小處說，個人的生活和工作也少不了因明邏輯的理性指導。諸如，讀書，學習，實驗，安排整理家務，工作中的秩序化，條理化等，哪一樣都少不了因明邏輯的參與運作。其實仔細觀察，人們的語言表達和行為方式，只要違反了因明邏輯的理性關係，就會出問題，爭執和衝突就不可避免發生。人世間的諸多痛苦煩惱無聊的爭吵弄虛作假偏信謊言甚至暴力相加，都是在非因明邏輯的非理性中造作的。人生無量的痛苦正源自于非因明非邏輯非理性而產生。因此，不論從宏觀角度和微觀角度觀察人生世界，因明邏輯理性思維方式是能緩衝平衡人們的頭腦和偏執的衝動。這種價值也是無量的。

（5）內明——對應於內心世界的範疇。即內心之明。

這是五明中最難表述清楚也是最為重要的核心的一明。應該說，內明的根本目的在於開發自體的善德性和無上智慧的能力，從而實現解脫生死。即哲人們所說的——解決從哪裡來，到哪裡去的人生及世界的根本問題。用佛法哲學或禪修的語言來說，內明的終極目標，即是達到"明心見性"。明心見性了，人對於自心和他心就能達成通明無礙，達成大自在、大自由境界。這個只有聖人才能達成，釋迦牟尼佛自身已經完全徹底達成了明心見性。我們一般凡夫是不大可能達成明心見性成為聖人，但可以盡可能開顯出自性的善根和慧根，並且能在現世中成為一個完美的個人。古印度，修行者共有 96 種外道教派修行方法，每一種都有其長處。其中有六種外道修行者，成就最高。達到了當時大師的水準。他們認為，內明，應該是 96 種外道中各本道的最高水準，都可被稱為具內明者。並非我們說的"明心見性"。

不僅是古印度人，古希臘人也有對內明的認知。如，蘇格拉底著名的格言——認識你自己，才是最高的學問和知識。

所以，五明中我們與古印度人認知的最多差異，應該是內明上了。我這裡所討論的內明智學，更傾向於佛法的明心見性之道理。明心，明瞭三界唯有心（欲界、色界、無色界），萬法唯心造，一切境界為自心所現。我這裡只把概念羅列出來，暫不做解讀，後面章節要詳說。見性，見到萬法的空性不實，或見到自體的佛性。這裡應該以前一種說法為准。

自體即自性，這個詞解讀起來非常複雜，非常的形而上。我們姑且簡單說明一下：人的心識，一定隱藏著自性（心性），只是我們肉眼所不能見，目前的科學儀器所不能測度。就如電，我們可以感受到電力能量，卻不能用肉眼所見一個道理。微粒子，誇克，量子等同理。既然自性隱藏於我們的心識中，則它一定蘊藏著無限的不可思議巨大的潛在能量。這能量是人本自具足的大智慧源頭，就如黃金和石油儲藏於甚深的地下一個道理。人類已經學會了從地下掏取黃金和石油寶藏的能力，卻始終未學會掏取比黃金和石油更寶貴百千萬億倍的自性中潛在智慧的無限能量。

從古至今，有誰人將自身的心性中蘊藏的大智慧無限量的開掘並展現給世人？這種人首先要推舉修行人（也叫靈修者），他們當中佼佼者當首推——釋迦牟尼佛。釋迦摩尼佛，被稱為全知全智之人。他是大徹大悟了宇宙人生，並發現了宇宙原本的真理（萬法唯心造）。注意：釋迦牟尼佛並非宗教者，也不是哲學家。而是修行人（世人很容易將他視為佛教主，這是個大誤區）。他修到了大徹大悟。他是怎樣修到大徹大悟的？釋迦佛在出家之前，和我們眾生一樣也是凡夫俗子之身，只是他的社會地位比一般人高而已。

內明智學也可名修心學。因為萬法唯心造，很多大科學家都認同這一點。霍金先生就是之一。結論應是，唯有心才是宇宙獨立存在的自體。而五明智學中的內明就是認識清楚這個規則，並解決如何開掘和應用這些潛在能量的問題。

佛學中常說，眾生皆具有佛性，故眾生平等。人本性的開掘和顯現，才可能讓人得大自在、大自由，這才是內明智學的終極目標。所以，內明智學即是要明瞭人自身本有的屬性功德，不但理性上明瞭，還需身體力行的去證明之，成為修行業上所說的明心見性者。我所設計的內明課程，主要是關注理性上的明瞭自身自性，並採用相應的方法實修，盡可能地朝目標接近。

內明還是解決人的現實及未來一切終極問題的杠杆——從哪裡來到哪裡去的問題。這也是修行者需解決的根本問題。人為何要修行？其實根本上就是要解決終極的到哪裡去的問題（這個問題很複雜，後面要做詳細討論）。修行人解決的現實問題——從苦中解脫。佛學告知我們，人為何會苦？根本上是由於自身的無明以及貪嗔癡。這是人心性的基本三相。此三相的多寡比例決定了每一個人千差萬別的人生選擇。"修行學"告訴我們，貪嗔癡重者，人生方向越易導向惡，反之輕者則易導向善。仔細觀察人生百態，會發現這是無比正確的。所以，所謂解苦，即是減少貪嗔癡三相。此三相趨近於零，則理想的真自由大自在境界自然現前，俗語說的"無欲則剛"的境界也就顯現了。解苦自然實現，從而到哪裡去的問題自然解了。

一、創新性

1、推陳出新

（1）陳是什麼？

我們這一章專門討論五明智學教育的五種特性。了達了這五種特性，對五明智學教育的骨架輪廓就有了瞭解。你會更有信心，相信你更有參與感，願意和我一起討論你感興趣的問題。

推陳出新，是中國很棒的成語。四個字就能說出很多的大篇幅的故事。我們必須先要知道什麼是陳？陳，陳舊之意。讓我們聯想到——陳貨，陳年老繭，還有陳年老酒等等。五明雖是數千年以前的陳貨，但它卻屬於陳年老酒之中的上品。我們現列舉一下世界上最古老的陳年老酒的名單：據資料，以色列地區的迦南酒窖是世界公認的最古老的釀酒產地。那種酒的原材料大約有蜂蜜、薄荷、肉桂、杜松子和各種植物樹脂等物，大約產於 3700 年前。排在第二的應該是中國的黃酒，也有 3000 多年歷史。可是也有人說歐洲最古老的葡萄酒產於希臘，大約產於 6000 年以前，這種報導不知真偽。總之，看來世界上陳酒年歲似乎都老于五明智學的年歲。好像 2000 年以下的酒都不算是陳年老酒了。酒雖然也算一種物質文化遺產，但它比起精神文化遺產來說，文化的味道就遠不及精神文化遺產那麼愈久彌新了。我們都知道，陳酒推出新味道來，簡直難於上青天。

但是五明智學，卻能推出常新的濃香。

（2）如何從陳中出新？

古老的五明智學主要流行應用於沙門的修行人中。我們推出與古代不同的五明新意，表現在如下幾個方面：

①新舊五明智學在立意的方向上有很大不同。

②教學內容與我新推出的五明智學教育系統大相徑庭，

③古代五明教學方法也是和創新的五明智學有很大區別。④教育物件上也是差異極大。

⑤彼此的社會影響力自然也是很不一樣。

（3）新在何處？

首先說新五明智學在立意上的創新點——古老的五明智學教導立足於修道人的需求，中心點是完善自我，成就自身。

道業，對世俗之人漠不關心，只要成就自我就萬事大吉。而新五明智學教育的立意，卻站在普度眾生的高遠平臺上，著眼於讓一切眾生受益，讓眾生不僅在世俗生活中受益，從而與道業受益並非矛盾，反而相輔相成，相得益彰。所謂道業的實質，即是離苦得樂，未來世往生善處，甚至解脫生死輪回。顯然二者五明智學的立意不同。新五明智學胸懷更為廣闊無量，具足大慈大悲之心量。

教學內容上的創新也是明顯的。古代五明的聲明只關注受教者的口語表達能力，對語言學的研究也沒太多的深入，主要是強調實踐應用的純熟和巧妙，語言知識性的探討比較淺顯。而我們的新聲明智學，內容上豐富了很多很多。我們不但重視口語的實踐表達能力盡職，也重視書面語言的表達應用。而且還重視語言知識性的深度（詞源，詞根，組詞結構規則等），還包括身體語言的研究應用，甚至包括母語以外的他種語言的實踐和探討。

在工巧明上的差異——古代印度的社會生產和生活的分工是比較簡單的。大致分成農業與手工業。文藝和體育主要是為表演和競賽而學習。而今天的社會分工與生活的複雜性，遠比古代印度的工巧明，內容豐富多多。今天的高科技職業也被工巧明智學所吸納，這在古代是不敢想像的。如果繼續描述古今工巧明的不同點，又可以另成一本書籍。

醫方明上的差異點與工巧明一樣，也是不同的兩種境地：古代的醫療手法上主要是自然療法，借助外部工具療法很少。現代醫學醫療技術日新月異，健康方法治療調理疾病的方法也是百花齊放。古代療病基本上不分科目，一個醫家自己就是全科醫生，療病的方法也是很局限的。而且也沒有什麼醫學理論做支撐。不像今天的醫療理論和醫療手段鋪天蓋地，專業化理論化前所未有的複雜，令人眼花繚亂。反而今天的人還不如古代人活得健康。說明今人並非具備醫方明。而我們今天推出的醫方明，不但發揚了古代的自然療法之長，而且還形成了獨特的簡明自然醫學智慧理論的指導。這在古代是沒有的。我們創建的醫方明體系，承繼了古代各家傳統醫學的有效因數，也吸納了現代醫學和醫療的理念和手段，貫通古今，平衡醫學。所以既能自利也能利他。

因明智學上我們比古代因明學更有長足進步，比量思維方法，更趨嚴密順理，盡可能地不遺餘漏。古印度的因明學是質樸的，複雜性比較弱，也未能總結出如數學物理那樣的邏輯公式。我們吸收了古希臘人亞裡斯多德的形式邏輯思維與東方人擅長的辯證邏輯思維貫通平衡，而且還吸納了佛法中觀不二的思維方式，以形成我們特有的因明邏輯比量思維，這種思維方式可以貫通世間和出世間法，既可以成就世俗社會講科學的思維方式，講辯證的哲學思維方式，又可行出世間的"中道不二"的思維方式。這種完整的因明邏輯思維方式，最具普世性，也最具智慧性，趨近無缺漏。其他任何的思維方式不可比擬。

我們在內明智學上與古印度的內明差異更是很大，我們更趨於佛法。古印度的沙門行道者，最重視內明的行持。但是他們的目標各不相同，他們各修行道者基本都是各自為證，只朝著自我認定的至高境界去行進。然而絕大多數沙門婆羅門及其他修行者都是在心外求法。滿足了心外求法的所謂至高境界，就認定了內明已經實現目標。然而佛法與之不共。佛法的內明智學，始終強調，像內心觀照。因為佛法的基本理則是，三界唯有心，萬法唯心造。這個大道是釋迦摩尼佛，親自證得的真理實相。所以我們也隨順佛法的內明，進行開智的學習。特別是對唯識學的研習，是我們不能忽視的功課。當然我們也吸收其他世間外道人所修習的法門，也吸收當代心理學上的一些有效研究成果，隨緣應用。但是我們所行的內明智學基本是建立在佛法的堅實基礎上，而吸納百家之長。所以有人說，佛法的內明學應叫"心法學"，不能叫心理學。心理學是心法學的碎片化形式，所以心法學應是一切心學的綱領。這就是我們所論的內明智學的新意。

世俗化新五明智學教育與古老的五明智學在教學方法上也有很大差異：古老的五明智學，一般都是師父帶徒弟的方式進行，有的甚至是一對一的教學。師徒關係是不容顛倒的。但是世俗新五明智學教學方法上很不同。首先，師資是可以分類培訓成功的。即可將師資按五明分成五個類別進行專門培訓，但培訓內容都有所偏重，比如聲明老師，即以他本有特長為中心，主要吸納內明和因明的學習培訓。內明的受訓，是任何一明師資的主科內容。其次，學生們可以相互學習，相互成為老師。這是我們教學方法上與古代五明學最大的不同。我們的教學方法是開放式的。此外，新五明智學教育，任何人都可成為受教的學生，沒有限制。而古代五明，是專門為極少數躲避塵世的修行人而施設的秘密法門。

新五明智學教育的經營運作模式更是與古代五明學有極大新意。我們可以將五明智學教育模組化推廣，這一點古代五明學是完全想不到做不到的。就如小農經濟與規模化工業資訊化經濟是完全不同的兩種概念一樣，不可比擬。

（4）新的價值意義何在？

新五明智學教育的立意能讓更多人受益，而不是只針對極少數修行人的自我受益。五明智學教育的世俗化道路的意義是最大化的讓全體人類受益，最終成果是創造新人類。這個立意是偉大的。

五明智學教育內容的革新，是能讓更多人自身受益的有效保證。這些內容的創新並非排斥原有教育教學的有益有效因數，而是能很好地吸納它們，變為己用，從而大幅提高了教學的效果。學生們如果能在五明中，善慧根素質能得到有效成長和顯現，則對他們的本業學習成績的提高及做人的高標準，是一個極優的催化劑。這個在後面將會有更詳細的論述。

教學方法上的新創點，與教學內容上的創新意義是異曲同工。它的意義在於，保證教學效果的高效化，普適化。教學運作模式上的創新點，意義同樣如是，它最直接的意義是，讓五明智學，迅速成長發展，使受教育後的人才成為社會良善的精英和中堅力量資源。這種迅速成長的善力量，能加速惡劣社會的轉型——轉惡化善，創造更多的新人類。

以上我們很粗略很簡單談了關於新五明智學教育上的意義。當然這個意義只是我們的推演，是否能實現，實現多少，要看它的因緣是否具足，要看它的福報，是否足夠。

2、世俗化通識教育上的創新

（1）什麼是世俗化教育？

表面看這個問題確實不需要專門討論，但是，我在此書中主要討論的是五明智學教育，它目前還是很新鮮的事，而且這種教育模式與現存的世俗教育系統還處於隔絕狀態，它們之間還未產生連結關係。所以很有必要討論一下，以便使二者，能合理的搭接上關係，就如浩大的水利工程需要巨大的電力接通使之高效循環運營是同樣的道理。

首先探討一下普遍世俗化教育目的是什麼。無非是對受教育者勸善戒惡，能遵紀守法，能學一門或幾門職業技能，將來能在社會立足，結婚成家生子等等，安然度過生老病死的一世輪回。往大了想，最多是鼓勵人們實現理想的願景，自我實現（按馬斯洛心理學家的說法）。不過一般學校學生所受的教育，特別是中小學教育，目標沒那麼遠大，只是完成教學任務教學課程的知識傳授就萬事大吉了。至於未來的生老病死輪回是沒人關注的歧點。即便是大學教育，也同樣，教育目標更現實化世俗化，多與未來職業相關聯。至於靈魂的工程師職責和功能，那都是上帝的事情，那是太理想化太奢侈的富貴教育了，與一般教育教學無關。即使是世界頂級的一流名牌大學，也不過爾爾，大學教育的靈魂工程師職責和功能基本上也不見蹤影。絕大多數中小學教育系統，大學教育系統，基本上都在生存技術技能的層面下功夫，下功夫大者就可能成為名牌學校。教育的兩大基本功能——勸善與開智，依我看完成不到 10%。勸善，這一條可以靠規則制度來強制性約束，開智，這一條那就看每個人的天賦才情了，與教師教授基本無關。因為世俗化教育師資力量本身就沒接受過開智的培訓和學習，沒有這方面的營養補充。那麼接受如是師資教育的學生們，何來的開智教導呢？所以有科學家說，人類的智力潛能只開發出了不足 5%，這是事實。這還只是智力，而非智慧。世俗化教育所強調的開智，著眼點的確是開發智力，或智商，智慧，與智慧是兩碼事。智商，智力，智慧，只是頭腦的敏捷性，靈活性，記憶性，一般邏輯性，等等。智慧的關注點不一樣，它也包含了智商智力智慧等元器件，但它關注的是智商智慧智力的和合所生的善能量——悟性之慧力。如果論說悟性與慧力，這兩個概念，恐怕要寫一部書都未必能論說清楚。

但是，五明智學教育的著眼點卻放在了這兩個概念上大做文章，它要拔高世俗化教育的層次，使之升級換代。當然五明智學教育體系也不拋棄只關注開發智力智慧智商的教育系統。它只是在它們之上，能善巧於利用它們的和合能力，生髮出悟性之慧力。這也就是五明智學教育與現有世俗化教育可能連結的入口，它們並非相互排異，而是更能有效契合。它們不像當代的電子資訊產品那樣，每一次的升級，然後淘汰舊的產品，以新換舊。五明智學教育的優勢正在這裡，它沒有內卷的惡意，而是慈悲為懷，有力扶持，轉知成智，轉染成淨，轉愚鈍為慧悟。唯有五明智學教育能做到這些指標。

（2）通識和通識教育是什麼？

這一節我們來討論一下通識，和通識教育。什麼叫通識？顧名思義，通識——通俗語解讀為通達的知識，四通八達的知識。貫通一切的知識。通有兩層義，橫向與縱向性。橫向通識為平行知識領域的溝通，如，典型的實例為，數學知識與人文知識則屬於平行系列的兩種不同的知識，但典型的縱向知識為數學本系統內的知識屬於縱向的知識，比如微積分數學與幾何學代數學即是。再比如，比較典型的，文學與語言學也是縱向的通識關係。以此類推有百千萬種知識都可以如是排列。如果按大類別看，理科知識系統應屬於縱向知識，工科系統也屬於同種縱向知識。當然了工科內部也是有千差萬別的種類，可以細分為彼此的橫向和縱向知識系統。文科知識系統也遵從同樣規則。如，政治與經濟與哲學與宗教與歷史與藝術與法律與商業等諸如此類，都可分為無數個橫向與縱向的交叉知識系統。如上的這些知識系統貫通連結成一體，自如往來而無障礙地隨緣應用，這才是通識。所以說，不是某人學的知識越龐雜越多，才可能具有通識的才能。知識學的龐雜範圍寬廣，不一定就能具備通識能力。而是必須多種知識能相互貫通串聯起來，隨緣能應用得當，才是具備通識的標準。也有人說，通識也可稱為全科知識。其實兩者不同，因為通識不但強調學科的豐滿，而且更強調各種知識的貫通串聯隨緣能即時應用得當，這個境界是非常難得的。世間中，很少有學者能達成通識的境界。我們也只能舉些大學問家的例子來說明瞭。比如，亞裡斯多德，就是古希臘最偉大的通識家。他不但通曉哲學，政治，宗教，文理，博物，還通曉當時的數學，天文，物理學等，總之，在希臘時期的西方文明的知識庫裡的信息量，亞裡斯多德幾乎一人都可如探囊取物，盡收眼底。古代的東方賢者們，還真的找不出如亞裡斯多德那樣的通識家，所以被後人稱為大先知。除了釋迦牟尼佛之外。西方文明的文藝復興時期生產了一批通識家，據資料，達芬奇的知識結構就蠻寬廣：涉及天文，數學，工程，藝術，繪畫，文學，音樂等，無所不通。但丁也是個不錯的通識家，不僅僅會寫詩。德國大作家詩人歌德，也是個通識者，他不但文學詩歌造詣高超，且還擅長多種知識，如繪畫，音樂等都有所建樹。諾貝爾獎的創始人諾貝爾，也是個比較典型的通識家。他的化學，物理學，數學等都有相當高品質的造詣，而且他還通曉廣泛的人文知識，如，文學藝術，哲學，政治學，經濟學，甚至經營學。諾貝爾獎本身就是經營學完美的傑作，一百多年來經久不衰。愛因斯坦也如是，他不但通達數理業的艱深而能生神奇，遊刃有餘，而且他對音樂藝術，小提琴玩得也很出彩。奧地利大心理學家佛洛德也是個通識者，他除了心理學貫通以外，醫學，文學藝術，歷史學，社會學，哲學，宗教等知識也是通達無礙。這樣的大師在西方文明中不勝枚舉。美國文化人中也有不少通識大家，如，佛蘭克林，不但是美國的傑出政治家國父之一，還是避雷針的發明者，創立電荷守恆定律理論，出色的編輯出版人等，是美國有史以來最為傑出的通才。另，愛迪生，約伯斯，馬斯克等，也是具有通識家能力的傑出人物。馬斯克一人在新科技領域裡的通識也是令世人震驚的。

通識家在東方社會有沒有？當然有，但卻是極難得一見。值得一提的通識家，也只能首推墨子了｛見注釋：❷｝。真正熟知中國古代文化的學者，會同意墨子應是中國的通識家。他精通當時戰國時期很多的工巧技術，如，木工，石工，軍工，農工，手工藝等，他還精通文理政學，成為墨家學派的創始人。與儒家道家法家並駕齊驅。墨子當時提出了"兼愛"學說理念，這在西元前四五百年的東方，簡直就是驚天地動鬼神的大事件！兼愛，與現代西方基督精神的"博愛"理念一脈相承。墨子的理念裡，已經有了男女平等的意識萌芽，這在從古至今一貫重男輕女的儒家文化來說，不能不說是一大革命性的意識形態。中國民國五四時期的魯迅，胡適等人，其實在某種程度上都有通識家的才氣。尤其是縱向的通識家。從世界通識家的天才們來看，還是縱向的通識多於橫向通識。尤其西方的知識巨頭們。橫向的通識家為什麼會很少？為什麼會鳳毛麟角？佛蘭克林算是傑出的一位。這與人才的局限性有關。人類的普遍潛能只開發出了不到5%左右。還有90%以上的潛能沒開發出來。什麼原因？可以肯定的回答——由於五明智學教育的缺席。

我們再來談談通識教育。關於通識教育其實是個新的教育理念。世俗教育的學校，一般都開有多門功課學科，表面上看並非缺乏通識因素，但沒人提出或強調通識的教育。現代的先進大學教育，也極少有人提倡通識教育的重要性。當然哈佛大學曾經是個例外。被稱為現代大學之母的德國柏林洪堡大學，他們對大學的建學理念和教學理念，課程理念，管理運營理念等，其實都有通識的傾向。

柏林洪堡大學是依據創校者洪堡"研究教學合一"的精神所創立的新學校，他希望洪堡大學能成為現代大學之母，他果真如願以償。他應是教育革命歷史長河中大學教育之流的璀璨火炬。根據洪堡的理念，現代的大學應該是知識的總和，教學與研究同時在大學內進行，而且強調學術自由，大學完全以知識及學術為最終目的，而非社會實用性的人才培育。洪堡認為，大學應兼有雙重任務，一是對科學的探求，一是個性與道德的修養。科學指純科學，即哲學。而修養是人作為社會人應具有的素質，是個性全面發展的結果，它與專門的能力和技藝無關。根據純科學的要求，大學的基本組織原則有二:寂寞和自由。寂寞，即不為政治、經濟社會利益所左右，與之保持距離感，強調大學在管理和學術上的自主性。在洪堡看來，自由與寂寞是相互關聯、依存的，沒有寂寞就沒有自由。大學全部的外在組織即以這兩點為依據。在此之前，不論歐洲或美國的大學，雖然在大學內的教學也比較重視科學與研究的理念，但基本都還是沿襲修道院教育的傳統，以培養教師、公職人員或貴族為主，純學術研究型學院還未成為主導。此後由於洪堡的大學理念傳遞至歐、美各地，便成為了世界各大學紛紛仿效的榜樣。才有了今天現代的牛津，劍橋，美國的哈佛、耶魯，斯坦福等如雨後春筍般的大學集團軍。其實從教育教學技術層面上觀察洪堡，顯然他們具有通識教育的動機和理念。並且安排實施進了大學內的實際運營部署。這在世界上來說，應該是首次重視了學生的通識教育。德國及世界上的大牌學者巨擘，很多都曾參與洪堡的教學和學習。最著名哲學家黑格爾，謝林，叔本華，費希特等人都曾在洪堡任教。馬克思和恩格斯也曾在洪堡做過學生。

民國時期洪堡大學也曾吸引了不少中國留學生，中央大學老校長羅家倫、美學家宗白華、物理學家王淦昌、氣象學家呂炯、地球物理學者趙九章、歷史學家陳寅恪、傅斯年、韓儒林等人曾在此就讀。

中國教育家北京大學校長蔡元培雖未進入洪堡大學讀書，但他奔赴的是德國第二古老的萊比錫大學讀書。該大學的教育理念正是沿襲了洪堡的教育理念——大學具有學術責任，即"洪堡理念"，才有了萊比錫古老學術研究生命的活力。

蔡元培吸取採納了洪堡大學的教育理念和做法，回國後改造了北京大學的教育體制和教學方法，建立了新的教育理念："思想自由，相容並包"的北大校訓，該校訓正是洪堡大學的教育生命線的傳承。新北大培養了無數的精英人才。使北大在世界大學史上，立有一席之地。魯迅，胡適，陳獨秀等社會浪潮的排頭兵都對之有不可磨滅的貢獻。思想自由，相容並包，這個口號本身就有通識教育的理則含在其中。哈佛大學的初創教育理念，就明確宣示：通識的教學是哈佛的靈魂之一。由於通識的教學模式的深入哈佛人心，所以才有可能造就出世界最為眾多的諾貝爾獎獲得者頂尖人才的輩出。

（3）五明智學與通識的關係

我們現在可以放心地探討五明智學教育與通識教育的關係了。我們也已知了橫向通識與縱向通識的特性和關係。我們對五明智學也有了大概的印象。從五明智學的架構看，它們本身就是一系列的橫向通識的五組分支，每一組分支又都是縱向完整的通識性關係網。通過仔細研究我發現，這五組關係網是一個整體，不可分割，否則就將破壞五明智學之間的平衡關係。平衡關係一旦打破，所教授出來的學生人格素養各種能力及慧根的開啟就會有相應的缺漏。而且通識的效果也會受到相應的創傷。

首先從聲明智學說起，這個系列的通識網路，連接了諸多與之對應的知識關係網——文字學，語言學，聲音音韻學，表演學，邏輯學，交流溝通技術學，道德倫理學，語言藝術文學，傾聽學，心理學，內觀學，演講技巧學，談判藝術學，辯論學，主持主播學，等等，這張知識技能網，可以自然無限延伸下去…只要聲明能夠得著，都是它能吃下的菜。不受任何限制。顯然這一系列通識網，就知識信息量來說，那是個非常龐大的資料庫。不可思議。

再來看工巧明智學這一系的網路通識量又是個未知數。與它對應的知識鏈大約為：數理化知識，如，機械物理結構學及設計組裝拆除技巧應用。算數數學口訣技術。音樂學及作曲。美術學技巧。農業種植技術。各種體育運動學技巧（跑跳投，各種球類，游泳爬山旅行等等），表演學技術學，電腦應用操作技術學，遊戲機技術學，建築結構學及建築工地觀摩勞動課，各種工廠及工作室觀摩實踐學。人工智慧學，家居裝修技術學，風水設置學，電器維修技術學，內明的技巧，等等。和聲明一樣，只要工巧明夠得著的地方，都是它能吃下的菜。它也不受任何限制。顯然這一系列通識網，又是個非常龐大的資料庫。不可思議。

複次，再看醫方明智學。如，自然醫學簡明智慧醫學思想理論基礎學。加減乘除究竟康復法（健康定理）應用學。西醫學常識及歷史學。解剖生理學。解剖病理學。基因學基本理論，細胞學基礎，中醫學基本理論知識及療法常用技術及歷史。中草藥學基本常識。自然醫學及自然療法技術及歷史。中醫診斷學技術，西醫診斷學技術。營養學及技術應用學。藏醫學。道醫學。健康與環境學。飲食技術學。食物學常識。植物學常識。健身學技術。呼吸調節技巧學。內觀技術學。等等。心理學基本知識情緒調適技術。中西醫急救學技術。正脊學及技術。體育運動療法技術學。內明調理身心對治疾病技巧，等等。不一而足。和聲明工巧明一樣，只要醫方明智學夠得著的地方，都是它能吃下的菜。它也不受任何限制。沒有邊界，又是個非常龐大的資料庫。不可思議。

我們知道，一個專業的醫師在大學內，需要至少五年的學制才可以完成本科的基本學業，有的甚至七年學制。再來，看看因明智學這張通識網路，如：形式邏輯學，辯證邏輯學。修辭學，推理學技術。古典現代各派哲學思想辨析。數學幾何證明技巧。假想創意學技術。演講辯論技術實踐學。倫理價值邏輯學。哲學史。歷史邏輯哲學。商業哲學。政治哲學。經濟哲學。文化學邏輯。藝術哲學。倫理哲學。心裡哲學。直覺力和想像力技巧學訓練。佛學邏輯，等等，不一而足。和如上三種明一樣，只要因明智學夠得著的地方，都是它能吃下的菜。它也不受任何限制。顯然這一系列的通識網，又是非常龐大的資料庫。不可思議。

最後看看內明智學。內明智學的通識量：宗教比較學。佛法唯識學及唯識心理學。各種心理學技術比較應用。禪學禪修技術。善惡法辨析學。部分佛經佛論。宇宙哲學中的自性學。世間出世間法學。內觀學技術，外觀學技術。發心學。笑的藝術學。懺悔學。反省學。強心學技術。瑜伽舞蹈藝術學。宣洩技術學。動態靜心技術。呼吸技術。覺察技巧學應用。正念冥想技術學。四無量心學。密咒學。解脫生死究竟法學。和如上四種明一樣，只要內明智學夠得著的地方，都是它能吃下的菜。它也不受任何限制。也是個非常龐大的資料庫。不可思議。

內明智學通識與前四種明智學不同點在於，它處於統領核心地位。換句話說，它的通識性，可以伸向前四明的各個部位。前四種明有了內明智學通識的灌注，它們各個明門才充滿活力，才成其為智學。否則四明也只能算作知學，而非是智學。

（4）五明智學通識的擴展

經上一節的討論我們得知，五明智學與通識的關係如魚水之關係，難捨難離。這一節我們可以放飛想像力，進一步展望五明智學與通識的密切關係。

上一節我們只列舉了部分五明智學的通識類別。舉了五明智學的一些可行的通識名單。如果真的按那些知識名單去系統化一個一個分別學習下去，恐怕再聰明的人幾輩子也是學不完的哦！那就更談不上實際應用了。我們已知，ChatGPT 的學習人類知識的速度和容納量是人類中最聰慧的人百千萬倍的快速和容積。我們人類的學習速度和和記憶的知識量，與 AI 相比，就如同我們人類與一隻貓，同樣起步學習的進度。貓，若想追上人的學習速度和能力，必須要經過多世乃至多劫的輪回轉生，才可能與我們站在同一起跑線上學習知識。未來我們與 AI 相比，就是這只貓的角色。

由上而知，五明智學學習必須要持特殊技巧才能實現完成其通識學業。

如何能讓五明智學的通識，得到更通透更有韌性靈活性及廣大的延伸性呢？顯然不能如 AI 那樣囫圇吞棗般的學習灌輸。這方面人腦確實遠遠趕不上 AI 晶片的存儲性。但是人類的頭腦也有優勢，人腦具足靈巧性，優化的選擇性。能夠整理順化龐大的知識系統。這一點 AI 暫時還是弱項。我們可以充分發揮思維的揀擇性，學習各個知識點的要領，也就是科技界常說的掌握核心技術。這樣人就可以節省大量的學習時間，掌握龐大的五明智學通識系統。善巧於學習方法，才可稱為智學而非知學。如果按照知學的方法——灌輸法，機械流程法等粗重的學習法，我們就會迷茫在五明通識的大海中尋不見燈塔而沉淪。如是我們的學識就不是五明，而成了"五冥"。這樣則違背了創建五明智學的初衷。那是不能原諒的災難。所以為了使五明智學的通識，能更加活化，我們必須研究講究學習方法。要學習各類知識通識的要害和穴位。要向學中醫針灸那樣找准穴位下針才能針到病除，事半功倍。故舉一反三學習法是個不錯的選擇。核心思考學習法也是很不錯的妙法。比如說，學習聲明通識，核心思維法就可以分三層——口，寫，聽三個部分。口語，書面語，聽語，身體語，分開來學習，然後分而合之學習，掌握就會很快。將此三層知識要領學習掌握通透，就可以擴展學習與聲明相應的通識要點了。這樣很快就能掌握運用聲明的特性而受益。

工巧明智學的方法也如是，可以按職業或行業分類進行學習掌握，然後利用人特有的發散思維的聯想能力，擴展延伸通識系統。我們已知工巧明特性是"心靈手巧"，或用手用腳的四肢身體能力和頭腦反應能力。這就要求，工巧明的重點是學會看，觀察，思，動手。這三個環節必需貫通一氣，熟練成習，自然工巧明智學就能展現應有功德力，相應的通識能力，也更加通透到位，排除障礙。

醫方明智學也無例外。我們已知，醫學醫療是人類知識古老的系統。最早中世紀和現代大學的專業分類，只有少得可憐的幾個專業，其中就有醫學。如德國洪堡大學，成立時也僅僅有四個專業——哲學，醫學，法學。神學。作為非專業的人來說，學習醫方明智學的重點不在於如醫學院科班生那樣按部就班一點點啃食的學習方法。我們需先以分析與綜合思維方法進行入門。自然醫學醫療法是個不錯的選擇。這個非常適合非專業醫師的人進行學習。其實不論中西醫學，原始古老的醫學起步，都是從自然醫學醫療開始成長發展延續的。所以全世界人都稱古希臘自然大醫家希波克拉底為西醫之父。他的千古流芳不在醫術，而在醫德醫道，還有醫則（醫療規則）。這就是醫方明智學的根本。這也是我們學習醫方明通識的入門處。利人利己。古代中醫也有類似的醫則——醫者，仁也。這是中西醫的異曲同工處。中醫學始終都不離自然醫學的宗旨，所以中醫至今還能具有活力不衰。關於醫方明智學與通識的關聯，我們就暫且討論這些，後面的章節還需專門討論。

因明智學與前三種明也是異曲同工。通識的學習要領必須遵守邏輯規則，方可有效，這是不容置疑的。舉例來說，形式邏輯學與辯證邏輯學這兩大分支必需各個分別，突破要點，然後綜合運用實習訓練，方可達成相對有效的通透。因為世俗社會的任何思維方法，都離不開這二者的組合拳。只要是言說比量思維，就離不開二者的參與。東西方文明之所以有很大的差異性，仔細深入分析，就是兩者分量比例不同而造成。顯然西方人偏重於形式邏輯，對辯證邏輯就比較遲鈍，東方人正相反，較擅長辯證邏輯思維，但對形式邏輯就很遲鈍。所以兩種思維模式，導致了兩種不同的文明體系。後面將專章探討。此節從略。因明的通識與其他四明學，也需貫通其中，不離不棄。只要人還在使用頭腦思維，就不可能脫離因明的陪伴。五明智學中通識的通透程度，取決於因明智學應用的程度。

內明智學之於通識的強弱與因明智學一樣，也有至關重要的畫龍點睛作用力。看起來通識與內明關聯度，並非密切，不像因明那樣明顯，但是內明的直覺力是其他種明不能相提並論的。人的內明

直覺力 一旦被開發出來，哪怕一點點，則它的實用價值非同小可。中國唐代 有個大行者，被稱為慧能祖師或六祖，他一生不識字，但他的通識力、判斷力、直覺力等，令常人驚歎不已，甚至尊他說的話為經典。這是典型的內明智學通達其他通識的案例。

由上可知，五明智學能有效地成就通識的廣度和深度，同時也能成就與之相應的通識教育系統。：

3、教育理念創新

（1）以往的教育理念

要想說清楚，五明智學教育理念上的創新，我們應首先必須搞清 楚以往的教育理念到底在追求什麼目標。

世俗教育的兩大功能目標即是——勸善和開智。這也是人類公認 的教育目的或立意準則。就總的原則看，世俗教育的這兩大原則是非 常具有進步意義的。我們先談談勸善。勸善，顧名思義，善法只能勸，不可強制。人的善心更不可強制，而只能勸導。這說明教育，具有勸說勸導的功能，而沒有強制的功能。強制屬於法律範疇，而非教育的功能。勸他人發善意，行善事，這是保證人類和平穩定生息繁衍安全的最基本手段。試想，假如一個社會的教育主要理念是勸惡，會是什麼狀態？顯然坑蒙拐騙打家劫舍男盜女娼受到鼓勵，那這個社會能維持一年？一個月？一周？三天？ 一天？這是難以想像的情節。有人設想，假如某國家頒佈一條法律說：只有 24 小時允許眾生隨意燒殺擄掠，搶劫偷盜，恐怕國家金庫的黃金和銀行裡現金，第一時間就被工作人員拿走據為己有了。商店裡的貨物就會一洗而空。所以你看，教育管用嗎？人們不是照樣去打砸搶偷嘛？其實這真的不一定，此時即使頒佈了這樣的惡法令，大多數公民還是不肯出手去搶奪金庫洗劫銀行，到商場隨意拿東西等等惡行。這就是教育勸善的力量。在當今普遍社會公認的勸善，當然是有限度的，底線就是不能做違法亂紀的惡事。不能侵害他人的人權和自由。中國有句古老的諺語："害人之心不可有，防人之心不可無。"這的確是善法的底線，佛論中也是這樣規定的。至於再往上拔高，做到無條件向他人施捨財務，施捨善意，施捨無畏，以致施捨生命，那不是世俗教育勸善的範圍。因為這已經超出大眾所能行善的界限。

再說開智，世俗教育的所謂開智，只停留於智商智力智慧開發的基點，至於再往高處拔，比如開啟受教育者的智慧根性，這不涉及教育的理念範疇。世俗教育只能做到正確方便地傳授所規定的課程知識並且學生們能通過考試取得優良成績，就萬事大吉了。教育者也認為，這足以達到了開智的目標。這些就是目前世俗教育的現狀。不管是世界上多麼優秀的中小學甚至大學乃至名牌大學，也就不過爾爾罷了。以上也就是一般世俗教育的理念所立所行。至於善德之根和智慧之根的開發，還沒有一所名牌大學將此作為教育教學的現實目標。

（2）五明智學教育理念的創新——中道教育理念

五明智學教育理念的建立，其實和世俗教育的理念不一不異。不一性，即差異性，不異性，即相同性。先說它們之間的不一性。五明智學教育雖然也是不離勸善，但它的內涵遠超越世俗教育的勸善範疇。它的勸善不僅僅停留於明哲保身，不害人的界定，而是要長養慈、悲、喜、捨——四無量心。慈，慈愛之意，給與他人或他眾生快樂之意，稱為慈。悲，同感他人或他眾生之苦，憐憫他人或眾生，並欲拔除其苦，稱為悲。二者合稱為慈悲。慈心能對治自私，對治自我意識心慳吝心。悲，對治冷漠心，對治怒戾之心。喜，隨喜他人他眾生之快樂意，即隨順他人的快樂，隨順他眾生的快意。隨喜之心對治嫉妒、我慢、增上慢之心是良藥。捨，施捨。施捨包括法佈施，財佈施，語佈施（愛語佈施），意佈施（善意佈施），身佈施（身體力行的佈施），無畏佈施（勇敢救難等佈施、見義勇為）等等。

下麵談談開智的不一性。一般流行的世俗教育理念所謂開智，就是開發提高學生的智力水準，或智商水準，或智慧水準。如果真能做到，那也真的算是頂級學校了。比如哈佛、耶魯、斯坦福、牛津、劍橋等大學，但五明智學教育的著眼點不在提高智商智力智慧的層次上，而是著眼點在人的慧根上，也就是智慧之根上。既然是開啟慧根，則教育教學的出發點和教學內容就會有很大差異性。五明智學教育不會涉及或幹預一般世俗教育的課程內容，而是執行自己的系統體系教學內容，所以教學效果會很不一樣。前面章節已經羅列了一部分五明智學教育的課程內容，基本上都與世俗教育課程不重複。這裡就不具體疊加贅述。所以五明智學教育的著眼點是在開啟培植學生的慧根上。我們認為，人的慧根其實究竟上說都是平等沒什麼差別的。就如人的眼、耳、舌根，本質上沒差別，但雜染性習氣積集不同，而障礙了人的根性千差萬別，導致難以顯現，所以看起來人各有差別相。但彼此的根性本質上無差別。五明智學教育的手段是，通過學習和特殊訓練，盡可能地去除受教者慧根的障礙，讓慧根開顯。開顯的愈多，人的智慧愈高。這就是五明智學教育與流行的教育理念不同點。在世俗教育理念看來，受教者的天賦差別是天生的，不可改變的。所以人的三六九等也是天賜註定的，教育不能消滅他們的差別，好的教育是能讓受教者各顯其能，發揮自身的差異性優點。但五明智學教育不同，我們不承認人的慧根性有差別，這些差別都是表面的假像，非本質特性。只要開發培植工作對機隨緣，就可以打破差別，開顯其優越的慧根性。甚至能遠超越世俗教育所專注的智商智力水準。

以上是五明智學教育在勸善和開智方面與現有世俗教育的不同點。下面來談"非異性"，即相同點：五明智學教育與流行的世俗化教育一樣，也是勸善和開智。正如書名的副標題：**"開啟普世善慧根本之光"**。

（3）五明智學教育理念對現存教育理念的更新升級和完善

現在我們來討論一下，五明智學教育理念對現有世俗教育哪些方面具有挑戰並能提升它們的理念高度和完善它們。

從勸善的角度看，提升了現有教育理念的高度——慈、悲、喜、捨心。因為這四無量心的含容量廣大，完全包含了現有教育勸善理念的內容而無不及，並且擴展了善德的眼界，以至於無量倍數而沒有邊際。

從開智觀察，二者之間的著眼點大大不同——一個是聚焦於人的慧根上，另一個只是聚焦於各個人所表現出來的可測量的智商智力上。其實從根本意義上觀察，智商和智力的表現能力，正是慧根開顯的其中一種表現形式而已。就好比一棵美麗的梧桐樹樹根與樹冠相比一樣。樹根代表慧根，智力智商代表樹冠。世俗教育理念只看樹冠，不見樹根。所以他們重點工作是剪切枝葉，使之更美更壯。

而五明智學教育雖然也看重樹冠部分，但重點是養護培植梧桐樹根，其主要工作是科學地改良周邊土壤，營養土壤，涵養樹根，使之能更有效地成長壯大而美麗。

所以到此讀者們也很容易辨別，是精心涵養樹根培植樹根的方式更能讓梧桐樹長得更壯大繁茂美麗？還是專心於剪切樹枝樹葉技巧上下功夫能讓梧桐樹成長得更壯更美麗呢？由此讀者們自己就可以得出結論——從教育理念來說，五明智學教育大大提升了原有世俗教育的眼界和境界的高度，並且能完善其教育理念而無漏。

4、課程創新

（1）現有教育的課程——小中大學

我們都大概瞭解，世界上現在的小中大學的課程通過所發行的教材就已經瞭解各自的課程了。但大學不然，只看教材不足以反應課程的全貌，某些專業其實並沒有固定教材。而是教授們獨立創建的課程。大學看各專業的課程目錄表基本可以看出課程的脈絡。由"穀歌"的相關資料得知，先拿小學來說，全世界的小學生課程基本上都以語文算數為核心，此時的算數級別還夠不上數學級別的科目。其次就是體育課了。當然各國的小學課程除了語文與數學（算數）為核心外，還有各自的延伸課程。比如：看到一張美國的小學生課程表有：語文，數學，科學，音樂，社會學，物理學，外語（西班牙語），體育，電腦等。

英國的課程表設置與美國基本一致，但他們多了兩門課程——哲學和地理。

日本小學的課程與英美類似，多了一門道德課，少了一門音樂課，少了一門電腦課。

我們來看看芬蘭的小學課程表，據知世界上小學教育排名最前的是芬蘭。芬蘭小學課程與英美課程大部分重疊，但他們多了幾門很特殊的功課——手工課，自然課，戲劇課，人生觀課。

最後看看中國小學的課程表。其實大部分也與美英的小學課程重疊，如，科學，電腦，音樂，美術等都有，多了一門形體課。
以上雖然只列出了很少一部分世界小學的課程，但足以反映出全世界的現有小學教育傾向。

據知，目前世界先進的小學教育開始轉向 STEM 教育——科學、技術、工程和數學教育。並已經進入了議事日程當中。而中國的小學還需要不少的時間才能轉向。當然，STEM 教育不僅僅只在小學，而是延伸到了中學和大學教育。小學教育只是起始點。由此可以看出，世界的教育潮流是向著綜合科學技術型為主導的社會前行。人文傾向顯然不是重點。

如果讓我來做以上課程的評價，那我還是選擇芬蘭的課程表。因為芬蘭的課程最接近我所創建的五明智學課程。難怪芬蘭的小學教育從綜合指標評估排名世界之最呢！

我們再來看看世界中學的課程是如何安排的。應該說中學教育包括初中+高中，我們也只能綜合初中和高中的總體來觀察世界中學的課程。

還是先拿美國中學教育為例。從 Google 摘錄的資料看，他們的課程大致這樣分配的：英語 4，社會研究 4，數學 3，科學 3，健康0.5，藝術 1，外語 1，體育 2，選修 3.5，總學分 22。也就是說，美國中學教育就開始了學分制，一直沿用到大學。而且選修課程很豐富，完全由學生自主選擇。基本課程除外，其他都可選修，不受限制。這種開始考慮個人自主性的教育模式，與中國的大一統式應試主義教育完全不同，在中國也是不可能通行的。

比如，他們的社會研究學的分類就很豐富：社會研究：全球研究，榮譽全球研究，歐洲歷史，美國歷史，經濟學，社會學，俄國研究，參與政府，法律，心理學，哲學，美國內戰，美國政府，婦女研究，當代史和政治學。

請看，這些課程和大學課程基本沒什麼區別，可能只是深淺度的差異了。美國中學都有了心理學課程，顯然這大大降低了憂鬱症概率及自殺率。

美國的中學教育模式基本上反映了西方歐洲發達國家的中學教育，其實在某種程度也映射出了大學教育的模糊輪廓。

英國的中學課程設置與美國相差不大，但廣度靈活性比美國要有差距。他們的課程大致如是：英語語言、英國文學、數學、綜合科學或獨立科目（生物、化學和物理）。選修科目包括藝術與設計、商業研究、舞蹈、戲劇、媒體研究、歷史、地理、經濟學、音樂、體育、資訊和通信技術（ICT）、現代外語（法語、西班牙語和德語）和宗教教育等。芬蘭的中學課程設置基本保留了小學課程的模式，但在其基礎上添加了新的課程——家庭經濟學，環境研究，視覺藝術等。這與芬蘭人的教育一貫關注從人的實際生活為出發點，而選擇教育方向和方法一脈相承。

再來看看日本的中學課程，日本的中學課程設置和他們的小學課程設置範本很類似。課程內容與小學的差距不大，只是加了一門健康課。

但有一點與美國中學教育模式很類似：高中開始，實行了學分制。中國的中學課程設置與日本模式很類似，也是沿用了小學課程的固定模式，不同點在於，到了高中沒有實行學分制，而是以一貫之地實行統一模式——應試主義。中國的中學課程比小學課程只多了歷史，地理，物理，化學，生物，道德與法治。其他的基本上與小學課程雷同。

從世界的中學教育課程設置來觀察，顯然美國走在了最為前列。比較大手筆化，這一點其他國家的課程設置是有一定距離的。當然芬蘭的中學課程模式也並非落後，而是比美國更注重個人實際。如果兩者結合起來，應該是更具思想性前衛性和實用性。也更與五明智學教育課程有近因緣。

至於大學的教育課程，我們這裡就不再多費文字來列舉了。我們可以從各國的中學教育課程，就能推演各國的大學教育傾向。我們只能從世界大學的排名和諾貝爾獎得主數量上來推測大學的教育品質了。當然這又要首推美國。美國大學的數量級課程設置的多樣性寬廣性靈活性注重學術的研究性，綜合來觀察，那是其他任何國家都難以相比而企及的。

所以從綜合指標來看，美國的小中大學課程設置與五明智學教育的課程比較有溝通性，相合性。兩者之間比較容易發生連結。

（2）五明智學課程特點

關於五明智學課程的特點，其實在五明與通識的關係那一節當中有了大致的描述。這一節我們主要討論一下，五明智學課程的設置特點與世俗學校課程設置的異同點。思考一下，五明智學在哪些方面優化了世俗教育系統。

世俗化教育的關注點是從人的一般知識和技能上、實用性上、提升 善德美德上、提升審美趣味職業能力和生活能力上等方面而設置教育課程。尤其是芬蘭的小學教育課程，反映了這一人類進步主題。從美國的中學教育課程更加強了這個主題意識。其中心目的，即是長養人的自主獨立性、創造精神和創造能力。

五明智學課程的具體內容，與美國芬蘭等先進的中小學教育課程雖然有部分的重複，但教授的內容基本不會重複，而保持自己的獨立性。

先從聲明智學開始討論。聲明智學的網路，連接了諸多與之對應的知識關係網——文字學，語言學，聲音音韻學，表演學，邏輯學，交流溝通技術學，道德倫理學，語言藝術文學，傾聽學，心理學，內觀學，演講技巧學，談判藝術學，辯論學，主持主播學，等等。這只是聲明智學的一部分課程，其中語言文字文學部分表面看，與世俗的中小學課程的語文相重合了。但五明智學切入的角度與之不 同。它更強調實際訓練口說的能力，並且和其他看起來不相關的知識技能串聯在一起通用，如，心理學，邏輯學，內觀學等，更能使聲明智學的潛能發揮。這一點世俗教育是沒有關注到也是做不到的。從書寫語言角度看，聲明智學也是強調訓練為主，純知識性為輔。各種類型的文章體式我們都須專門訓練其要點,當然五明智學也會吸收一些 世俗文字文章的通則和技巧,融為一體自用。

工巧明智學,在美國及其他國家的中小學課程中是比較少見的。雖然他們都設置了科學課,但還是以科學知識傳授為主,動手製作不應是主項。然而芬蘭是個例外。芬蘭的中小學課程都有手工課和自然課,音樂課,視覺藝術課,體育課等,這一點與工巧明智學很親近。但工巧明智學與之不同的是,楔入了因明智學的神經和血液,內觀技術也應用了進來。當然了,工巧明智學的運作範圍要遠超過一般世俗的中學教育課程。工巧明智學範疇很寬廣,涉及諸多領域:工廠,農村,建築工地,商業街區,實驗室,博物館,工作室,舞臺演 ,家居等等,幾乎社會的各個領域角落都可涉足,只要對教學有益。工巧明智學的特點,之於自身的心靈手巧大有幫助,可以隨緣善巧,自利利他。

醫方明智學課程與世俗中小學課程的重複點是比較少的。它的課程如——自然醫學簡明智慧醫學思想理論基礎學。加減乘除究竟康復法(健康定理)應用學。西醫學常識及歷史學。解剖生理學。解剖病理學。基因學基本理論,細胞學基礎,中醫學基本理論知識及療法常用技術及歷史。中草藥學基本常識。自然醫學及自然療法技術及歷史。中醫診斷學技術,西醫診斷學技術。營養學及技術應用學。藏醫學。道醫學。健康與環境學。飲食技術學。食物學常識。植物學常識。健身學技術。呼吸調節技巧學。內觀技術學。等等。這些醫療類知識領域,一般中小學健康課中基本不涉及,所以重複性很少。醫方明智學的應用目的,解決自身疾病健康問題,自理自我保護養護健康的身心，使之保持旺盛的精氣神之力。強壯自身體質，利益有緣他人。

雖然以上列舉的國家中小學課程有健康課，但其內容應該與醫方明智學差異性很大。醫方明的通識，十分全面，實用性，遠超過一般性的健康常識。醫方明智學的關注點不僅僅是身體上的健康和疾病，還關注心理健康的調治。它與內明因明和工巧明都會建立連接而應用。

因明智學與世俗中小學大學課程的關聯度都很強。美國的中學課程包含了哲學，這一點確實與因明智學很接近。但教學內容應該是很不同的。

因明智學部分課程如：形式邏輯學，辯證邏輯學。修辭學，推理學技術。古典現代各派哲學思想辨析。數學幾何證明技巧。假想創意學技術。演講辯論技術實踐學。倫理價值邏輯學。哲學史。歷史邏輯哲學。商業哲學。政治哲學。經濟哲學。文化學邏輯。藝術哲學。倫理哲學。心理哲學。直覺力和想像力技巧學訓練。佛學邏輯比量思維辨析，等等。這些課程在美國這樣重視哲學意義的中學課程甚至大學課程裡也是基本不重複的。但它只會提升他們哲學課程的水準，不會拖它的後退。因明智學特點，是能長養發揚學生的創造性思維能力和科學思維的辨析能力，以及理性的判斷力批判能力，論文寫作能力，科學研究能力，乃至發明創新能力。

最後說說內明智學課程特點。內明智學課程與世俗小中大學課程重複點最少，功德力最大。因為它是五明之核心。它的課程如：宗教比較學。佛法唯識學及唯識心理學。各種心理學技術比較應用。禪學禪修技術。善惡法辨析學。部分佛經佛論。宇宙哲學中的自性學。世間出世間法學。內觀學技術，外觀學技術。發心學。笑的藝術學。懺悔學。反省學。強心學技術。瑜伽舞蹈藝術學。宣洩技術學。動態靜心技術。呼吸技術。覺察技巧學應用。正念冥想技術學。四無量心的觀想學。密咒學。解脫生死究竟法學。內明智學課程最大特點是，成就自身的善德美德還有智慧，甚至大智慧。教育的最大意義整體現在了內明智學的品質中。

（3）五明智學課程與現有課程的關係

本小節討論一下，五明智學課程與現有世俗學校教育的課程是什麼關係。認清了它們之間的關係，也就能準確判斷出五明智學課程到底對現有學校的教育課程有無幫助，其實主要是看對學生們的善德和開智，成長有無幫助，這才是重點。

從上述各章節中，我們已經瞭解到，五明智學課程對現有課程不構成威脅，更不構成危害。而只能是升級增上緣。它不會拖累現有教育系統的後腿，這是不容置疑的。

先從小學談起，前章節所列舉的美國、英國、日本、芬蘭及中國的課程來看，聲明智學能成就語言類課程，尤其是語文課，外語課，還包括口語和書面語，也包括一些語言類表演（如戲劇、幽默脫口秀等）、主播、個人演講，辯論等課程。

工巧明智學可以成全現有課程的科學課，實驗課，電腦課，人工智慧課，手工課，自然課，藝術鑒賞課，美學課，音樂課，視覺藝術課，體育課，勞動課，地理課，等等，凡是能增強用手用腳用心能力的課程，能培植心靈手巧能力的課程，工巧明智學都可接納，都是它的菜。

醫方明智學課程可以成就和完善上述小學課程中的健康課，自我保護安全課，體育鍛煉課，形體課等等。

因明智學課程可以促進提升上述小學課程中的數學課，物理課，科學課，作文課，社會學課，STEM 教育等。

內明智學課程更可能提升和發揚上述小學課程中的道德課，人生觀課，與倫理有關識別善惡的課程。

以上是五明智學課程之於現有小學課程的關聯線索，很顯然這是一條利益鏈條，不會有損於現有小學課程的教學品質。假如將教育課程比喻為栽培一棵梧桐樹，由於五明智學的關注點是學生的根性培植營養，也就是著眼於梧桐樹的樹根養殖和養護，它的主要工作是改良土壤，給與必需的營養液，它不會幹預到樹冠部分的裁剪和嫁接工作。五明智學之於中學課程與小學課程基本原則一致，沒有大的不同。只是提升了高度，挖掘了深度和擴展了廣度。比如，除了對與小學課程相同部分成就之外，對其增加部分的課程同樣涵容進來。

先從聲明談起，上述中學課程中的，語言文字課程，外語課程，語言藝術課程，語言藝術表演類課程，各類文章的寫作課，商科課程等等，都更有進一步的提升熟練和強化。工巧明智學課程更可以進一步提升中學課程中的科學課，社會學課，家庭經濟課，商科課，藝術表演及藝術創作課，電腦程式設計課，實驗室課，化學實驗課，物理實驗課，各種機械製作組裝課，體育課，自然課，旅行課，地理課，STEM 教育，職業教育課，等等。這些課程都是含在工巧明智學的囊中物。

再來看醫方明智學對以上中學課程的作為，健康科學課體育課應該是醫方明智學的關注點。其實這還是小事，主要是醫方明智學在中學生階段，就能培養出大量的自我健康師，自我營養師，自我心理健康師。自我救護師，將必須的健康常識、理論及各種自然療法的調治手法裝滿自我健康工具箱。當然具備醫方明智學的學生，也可以隨緣利益自己的家人和親戚朋友以及社會。

因明智學更能進一步提升現有中學課程的高度和厚度，並能發揮創造性。如，對哲學課的高度厚度的加強是最能體現其功德力的。對社會研究課程更是錦上添花，對數學物理化學課的邏輯思維及創造性思維有直接的成就功能。它對科學課的創造性思維，具有推波助瀾的功德力。有些天賦強的學生，很可能在中學階段就能有非凡的創造發明新技術的能力。它對歷史課更能提升學生的歷史感，分析能力，鑒別能力，推演能力，及批判的判斷能力。對論文的寫作能力使之趨於成熟。對政治學課，商學等的基本原理掌握和是非曲直的判斷能力都會有強大的助力。對於撰寫高品質論文的能力因明智學是不可多得的好助手。

現有的中學課程對於內明智學課程來說，只有心理學課，人生觀課，道德法理課等比較接近了。其餘的課程，前面的四種明，基本都已涵蓋。對於這些與心靈素養有關的課程，內明智學對之應該是最好的導師。因為內明智學也可被稱作修行智學。修行智學的關注點，是善惡法的根本處，從深度來說，能進入宗教情懷的深水區。從方法論上看，內明智學對於修心法來說，遠遠比現有心理學認知層次更深入，也更有廣度，對治心理疾病的方法也更有效和持久。

綜上所述，可以得出結論，五明智學課程對現有中學課程應具正向的提高及深入擴展其學生全面素質和潛能發揚的強大功德力。

至於大學階段的課程，五明智學對其的正向推動關係更應該是爐火純青的階段。有人一定會問，大學階段還有必要接受五明智學課程的學習訓練嘛？回答當然是肯定的。但是我們這裡沒法列舉龐雜的大學體系課程。我們前面在討論通識教育章節裡已經說過，五明智學教育的通識性，沒有邊際，好似如來掌的手心，任何屬於教育的課程都不可能跳出如來掌的包容。通過研究可以這樣得出判斷，大學本科階段的一二年級是可以接受五明智學課程學習訓練的，而且是必需的，其是一年級的新生。因為全世界的大學在一年級階段都未進入專業課程的學習，基本都是通識的選修課程。過去德國的現代大學之母，洪堡大學，主張實行全本科四年的通識教育。畢業後才分成若干的專業分科，進入專業分工研究階段。隨著人類社會生活節奏的加快，通過一百多年的大學教育體制改造至今，全本科的通識教育壓縮到了只需一年至兩年來完成。傳統保守一些的大學，兩年有的甚至三年才進入專業課程的學習。這說明五明智學課程在大學內是非常必要的。受益者很可能在大學本科期間就能有輝煌的創造性科學技術的發明成果，或者提出某些新理論的建設。如，社會學理論，文化學理論，新科學理論，生物學理論，新醫學理論，新經濟理論，新商業理論，新藝術理論，時尚學理論，心理學理論，等等，都少不了五明智學的直接參與。

（4）五明智學課程的創新性

這一小節我們來探討一下，五明智學課程都有哪些創新性。其實這個已經不是問題了。因為前面的章節中已經談得很多關於他的創新點。但有些讀者可能還是不滿足，希望說的更精准更細緻化。

討論五明智學的創新應該從縱橫兩個方面來談。縱向論即是從五明智學課程的歷史發展脈絡觀察，橫向論，主要是看它與現有存在的接近五明智學的課程來討論。當然這裡不僅包括學校教育課程，也包含一切教育培訓類的課程（成人非成人教育課程）。

從縱向看，這一點我們主要是從古印度和西藏地區的五明佛學院來述說。因為專業的五明學只有這兩個地方存在，現在印度人已經基本遺忘了五明學的歷史，只有中國四川藏區還保留著完整的教學。不過據資料瞭解，該學院的五明課程與我所創建的五明智學課程，除了內明課程內容有某些重疊，其他課程幾乎沒有可比性。所以我們也無法與之作比較研究。

從橫向看，廣布於世界的教育領域除了專職的學校之外，具有教育培訓功能的課程還是很多很多的。但它們都是碎片化零散地存在於各個角落裡。能接近並能與五明智學關聯的課程，還是有的，但都是過於零散單一，沒有系統化。只能是某個單相課程接近於五明中的某一課程。大略說，內明課程與散佈於世界各處的修心培訓，靜修院的課程，瑜伽培訓班，禪修班，正念冥想培訓，等等，在某些方面有共法，其他就很不一樣了先說聲明，社會上有許多的口才訓練班，演講培訓班，勵志班，主持人培訓班等，確有與聲明智學相似之處。共同點都追求口語的流利，順暢，節奏感，追求發聲的準確力度等等。但這些訓練班課程只是單純追求口才的專門技術性，沒有融入因明邏輯學及內明智學的技術。這就是彼此之間的差異。五明智學更能使口才品質向大師的水準看齊。這是一般社會上專門的口才班演講班，難以實現的。書面語上看，社會上也有不少寫作技巧培訓班，包括文學寫作（小說，散文，詩歌，戲劇，電影等）。但這些寫作培訓班也只是專注於純寫作技巧方面，並非融入因明智學的元素，也更無融入內明智學元素。而五明智學正相反，它能有效融入他明智學元素，而使書面語寫作水準提高到天花板的層次。這些都只是聲明智學上比較簡單的 創新點，其他類似知識技能是不能取代的。

再來看工巧明智學的創新。看看社會上五花八門的職業教育倒是 很多很多。如：有電腦操作培訓班，畫圖軟體培訓班，媒體製作軟體培訓班，3D 設計製作班，表演藝術培訓班，繪畫班，手工藝製作班，球類班，游泳班，電工班，木工班，泥瓦匠班，健身班，廚藝班，等等。但這些培訓班，基本都是單項的，培訓方法也是單一的。目的就是培訓單一操作人才。工巧明智學課程不同，它不是培訓單一的操作工人才，它是培訓人的多面手能力，關注點是心靈手巧，培訓全能型人才。另，培訓方法上也有差異，工巧明智學，能融入內明智學的專注力，覺察力，特別是直覺力，還有因明的邏輯力，推理能力，直覺判斷力。這是工巧明智學的創新點，其他類似培訓課程是難以企及的。

我這裡要特意舉出一個與我們工巧明智學近似的一種新教育模式——被稱為鋼鐵俠的藝龍馬斯克先生于 2014 年親手創辦的公司內部學校 Ad Astra。關於這所學校的報導是很少的。本書前面章節已有描述，請參考。

Ad Astra 教學模式與我們工巧明智學非常類似。據報導，數年來他們的教育很是成功，孩子們的成長都非常出色，所以才引得一貫尊重美國傳統教育模式的家長們關注，並下決心將自己的孩子脫離現有學校，而選擇 Ad Astra。馬斯克辦學的初衷可以用他在接受採訪時說的一段話概括：我在普通學校身上沒有看到我想要的教育方式，因此我想，是時候應該做點什麼了，乾脆直接建一所學校比較好。其實馬斯克的理想教育模式正是與我們工巧明智學很類似的願景。不過相比較而言，我們在工巧明智學課程的範疇要比 AdAstra 廣闊。他們比較重視數學、科學、工程學和倫理學，當然也少不了電腦和 AI 課程。但他們對藝術體育等與高科技人工智慧無關的課程表示冷淡。也就是說，他們的教育目標過分的實用化了，而不是把重點放在對孩子們的工巧明智學的根性開發上。但即使這樣，他們的教育模式已經取得了不小的成果和對教育界的影響力。

設想一下，如果 Ad Astra 能夠採納五明智學教學模式，相信他們會取得驚世駭俗的教育成果，馬斯克的願景，衝擊改造美國教育體制的夢，將很可能成為現實。

再來看醫方明智學課程的創新點。散佈於社會上的各類理療培訓班，諸如按摩班，針灸班，推拿拍打班，艾灸拔罐班，正骨班，營養學班，護理班等等不一而足。醫療上的培訓班也是多如牛毛。但大多都是停留於簡單操作上，而且形式單一。但是醫方明智學不一樣，它的焦點在於，學習培訓醫學理論的核心點，能揭露醫學本質的明點。在自然療法的操作上，也能融入內明智學元素——觀照法。這在一般的醫療培訓上甚至醫科大學院校也是沒有注意到的明點。這也是醫方明智學的簡單創新處，一般專業的醫科院校裡是沒有這樣的課程。

因明智學的創新點也很多。專門的邏輯思維培訓班是很少見的。專門的創新意識學習班更是少見。而這些正是因明智學所必須學習的課程。因明智學在思維課程中，學習三種思維——形式邏輯，辯證邏輯，直覺邏輯。其實還有一種，叫中道思維或中觀思維。共四種。這些創新點，其他類似培訓課程幾乎難以尋找。內明智學課程的創新點主要在於，全面學習掌握佛法心學，內觀學，還有一些經典佛經佛論，佛咒，能培養學生的慧根和福報，應用到世俗中各個領域，培養四無量心以增長善德之根，使精神境界達到形而上的高度。這在社會上的那些禪修培訓班，靜修班，冥想班，瑜伽班等等與內明智學相似的培訓班，都是難以企及做到的。

關於英國的中小學教育課程與內明智學相似的課程，也很值得一提——幸福課與禪修課。

關於幸福課，英國的教學內容與一般世俗化教育流行的道德課人生觀課及社會學課區別不是很大，基本上大同小異。創新性不是很強，只是課程名稱比較新穎。

但關於禪修課引入中小學課程，確實是個創舉，這在世界上其他國家中小學課程來說還是罕有的。美國據說有個別高中班也採納了一點坐禪功課，為了緩解學生各方面的心理壓力而能自心調理。

英國做的比較大膽，英國中小學的禪修課。1994年，英國各州郡教育部門議決公佈，指示轄區內中小學校,選擇佛教為第二宗教必修科（基督教是當然的第一必修科）。在以基督教為國教的英國，佛教能得到承認，並由政府立法，列為全英國中小學校之正修課，不但是在英國，就是在全世界（除東方的泰國與斯裡蘭卡以外）尤其是西方國家，也是史無前例的創舉（以上摘自中國網路）。

據報導，這是英國教育界受了大歷史家湯恩比言說的啟發，湯恩比說的大意是，未來世紀的人類精神意識大乘佛法才是希望和支柱。但關於具體課程的內容我們只知道一些坐禪，調整呼吸，冥想等很簡單的做法。其實這些內容遠非佛法的重點。佛法的重點是開啟人的覺悟大智慧和善德，從而達成離苦得樂的境界，進一步解脫生死輪回。

當然我們絕不能挑剔英國中小學課程法定化了的禪修課程，而應該讚歎！因為畢竟是世俗化教育，畢竟是基督教為主體的信仰國家。

舉證這些事例，正說明五明智學課程與西方現代文明國家的教學課程大有接軌的可能性和近因緣。

以上就是綜合報告了五明智學課程的簡單的一些創新點。其實還有很多沒有納入進來。

5、教學方法創新

（1）現有的教學方法

其實討論教學方法創新，應該和上一節的課程設置的創新區別不大。課程設置理路和模式，其實就已經註定了教學方法相應模式。我們可以拿駕車做例子做個比喻，汽車的結構決定了駕駛方法的不同，但基本要素是不變的，比如：人與車這兩者的關係是不變的，但車是常變的因素，比如，過去有手動擋車，後來有自動擋車，再來有電動車，無人駕駛車，有大貨車，還有大客車，等等。

我們可以把各種車型比喻為不同的課程，駕駛者比作學生。每一種車型和結構都有各自的功能，和相應的操作方法——也就是教學方法。學生們學習駕駛新的車型，都必須要學習掌握新的操作細節。課程和教學方法也如是。現有的世俗教育課程對於學生來說，掌握其學習方法都是大同小異，就如熟練掌握了駕駛手動擋車的人，換成駕駛自動擋車型的人，很容易就適應了。即便駕駛汽車換成了駕駛摩托車，對於學員來說，也不是很複雜的事。打這個比喻是想說明，現有的教學方法不是很複雜的系統。一般的經過適當培訓的老師，都可以進行簡單操作。我們所知的教學方法有：一言堂灌輸法，課堂討論法，實驗教學法，師生互動法，虛擬教學法，現代視頻視聽技術教學法，***大自然中遊學法***，等等。

我們從穀歌中摘錄了現在世界比較流行的教學方法共十五種——
1/互動課程。2/使用虛擬實境技術。3/在教育中使用人工智慧。4/混合學習。5/3D列印。6/使用設計思維過程。7/基於項目的學習。8/探究式學習。9/拼圖。10/雲計算教學。11/翻轉課堂。12/***同伴教學***。13/同行回饋。14/交叉教學。15/***個性化教學***。

我在這裡就不必一一介紹這十五種教學方法了，其實這十五種之外還會有許多許多種的教學方法，都能讓教學者為之眼前一亮。這些方法讀者都可以查詢網路而知曉。

但我這裡還是要著重討論一下，上述"點黑部分"的教學方法，因為這幾種教學方法比較有創新性，靈活性，社會性，接地氣性，激發學生主導性和靈感。

先來討論一下***大自然中遊學法***。這種教學方法的優點是，帶學生們走出課堂，到大自然當中去（青山綠水中，森林花草中，田野中，工地中，博物館中......），到社會中去參與活動。這種方法非常殊勝，讓學生們在自然中學習知識，探討知識。適合於文理工科學生的受納。比如語文，地理，科學，藝術，數學，物理，勞動，體育等課程都可以應用。這種教學能增強學生的學習興趣，激發參與感，觸摸感，記憶深刻不易忘懷，而且還陶冶學生的陽光氣質和胸襟，對健康身心極為有益。

我們知道古代的中國，古希臘雅典和古印度，都是在大自然中開設 課堂。有的在樹下，有的在廣場，有的在山中，河岸邊海邊等等。如，亞裡斯多德，有一幅世界名畫《雅典學院》，畫中人就是在一座宏偉建築外的臺階上邊走邊講學的場景。古印度也如是，沙門們修學 修行都是在田野中樹林裡。很多古代的大學子天才們都是在大自然課堂的洗禮中受到了啟示，煥發了靈感，並且創造了古代的文明體系。

再來探討一下基於***專案的教學方法***。這種教學方法與大自然中遊學 法，有異曲同工之妙。教學效果很類似。不同的是，專案教學法，目的性很強，更能鍛煉實踐學生按流程操作辦事的能力。專案可以教師設定編制，也可以學生自行設計編制，學生自編自導自演。比如，編寫創作一部小型話劇，或拍攝一部小電影，放映之後，開展評論評分，獲獎等程式。再比如，可以設定編制一個訪談或社會調查項目，完成之後，做出結論，學生們可依調查報告，撰寫論文。當然還有很 多的案例形式，都可以去做。這種教學法對現代教育無論小中大學都很適用有效。

同伴教學法也是個相當不錯的選擇。每個學生小夥伴都有機會做課堂老師代課講授所學知識。這種教學法，能促使學生的積極主動性，強化學生對知識的記憶。還能增強自信心和自尊感。對學生的創造性思維也是很好的助推器。因為學生在課堂主持講課時，就逼使學生即興發揮想像，情緒昂揚。

再來談談***個性化教學法***。我們知道，學生們天賦種類是千差萬別的，性格特徵也是差異性多多。每個學生的個性都有差異，雖然也都 有共性。所以除了大課堂之外，還要根據學生的差異性，個性化輔導 教學。這種教學法既照顧群體受納性，也不放過一個有差距的學生。可以增強集體團隊意識，共用意識，慈愛意識等。是一個很不錯的教學方法。

我們簡單討論了一下幾種現代流行的少數幾個比較有特點有品質的教

學方法。這些教學方法很有生命力，也可作為五明智學教學方法的參照法。與五明智學教學方法也有異曲同工之妙。

（2）五明智學教學方法特點

這一小節我們開始討論五明智學的教學方法與現有流行的教學方法有何不同，有何特點？在哪些方面有獨立創新？

首先說，五明智學教學方法並不排斥現有的世俗教育那些優秀的教學法，特別是上一節我所說的那幾種很有生命力的高效教學法，很值得借鑒參考，並且能在實踐中應用。

上一節我也將課程與教學法做了個比喻——汽車與新駕駛員的關

係。五明智學是一種很特別的車型，這種車型涵蓋了全部現有車型的全部功能，以致不少功能超出了現有車型，比如，可以想像這種新車型可以原地起飛一定高度越過現有車型力所不及的障礙。它還是一種高度智慧化的車型，人使用汽車所要達到的功能和目標，這種車型都能實現。所以訓練操縱使用這種新車型的怪物，教授方法肯定也很不同了。

重點是，五明智學的課程與現有學校教育課程很不一樣，教學方法不會雷同。簡單說，它的實操性遠多於知識的傳授，所以參與訓練的教學方式就相應增多。

先拿聲明來說，已經知道，聲明對應於口語和書面語的通識和實踐。教學方法一定是以訓練實踐演示類比為主的，而不是書本知識。其實書本知識在世俗教育中的語文課中都已經存在了。即是涉及到講解這些語文文法知識，我們也不是簡單重複，而是抓關鍵知識點，甚至抓其核心點——能四兩撥千斤的知識點。讓學生有醍醐灌頂的效果。

我只想討論一個重點，就是師資問題。我們已知，再好再妙的教育和教學方法，沒有相應的師資也等於白搭。所以我們必須遵守一句中國兵家的一句俗語通則——兵馬未動，糧草先行。這些學生的糧草就是他們的老師。五明智學教學的難點也正在這裡，不是一個現行的老師就可以不經培訓就能隨便勝任五明智學的教學。這是不可能完成的，必須經專門五明智學教學系統的培訓。它的優勢是，一旦師資培訓成功，就可以複製，一傳十十傳百乃至成千上萬的師資力量。因為這就如培養一個汽車駕駛員，他成為了教練後，就可以教授他人成為司機，當這個司機有了一定駕駛經驗，也可以教授新的學生做駕駛員，這樣就能很快將五明智學教育推廣開來。訓練的好處就在這裡，他是身體力行的實踐練習而成，不易遺忘。現有的教師主要憑記憶力來進行教學工作，必需反復備課才可上臺。而五明智學教學這方面就省了很大精力。這種教學方法，也可以使優秀的學生成為准師資力量，進入教學工作中，或者輔助教學。

（3）實踐性遠多於知識性

五明智學課程的最大特點是，實踐性遠多於知識性。上一小節我們已經討論了五明課程的一些特點。

這一節我會著重談談它的實踐性特徵及其意義。因為這個特點始終貫穿於課程的教學之中。是不容忽視的。我通過研究和實踐發覺，僅靠知識是決難打開人的善根和慧根的。民間有句俗語："用腳投票"才是最真實的意願。知識內可以隱藏很多的虛偽性，這是數千年來人類文明學會的最大偽裝術和詐術，也叫邪聰，或邪智。

所以五明智學盡可能地避免知識的虛偽性，且能有效辨識知識的虛偽性，而取得真知識。取得真理知識的最佳途徑即是通過人的身、口、意，共同參與方可得成。人的身體相對來說應是最誠實的伴侶，口，它的兩面性最強，所以善惡均等。意，它是隱藏在深處的，難顯現的。所以說，修行即是修心。修什麼心？修理虛偽之心，轉為善心。依靠純知識，轉惡化善，功力當然不小，但遠不如實踐功夫轉得快。知識的傳授是漫長的，必需經數年才能記牢，但不使用，很快也會遺忘。與遺忘作鬥爭是知識永遠鬥不倒的敵人。就好比學習駕車技術，你若給某人講解駕駛技術和操作技巧，但他坐在車裡不動，恐怕你為他講授一年的駕駛技巧，他也不會開走這輛車。但你若手把手教授他動手動腳開車，恐怕一小時內，他就可以順利開走這輛車在馬路上行駛了。一旦學會了，即便兩三年不摸車，也能順利開車上路。

這就是實踐性教學的益處，五明智學課程的方方面面都離不開實踐性操作，即便是知識性最強的因明智學和醫方明智學，也都是不離實踐性的參與。

首先觀察【聲明智學】的實踐性特徵。可以說無論書面語和口語幾乎都不能離實踐性操作。語言雖是知識的凝結物質形態，但它對於聲明智學來說都不能缺少實踐性操作。比如，演說，演戲，主持，溝通交流，談判，撰寫文章，創作作品等等，都非純知識性記憶，而是在使用中活化所學語言。傾聽更如是，實踐性一秒鐘都不可錯過。

我在前面說過，聲明智學的實踐性如果只是純粹的集中焦點於本身的專職，則不可稱其為聲明智學，只能稱為聲明知學。由於聲明融入了工巧明因明和內明元素，尤其是內明元素，才使聲明從知學升級為智學的高度。

【工巧明智學】與聲聲明智學相同，它的實踐性含量比聲明更充足。幾乎九成以上的課程都是實踐性操作，純知識性記憶所占比重很少。它也和聲明智學一樣，融入了其他聲明因明內明諸多因素的參與，尤其是內明實踐性的融入，才成其為了工巧明智學。關於它的課程內容前面已經說的很多了，這裡不一一列舉。

【醫方明智學】的實踐性與知識性應該是比較平衡的比例。醫學理論方面知識性很強，需要強大的記憶力才能促成。專業醫學院的學生課程學制都是五年制，個別也有七年制的。但是醫方明智學的關注點不是龐雜的醫學知識體系的各個部分和細節。他只關注粗線條核心知識點，並將其抽象出來為原則掌握就達到了目的。再說，醫方明智學非專業醫師目標，不需要資格考證。所以他比較關注自然醫學和自然療法的知識和技能操作體系。它是以預防醫學為主的醫方明，非臨床應用的醫療方法。所以說涉及一般概念性的醫療理論性知識比較少，而是把焦點放在醫學哲學層面的高度。老實說，這個醫道層面的高度，一般專業的醫科學生都是很少能企及的。他們可能在具體手術和診斷術很高超，但對醫學醫療的本質不一定認知很清。

與聲明和工巧明一樣，因明，工巧明，聲明和內明，特別是內明都貫穿於醫療治病和健康調養，才能稱其為醫方明智學。

【因明智學】與上述三種明類同。相對來說因明智學的實踐性與知識性比例也比較的平衡。因明智學的實踐性，主要表現於善思惟，或叫如理思維能力，具體說也稱邏輯思維能力。俗話說的善動腦子，也就是因明智學的實踐性了。因明智學決非是純知識性記憶工具，而是人參與一切活動的工具箱。無論你做任何的工作職業家務行住坐臥等，都需要思維的活性動態。除了睡眠或死亡。因為我們人類的頭腦，皆是用比量思惟，也名分別思維。我們的大腦一刻也不停留的在進行分別思惟，只要有想法有念頭。《維摩詰經》有一句法眼式經句："能善分別諸法相，於第一義而不動。" 能善分別諸法相，即是典型的因明智學中的比量分別式思維。

因明智學與前三明如是，更是互通有無，特別是內明融入了進來，才使得因明成為了智學。

【內明智學】，可以說實踐性應該占九成還要多。幾乎占滿了空間。在內明裡，純知識已經化入了內明的骨髓內。所以在內明裡，幾乎分不清哪是實踐性元素哪是知識性元素。二者不離不棄。也就是說，知識在內明裡，表現為充分活性的伴侶，而非冷藏品。否則內不成其為明。凍僵的知識是不顯活性的，所以不可能成為明。

我們已經總結了如上五明智學的實踐性為何遠多於純知識性的論說。結論已經自明瞭。

（4）五明智學教學方法的高效

這一節我們開始討論五明智學教學方法的高效性。這個首先要明白。應該說，五明智學不離教育原則的靶心——勸善和開智。所以我說高效性，也就是指此兩種指標的高效性。我們一直都在談論教育主題，所以就一刻也不能離開靶心偏離軌道。不然，五明智學的教育意義就失去了。

我們還是一個一個接續來論說：

聲明教學方法如何提高效率？我們都知道，在學習中，操作實踐的學習比純知識性學習看起來慢很多，但純知識的學習是需要反復溫習的，如果不溫習，遺忘則很快，就如背外語單詞一樣。所以實踐性操作法學習的速度效率就會大大超越純知識記憶法學習。經驗告訴我們，這是不容置疑的。心理學上有個定律，記憶的高效與其思維的專注力大小應成正比。即思維的專注力愈強，則記憶力的效果愈堅固，以至能達勝解。勝解，意為定境堅固不忘，不移他境。

【聲明智學】的學習正如是，由於它需要高強度的實踐性和專注力，以及高興奮的焦點，所以學習的效率會很高，速度也很快。一般數月的課時量就能完成。當然只是依賴課堂上的訓練還是遠遠不夠的，課下也必須時常練習和實踐。聲明的學習好處在於，隨時都

有機會進行 實習。比如，與同學老師朋友們的交流，無論口頭還是書面語言，都是很好的實習機會。所以它很難遺忘。其他需要死記硬背的純知識就沒那麼好運氣了。課下很少能用上課堂所學的純記憶知識。

此外，聲明智學還需要其他種明門的融入，如內明和因明的參與，還有工巧明的參與，這就更加強了它的實用性，從而增長效率。由於以上緣由，聲明學習的高效性是顯而易見的。

【工巧明智學】與聲明同理，實踐性也是非常強的學習過程。它除了聲明所具有的優勢以外，還在成就感自豪感方面超越聲明的效率。

因為工巧明，很多時候需要製作某件作品，來體現學生的成就感和自豪感快慰感，這一點比聲明的學習更方便。另，工巧明智學，同樣需

要因明內明的融入，從而增強提升了學習者的專注力，興奮力，快感度，所以工巧明智學的高效性也是顯而易見的。

【醫方明智學】的學習效率性，看起來沒那麼高。但是他得到實踐的機會也同樣不遜色。身心的健康狀態時時都伴隨著學習者，所以只要學習者對自己的身心不適及健康有覺察，則就會有很多實習的機會。不管是食物營養學方面，中醫按摩、拍打、點穴、艾灸、靜坐、舞蹈、太極拳、體操健身操、瑜伽等方面的實操，都會有實踐機會。我們知道，醫方明智學既能利己也能利他，也是長養成就感責任感幸 福感的極好方法——為他人健康服務解除他人疾病不適，這種精神愉悅感是很難得的形而上。學習效率與聲明工巧明異曲同工。

【因明智學】的學習高效率性也是不容置疑的。因明的高效率並非表現在學習者學了多少邏輯學知識，而是體現在學習者的思維方式更開闊、靈活，精准和有理的實踐中，使之更符合因果律，更接近真理性。所以它也能高效長養人形而上的精神愉悅性。因明智學的另一個高效性，體現於學習者在日常的文理科的課程學習上障礙性更少了，日常功課的學習效率更提高。還體現在他們日常與人交往溝通更會合乎情理合乎法度上。他們的如理思維能力甚至能遠遠超越同齡人甚至年長者。也就是說，因明智學，並非純知識性的死記硬背，而是鮮活的實踐應用中提高記憶效果，並且提升學習者的理性辨識能力和批判能力。

【內明智學】的學習效率可能更會令人刮目相看。學習者在德行和內在智慧上即時都能得到實習訓練的機會。內明智學的效率性主要是通過學習者，對身、口、意的一切言行的臨在或當下覺察而體現。這種覺察力的體現，大多數情況可能是隱性的，藏而不露潛移默化的。但是種種改變應是"如人飲水，冷暖自知"。還有，內明智學的效率也體現在其他四種明的品質上。它與其他四種明的品質應是正比關係。內明智學的教學方法，如禪修法、調息法、瑜伽法、動態靜心法、專注法、覺知法、傾訴法、笑療法、各種觀想法等，都可以有效提高增長學生的控制情緒能力，離苦得樂的能力，獲得幸福感的能力，高峰體驗形而上精神愉悅的能力，四無量心，啟動的效率也會大大提升。

總括而知，五明智學教學方法的高效性，我們只討論了很少的一部分，我們並未滿足，只得暫且討論到此。

（5）五明智學教學方法的創新點

要說五明智學教學方法的創新性，應從兩個方面來討論：一是從縱向，二是橫向。這兩個視角來觀察五明智學在教學方法上有何種創新要素？這種比較很有意義，可以讓讀者一目了然五明智學的未來前瞻性和革命的徹底性。

我們在"五明教學方法特點"一節中，已經展示了五明智學諸多的教學特點，其中就含蓋了很多的創新要素，不管是縱向的比較，還是橫向的與世俗教學方法的比較。這一節我們再深入地剖析它的創新點。首先看【聲明智學】的教學方法觀察點——從口語來說，有詩歌朗誦法，散文誦讀法，故事敘述法，呼吸與聲音的技巧互動法，因明智學的融入法，內明覺察語言內容法，覺察聲音法，覺察表情法，戲劇表演法，等等，這些教學法在某種程度上，不管是古代還是現代的主持播音專業電影戲劇專業可能都不算是有太多的創新，人們都在不同的行業中使用。古代的沙門五明學習，恐怕訓練方法更加特別，因為他們具有禪定功力，我們和他們這方面相比簡直就不是一個平或等量級。但是之於現有流行的普通小中大學教育教學來說，它的創新點就顯得非常之多了。因為普通學校中幾乎沒有這樣的聲明智學課程。即便有些類似的演講辯論比賽，重點也不在演說內在覺察技術上多做文章，而是重點放在演講內容和表演動作的外相上。而聲明智學在這種氣氛中便有了如魚得水的表現。創新的廣度和厚度自然也就凸現了出來。因為我們一直強調，五明智學教育教學是深入灌注到世俗教育的血脈中甚至骨髓裡的程式，所以決定了它的創新性是有生命力有實用價值的。對於世俗化的普通教育教學方法來說，聲明智學教學法是全新的模式。

【工巧明智學】的教學方法在哪些地方有創新？還是縱向與橫向的對比。縱向的工巧明在職業上古代的分工很少，而現代文明社會與工巧明對應的職業卻有千百種甚至更多。顯然現代工巧明的優勢先於古代了。但古代人的心靈手巧這個工巧明智學的根本要素，古代人並不輸給我們。但是我們和古代人比較工巧明的高低，已經沒有意義。而有意義的是橫向的教學法比較。即與普通世俗化學校教育相比較。橫向比較的創新大致有三點：一是工巧明的廣度遠大於現有的世俗相類教學模式，二是工巧明的形式多於並新於現有相類教學模式。三是，將內明智學的技能和因明的邏輯思惟有機融入了其中。這事現有相類教學模式與之完全隔絕。所以，工巧明智學教學方法的創新點是顯而易見的。

【醫方明智學】的教學方法從縱向和橫向比較，幾乎都沒有了可比性。古代修行者的醫方明範圍比較狹窄，也較少專業醫療理論的指導，而今的醫方明智學，範圍非常廣泛，無論從醫道醫理還是在醫術都有大飛躍的內容，可比性不多。橫向相比就更是可比性很低了。如今世界上的學校教學除了醫療專業以外，其他科目基本不涉獵醫療 健康養生內容。有些學校雖有健康科目，但也是最一般化的常識性教育，健康醫療的範圍也遠不及醫方明智學的教學內容。

【因明知學】與【內明智學】的教學方法上，無論縱向還是橫向可比 性也很少，基本關注點都很少類同。尤其此二種明的橫向比較，現在 世俗社會的教育教學幾乎為零。當然除了大學內開設的專業理論邏輯 課程之外。所以說此二種明的教學方法上對於當今的世俗教學來說，幾乎完全是新事物。

6、創造新人類

（1）什麼是舊人類？

這一章節我們要來談論五明智學教育能否創造新人類。首先我們應該曉得，什麼是舊人類，舊人類都是什麼狀態，否則我們無法推演出新人類的模型。人同樣是同一個五蘊六根的身體，怎麼可能就變成了不同的人類呢？哪裡發生了變化？其實外相什麼也沒變，就是想法變新了，別的沒變。

舊人類很容易識別，簡單一句話：目前全世界現存的皆屬於舊人類。也就是說，五明智學教育出世之前皆是舊人類。如果要仔細描述 舊人類的內在和外在都很容易——每個人觀察下自己就足夠了。我們 盡努力描述一下舊人類的內在品質。

我們仍是必須從人類教育的兩大功能入手為基礎談起——勸善與 開智。因為舊人類也好新人類也好，都必須從此原點出發，來衡量兩大系統標準。否則我們將失去判別依據。

首先根據佛法的《十善業經》〔見注釋：❸〕和《百法名門論》〔見注釋：❹〕，可以大致分辨出舊人類的特性。衡量的標準就是根據善惡法的對應比例。即善法對應比例越高，說明某人越偏向於新，反之，越與惡法相應，則某人越偏向於舊。"十善業"大致法義為：不殺生、不偷盜、不邪行、不妄語、不兩舌、不惡口、不綺語、不貪欲、不嗔恚、不邪見。

也就是說，一個人上述的十種惡業應該從懂事時算起到成人後，再到臨命終時，都能秋毫無犯，則成就"十善業"圓滿無漏。

懂事的年紀大概從讀小學開始。讀者們想想看，這個世界有這樣對十種惡業秋毫無犯的人嗎？哪怕只有一例？

先看第一條【不殺生】。不殺眾生，眾生不僅僅指人類，包括一切胎生卵生、濕生、化生{見注釋❺}之有情生命。胎生眾生容易理解，一切哺乳動物多為胎生眾生。我們人類吃的肉類充滿了這四種生法的眾生肉。比如：牛肉、羊肉、豬肉、狗肉、驢肉、馬肉、鹿肉、

等等，皆屬於胎生眾生。我們吃的雞鴨鳥肉等都屬於卵生眾生。我們吃的江河湖海內的魚蝦類貝殼類等都屬於濕生的眾生。我們每到夏季拍死踩死無數的蒼蠅蚊子螞蟻小飛蟲等等，皆屬於濕生的眾生。化生的眾生暫且在這裡不作討論。有人敢說他（她）這一生沒害死過上述的任何一個生命體嘛？如果回答 YES，那麼恭喜你，你在不殺生方面是個大善人。

再來看【不偷盜】，即不偷他人他地任何不屬於自己的錢財或其他任何物品，包括花草樹木石頭土壤針頭線腦，等等。這個好像比不殺生容易做一點似的，其實不然。我們一生很難做到不拿他人他處任何一物的，哪怕是一支很微不足道的鉛筆，紙張等物，都是一種微薄的偷盜行為。比如吃自助餐，把多取的食物帶回家中，這也算是很微小的偷盜。所以說，完全做到不偷盜也是難上加難的吧？

【不邪行】，即不邪淫。即不與自己合法夫妻以外的任何異性有邪行。很多人以為，這個不邪行還是容易做到的。其實不然，這裡所說的不邪行，不僅僅是行為身體上的邪行，包括口和意念的邪行。比如，與他人或她人口頭上的邪行，意念上的邪行都是。當然只是

口頭上意念上的邪行雖然很輕薄，但也算是。記得看過聖經上新約耶穌教導弟子的大意：念頭上對女人有淫念，也是犯了姦淫罪。馬太福音 5:27-32 中耶穌在對治弟子淫欲方面有這樣的教導：他說，凡是看見婦女就動淫念的，心裡已經犯了姦淫罪。所以我們要對淫念採取斬釘截鐵地態度，要治死我們心裡的淫念，免得它治死我們。這段經義與佛法大意相同。讀者們想想看，誰能一生沒犯過邪行之過？

【不妄語】。妄語，簡單說即是謊言，假話，大話，空話，誑語，套話，吹牛皮，諂曲諂媚之語，不誠實之語，等等。這一條對於世人恐怕就更難了。我知道會有很多人說，善意的謊言應該不算妄語之列。這問題是論說不清的，需要看具體因緣而定。總之，能做到不妄語是極難的！

【不兩舌】，即不背後議論他人的是非，即不說能引起彼此爭鬥是非等離間之語，簡單說，不說兩面三刀的話語，當面說話一套，背地說話又另一套。好像這一條不少人是能做到的，特別是男人做到這一條並非難事，女人之間就難了很多。

【不惡口】，即不惡語傷人、罵人、嗔恨，不說憤怒之語，不吵架，爭論問題時不做人身攻擊。這一條對很多性格脾氣一貫平和溫順的人來說，可能還真不是很難做到。但絕大多數人是難以做到的。

【不綺語】。綺語又作雜穢語、無義語。指一切淫意不正的言詞。也稱非時語、非實語、非義語、雜亂語等。說得通俗些，綺語，即是些沒有意義的廢話，或閒言碎語。看來對有修養講理講禮的人來說，做到不綺語，並非很難，特別是那些平時寡言少語喜歡獨處的人，做到這一條並非難事。

【不貪欲】，這一條應該說比任何條款都難做到。貪欲，貪愛某人某物某事等等，都是貪愛。這世上可能除了專業修行人，沒有不貪愛的人。現在即使專業的出家修行人或教堂裡的牧師也會有貪愛，比如，貪供養，貪名利，等等。所以這世上就沒有不貪愛之人。只是貪愛的程度有大小有厚薄之分而已。當然，無欲則剛，少欲則剛之人到底還是有些的。但已是鳳毛麟角了。

【不嗔恚】，即不發脾氣，不生氣，不憤怒等等，這一條比不貪愛遜色不了多少，也是極難做到的。誰人這一世沒發過脾氣？沒有過憤怒的情緒？沒抱怨過生活的艱難？沒指責過不公平現象？這一條恐怕也是極難做到的吧。

【不邪見】。不邪見，即是沒有邪見，這是非常難的。當然佛經所說的不邪見，即是有佛知見，唯有佛知見才是非邪見。不過我們不能用佛法這一條來衡量一切世間人。所以我們可以理解"不邪見"應指世俗法的不邪見。世俗法的不邪見也不是很容易做到的。不邪見，即是在世俗中沒有錯誤的知見，一貫正確的人，你找得到嗎？恐怕這一條世人也是極難做到的哦。因為我們所處的末法{見注❻}眾生，都是具無明邪見、愚癡習氣所造就，導致性格品質極為剛強頑劣執著難化。這一條應是舊人類的本質特徵。

綜上所述，可以瞭解到，現在的舊人類是什麼狀況了。通過實際觀察，可以發現，"十善業"能滿足全額的人幾乎沒有，不管做什麼職業的人，儘管他是政治家，大富翁，甚至大慈善家，大科學家，大思想家，大藝術家，大經濟學家，大教育學家，等等，能圓滿成"十善業"的人，至今我是點不出任何人的名字。當然，有人會說，能相對做到"十善業"的人，這世界還是有不少人的吧？不然這世界早就亂了套！此話有道理，相對能做到"十善業"的人，是會有一些的，但為數也不會很多。尤其是最後一條，不邪見，最難了。

有的人前九條做到可能都問題不大，但是第十條就不易實現了。因為眾生的無明是根本苦難苦惱的根源。如特蕾莎修女，那樣的大善人當然是舊人類的楷模，但是也不能斷言，她的一切言行都是出於不邪見。

現在我們來從《百法名門論》（簡稱《百論》）來看世間善惡法的分別，可以進一步瞭解了舊人類的特徵。

《百論》中說眾生的善法僅有十一條，煩惱惡法有二十六條。

善法十一者：一信，二精進，三慚，四愧，五無貪，六無嗔，七無癡，八輕安，不放逸，十行舍，十一不害。

煩惱惡法六者：

一貪，二嗔，三慢，四無明，五疑，六不正見。

隨煩惱惱二十者：

一忿，二恨，三惱，四覆，五誑，六諂，七驕，八害，九嫉，十慳，十一無慚，十二無愧，十三不信，十四懈怠，十五放逸，十六昏沉，十七掉舉，十八失念，十九不正知，二十散亂。從上面列舉的人類善惡法的比例來看，顯然惡法遠多於善法一倍還要多。這說明人類的品質是很容易偏向於惡。所以末法時期，人類往下坡路走往衰敗惡劣的趨勢走，還是有根據的。那種認為，人類的命運應該是自然地愈來愈進步愈來愈善良美好，這實在是天真的想法而已。

下面我們來粗略地討論一下上列十一條善法是什麼情況。

【信】，這裡的信，首先應是指，信因果，並非是指對各自宗教的信仰，必須要注意。因為只有信解了因果，人才有可能趨善避惡，才會懼怕懲罰，懼怕犯罪，懼怕行惡。這是"信的心所法"的善性核心價值。其次應該是誠信，誠信應是人社會性的基本原則，如果沒了誠信，人倫道德的約束力幾乎就不可能成立。中國的孔子提倡"仁、義、禮、智、信"，他把"信"放在末尾，說明對信的品質並不看重，而把仁，放在了第一位，顯然不符合人之倫理常情。《百論》的排次應是正確的，因為信，是一切善法的基礎之基礎。信與真實心相應，與虛偽相齟齬。再說，孔子所謂的"信"，並非指對因果的信解，而是指人與人的相互守信的關係。或者是對親屬長輩長官的信賴。這樣的話，信的內涵就變味了。與《百論》中的信，風馬牛不相及。我們可以觀察世俗中的眾生，有多少人對因果有強烈的信解或信畏？恐怕不是很多。

我觀察過中國人，沒做過統計，但估算起來，信者可能不超過20%。西方人雖不瞭解，但我知道他們大多信仰基督教。基督教教義內，雖然沒直接用"因果"二字，但是經義中體現了濃厚的因果關係意趣。比如：善有好報，惡有惡報，行惡有下地獄之報，這都是樸素的因果原理。害怕死後下地獄，喜歡死後永生于天堂，這本身就是因果意識。另有說法，耶穌基督早年曾在北印度學習佛法，

所以耶穌所傳授的新約法脈傳承於佛法理則。此說法，在後面須有專門章節述說。

【精進】，精進即是勤勞努力之意，對任務的完成具有持續不斷地勞作之行。注意：這裡的精進是特指做善事的精進，決非行惡的精進。所以必須要清楚。精進的確是美德，早期的美國移民就是憑藉著對上 帝的信仰和精進努力的態度才贏得了世界之最強大的政治，軍事，科技，商業，教育等等。精進是行善事達成目標的有力武器。以色列人的精進學習和創造精神所造就的累累碩果，已令世人震驚甚至妒羨交織。

【慚和愧】，這兩者是一對。慚愧心是善的品質，我們確信無疑。有慚愧心之人，具有趨善避惡的意識。慚，指標對自己沒有作對事情而心感有慚有羞，愧，是指對他人，對他人感到愧疚，對不起他人之歉意。慚愧之心是能成就善法美德的重要元素。美國人總是把"Sorry"掛在嘴上，表明他們下意識就有愧疚的善心意識，"Thank you"，即是一種自慚的心理，與感恩之心相應。感謝別人，本身就有受納不起自慚的意識灌注。所以具慚愧之心者為善心所。孔子有言："我日三省我身"，也是一種變相的慚愧之心。但孔子並沒有加強論說這種自省的美德，很遺憾！【不貪】【不嗔】【不癡】， 此三條與"十善業"中的不貪不嗔不邪見重複了，這裡不再贅述。

【輕安】，這一條大意是，人的身心感到幸福輕鬆安然的感覺。這種感覺是很難得的。"輕安"，做任何事情都會抱著積極的心態，而不知疲倦。輕，輕鬆愉悅之義等，安，安然，安住悠閒之義等。

能"輕安"之人，做事效率也會倍增，滿足感超強。所以是善德行。"輕安"之人極少抱怨。這是非常難得的人生高峰體驗。

【不放逸】，一般大意是，與懶惰放逸相對。行事不放逸才可能有成事的可能性，放逸正相反。這也是人的善品之一。放，放任自流放縱之義等，逸，逃逸，躲避，散失之義等。與精進相對。指行事不嚴謹不認真不守戒律，持慵懶的得過且過的態度。放逸的態度做事，往往是缺乏效率，事倍功半，甚至無事無功。不放逸正相反。

【行舍】，這個美德是顯而易見的。行舍，包括舍財，舍法，舍愛語，捨身，舍無畏，等等。我們知道慈善家大多是舍財，教師就是舍法，見義勇為，即舍無畏捨身等，與人相處多說愛語，屬於舍語，舍意，即是對任何人都懷善意。這些都是舍的善品。

【不害】，應該是人品中善心善行的底線。中國民間有名諺語：害人之心不可有，防人之心不可無。顯然這是人善品的底線，越過這道底線，就是害人，即是惡法。所以不害，排在善法的末尾處，用意顯然是底線之意。

以上我們列舉的人類中僅有的十一種善心所或善法。顯然人類的善法實在是不多，甚至可以說少得可憐。這也是人類現狀的實情。下麵的二十六個煩惱噁心所，我不想一一論說了，會耗費很大篇幅。我們只簡單闡述一下二十六種噁心所與我們現存舊人類有密切關係的條款。

我們只簡單討論一下二十六個煩惱噁心所中的六個噁心所——根本煩惱心所。

一貪，二嗔，三慢，四無明，五疑，六不正見。

這裡有三個噁心所我們已經討論過了——貪，嗔，無明。所以我們只討論其他三個惡法。

慢，我慢，增上慢，卑慢，大慢等分成若干種。總之，慢心，是煩惱噁心所。慢心，能長養自高自大，鄙視他人，輕慢他人之心，並且一旦受到挑戰，就立即升起貪嗔癡心，尤其是嗔心。所以"慢心"與嗔心相應，更與愚癡相應。慢心，也是我執心的助燃劑，而且嚴重降低人的情商和智商。有人說，慢心，不也是一種自豪感的標誌嗎？其實完全是兩碼事。慢心，與自豪感無緣。自豪感與自信相應，它是一種精神愉悅喜樂狀態，與嗔心不相應，與愚癡心也不相應。自豪感不會強化我執，相反，長養與他人分享之心，長養愛心甚至慈心。所以自豪感應歸入善心所之內。它與善心所中的精進、舍心和"輕安"之心比較相應。而"慢心"則不然，這與我上面所列舉的煩惱心所緊密相應。世界歷史上由於某群落眾生的"慢心"無限膨脹，而導致大規模暴力甚至戰爭的事件屢見不鮮。上個世界六十年代美國白人對黑人的慢心，演變成了普遍的種族歧視，結果導致了馬丁路德領導下的大規模民權運動，他因此也付出了被暗殺的寶貴生命。二次大戰的德國法西斯，

尤其是希特勒，他所謂的納粹意識，其實質正是"慢心"無限膨脹的結果——全德國的民粹主義所謂愛國主義，大日爾曼對自身雅利安優種的"我慢"之心，演變成了大慢心，轟轟烈烈悲慘的第二次世界大戰就這樣發生了。"慢心"的野蠻生長，也導致了日本軍國主義的崛起，乃至捲入了瘋狂的第二次世界大戰，其中侵華戰爭的最基本底色就是日本人積澱已久的"慢心"——我慢，增上慢，乃至大慢，最終以戰爭而驗證了"慢心"的罪大惡極和慘重的失敗。國與國之間有慢心，一國之內的眾生之間也有慢心，包括個人之間的關係等，皆有"慢心"的存在，總之，凡是"慢心"野蠻生長的地方，都不可能有平等、和平、理性、包容、大愛的氛圍，

反之，衝突一定不斷，嫉妒 恨，一定是主角，眾生的彼此互害，甚至戾氣理應充滿。鬥爭永無休止。通過觀察會發現，其實人與人的鬥爭，根源正來自彼此的"慢 心"——我慢，增上慢，驕慢，狂慢，大慢。

觀察這次的俄烏戰爭，也可以看出，入侵者俄羅斯的普京大帝就充滿了大俄羅斯的"我慢"心理，這種我慢，長養了俄羅斯眾生遙遠的帝國之夢。他們心中充滿了對弱小鄰國烏克蘭人的傲慢和輕蔑的心理，所以才敢悍然入侵烏克蘭。這場仍在延續的戰爭底色仍是"慢"心的罪惡。

總之，"慢心"為噁心所，無可置疑，它具普遍性，它的危險性暴力性也是有目共睹。對治"慢心"也是相當難，沒有慘痛的教訓難以根治。請看歷史上無數的戰爭底色，哪一場戰事眾生的"慢心" 缺席了？人類不僅表現在彼此族群的"慢心"和爭鬥，也同樣對畜生道的動物表現出"慢心"，甚至對大自然也表現出"慢心"。比如，人類普遍堅固地認為，人是最高等的生命形態，所以可以為所欲為殺害其他種類的眾生動物（牛馬豬羊狗驢雞鴨魚~~~），甚至理所當然地食他們的肉。更有甚者，有人居然帶頭高喊出"人定勝天"的大慢口號，與天鬥其樂無窮，與人鬥其樂無窮，等等善於鬥爭勇於鬥爭的挑戰性口號，然後就有大量的無腦烏合之眾生緊跟著行動，結果大自然慘遭迫害，濫砍濫伐，巨形土木工程百萬人參與，水土流失嚴重，惡風惡雨襲擊不斷，洪水如猛獸年年成災，地震頻繁，颶風時有肆虐，非時雨雪，大氣污染嚴重，等等，幾乎都是在"人定勝天"的神經質的"大我慢"心鼓舞下造就的惡業。所以，它的罪惡罄竹難書，它的破壞力巨大無比。在六種根本惡煩惱心中名列前茅。疑，也是六大根本煩惱心之一。有人會問：疑，怎麼能是惡心所？科學家正是依賴質疑的精神才打破推翻了舊的不合理學說和規則，並發展了創新的科學技術嗎？這個是不假，科學家們的許多新理論新發明創造，就是憑藉合理的懷疑精神，才大膽走出了舊有的窠臼，才有了新發現，新發明，新創造，甚至新文明。伽利略如果不對亞裡斯多德古老的定則表示懷疑，他也不會有比薩斜塔上經科學實驗而發現了自由落體運動規律，伽利略的天文望遠鏡也不可能誕生。哥白尼布魯諾，如果不對地球為中心的學說提出質疑，怎麼可能會通過大量科學觀察，而發展為日心說呢？整個科學史的發展證明，都是在充滿了懷疑精神的支配下而走向前進和光明。

為何疑是惡心所？這裡的重點是，佛法所說的"疑"，與我們世俗所認定的"疑"，是兩回事。佛法所說的疑，顯然與十一個善法中首位"信"相待。也就是說，這裡的疑，非彼世俗所說之疑。這裡的疑，指對因果律真理之疑，或對佛法大真理之疑。因果律是宇宙的總持真理，如果對之懷疑，後果會非常嚴重。沒有一位偉大的科學家對因果律表示懷疑過，相反，真正的科學家們都是篤信因果律的，甚至與他們所信仰的上帝同等的相信，有些對上帝不夠堅信的科學家，反而對因果律卻深信不疑。因為每一位科學家的發明創造成果，都是在堅信因果律的堅牢基礎上而成事成功的，否則他們的創新有可能就是虛偽的。

疑的噁心所，也是能闖下逆天大禍。我們還是拿過去的歷史發生的故事做實例就可以說明之，前面所舉的二次大戰的事例，其實也有很大的疑噁心所隱含在其中。首先他們過於我慢，自傲，不相信因果律，甚至嚴重懷疑因果律，所以他們才可能特別大膽作惡。希特勒的膽大妄為屠殺猶太人 600 多萬，如果他能對因果律有一絲信意，對西方一貫的基督教原則有半點信意，他也會做出止損的舉動，甚至打消大屠殺的念頭。同樣，日本政府極少數軍閥內閣也如是，他們野蠻的侵華戰爭，除了"我慢"心、大"慢心"以外，對因果律的疑心必定缺少不了，不信因果者才不會有負罪感，沒有負罪感，才敢於囂張作惡，毫無節制，這是毫無疑問的。對因果律深知深解者，對作惡犯罪就會有覺知，有了覺知，就可能抑制作惡犯罪。有大量的歷史故事都可以證明，由於皇帝的不信因果，甚至迫害宗教迫害教徒而導致嚴重的因果惡報。如：古羅馬統治時期，皇帝大肆迫害虔誠的基督徒 200 多年的歷史。從暴君尼祿、多米田開始，一直到米蘭詔書的廣布天下，共有數十位羅馬皇帝都一直延續迫害基督徒的罪惡暴行。羅馬皇帝共有兩位元有明確記載由於迫害基督徒而慘遭"業果"的惡報——第一個名叫瓦萊裡亞諾皇帝，由於和波斯人戰爭失敗被俘，最後被執行剝皮而死。當時普遍的基督徒認同，瓦萊裡亞諾皇帝是由於迫害基督徒罪孽太深而遭到的惡果。另一個也是最後一位迫害基督徒的皇帝名叫伽列利烏斯皇帝，即位後大肆迫害基督徒，頒佈了一系列迫害法令。之後突然有一天暴病突發：渾身腫脹，膿血潰爛，渾身發出惡臭，持續兩年之久，即將臨了命終時，突然醒悟，在床上簽署法令——停止一切迫害基督徒的行為和言論，歸還基督徒財產，包括經書，教會，教堂等，還給基督徒全部自由，並且自己也皈依了基督教。奇怪的是，伽列利烏斯皇帝沒有死，而且從此惡病也奇跡般的不治自愈了。

中國的年輕唐武帝與古羅馬皇帝伽列利烏斯命運很有類似之處：唐武帝的滅佛運動，在中國佛教史上非常著名，他大肆燒毀寺廟，遣散數十萬出家僧人還俗，沒收大量的寺廟田產，燒毀大量經書，殺害不少出家和尚等等，不一而足。"滅佛"運動之後僅僅一年左右時間，他突然抱病在身，渾身腫脹，膿血潰爛，惡臭沖天，很快就一命嗚呼了，死時年僅33歲。

以上所舉事例，其實本質上都是由於"疑"之噁心所導致。他們不信因果，也更不信代表人間善法的基督教，不相信大真理的佛法佛教的法力，果報就是如此悲慘烈性。所以"疑"的噁心所的破壞力殘暴力也是相當嚴重的。與"慢心"的惡之烈度可以相提並論。不正見，最後我們討論一下不正見的噁心所。不正見，即邪見。

有人一定會問，邪見，是否與無明等同？是，從本質上說應該如是，無明，即是"邪知見"的根本，可是這裡為何要單獨列出名單呢？不正見與無明，還是有所區別。無明是個籠統的說法，一切"邪見"的根源都是無明。不正見或邪見，表示無明的強度和執著度的更強化之義。無明是泛泛而論，它是眾生愚癡的總的品質。邪見，更偏重無明強烈的執著度。這是兩者的區別。二者的關係也是不一不異。

這裡的不正見應該有二重性，一是屬於世間法內不正見，二是出世間法的不正見。我這裡主要討論世間法的不正見或邪見。邪見，在世間法中遍及皆是，從雞毛蒜皮的小事，到社會國家民族的大事，乃至全地球村的大事，包括外星球直到全宇宙之大事，正見與邪見，完全貫注於其間，一法也不放過。世間的每一法，都有正、邪見，含在內中，也都可以辨別。總之，正見代表善法，邪見，代表惡法。所以六種根本煩惱心中，不正見代表惡法。

還是用二次世界大戰及古羅馬皇帝迫害基督徒的惡行作為實例，來說明不正見的惡劣程度有多深和有多暴力，殘害眾生的程度有多慘烈和非人道。希特勒對於猶太民族的認知不正見，最終導致了大屠殺的悲慘歷史，日本內閣的少壯派對於亞洲形勢的不正見導致了中日戰爭，和日本企圖實現建立大東亞共榮圈的帝國野心。

"俄烏戰爭"的爆發，也是由於普京集團的不正見——對於烏克蘭的形勢嚴重估計不足，悍然出兵侵略了表面上弱小可欺的烏克蘭。古羅馬皇帝也如是，對於基督徒的善法施與邪見，而滋生嫉妒，懷疑，我慢，最終導致長期壓榨迫害基督徒。假如上述示例中的領導人，都有正見，怎麼可能會出現一系列的暴行和戰爭呢？所以說，不正見是導致一系列作惡的歷史發生的根本。可以說，人類罪惡歷史的長流大海，即是不正見的源流而彙集造就。整體不正見的大海即是全部人類罪惡命運彙集的大市場。

由上可以總結得出結論，上面列舉的人類六種根本煩惱心，都不是單獨存在而造業。而是綜合在一起的共同造業，共同犯罪。但是六種根本煩惱心的主軸還是不正見。不正見導致了貪嗔癡慢疑。導致了五種噁心所互為幫兇，合夥犯罪合夥取利。反過來說，如果想解決六種根本煩惱心的問題，下手對治處，也首先是糾正不正見或邪見。

正見靠什麼來樹立建造？唯有教育。除了教育還是教育。誰能勝任如是繁重工作？除了五明智學教育還能有誰？

這裡我們只討論了六種根本惡煩惱心所，後面接續的二十種隨煩惱惡心所諸如：

一忿，二恨，三惱，四覆，五誑，六諂，七驕，八害，九嫉，十慳，十一無慚，十二無愧，十三不信，十四懈怠，十五放逸，十六昏沉，十七掉舉，十八失念，十九不正知，二十散亂。

我們就不再多做討論了。因為後面的隨煩惱心，都是六種根本煩惱心家族的衍生後代。它們不是獨立存在的煩惱心所，而是寄生於六種根本煩惱心之體中。比如：忿、恨、惱，害、嫉與嗔心相應；驕、無慚、無愧，與"慢心"相應；誑、覆、不正知等與不正見相應；不信、懈怠、放逸、昏沉、掉舉、"失念"與疑相應；慳、諂，與貪相應。所以為了方便讀者認識眾生的煩惱噁心所，我們只得對六種根本煩惱心，加以論述就足夠了。

通過我們對舊人類的描述，我們已經知道了人類的品質惡多善少，人類的歷史發展長河中，更是惡多善少。你如果仔細算一下總帳，就能輕易地發現，惡劣的歷史遠遠多於善良的歷史。先拿世界歷史來看，希臘的民主自由公民化的歷史也就短短幾百年時間，剩下的基本都是惡法和平庸中度過。古羅馬的殘暴獨裁皇帝統治時間也長達數百年的時間，和平穩定互愛的歷史幾乎就看不到影子。整個歐洲黑暗的中世紀歷史也是一干就是一千多年。西方國的善法文明，主導的社會至今也就不足 100 年的歷史。可以說，兩次世界大戰以前的歷史，世界善法的文明占主導的潮流，幾乎看不到一片光明的廣場。美國算是西方善法的文的集大成者，可是他們作為燈塔，主導人類向善方向發展的歷史也是短暫得可憐，其實也沒真正主導過。二戰後的蘇聯是一大惡法勢力的代理人，與美國分庭抗禮冷戰延續了數十年，善惡勢力的均等化，仍然讓這個世界不得安寧。所以我們對人類的善法，不要盲目樂觀，更不要對惡法報以輕心。所以回顧歷史對人類是有益處的。

再說中國的歷史，那就更不好意思拿出來展示了。要說善法能流行的階段，可能也就頂數西周朝代社會了｛見注釋❼｝。孔子的仁愛思想正來自對西周社會的理想憧憬。在他心目中，西周社會簡直就是一個夢，就如昨日的"美國夢"一樣。

有人拿出大唐歷史來說事，其實你仔細研讀唐史，所謂貞觀之治好像也就短短二十二年歷史。還只是今天中國的改革開放四十年的一半短命。那段時間也正是唐太宗尊佛禮佛最為昌明的時期，唐玄奘｛見注釋❽｝正生活於那個時期。顯然佛教的廣為流布，給唐初社會帶來了巨大的福報，照亮了貞觀之治的福光。很遺憾！從唐太宗之後，唐代的善法命運，就開始了下坡路的驛站，越走越糟糕，直至出現安史之亂那樣，毀滅王朝的破壞和打擊。

中國民國時期大文豪魯迅先生曾在《狂人日記》中寫道："我翻開歷史一查，這歷史沒有年代，歪歪斜斜的每頁上都寫著仁義道德幾個字，我橫豎睡不著，仔細看了半夜，才從指縫裡看出來，滿本都寫著兩個字是'吃人'"！ 所以你看，中國的歷史是惡多善少吧？

古老的印度歷史也一樣，也是善法少惡法多。印度的歷史與古希臘、古埃及、古巴比倫波斯及中國的歷史長度不相上下。掐算起來，也就是釋迦佛出世以後到阿育王這近兩百年歷史，是善法通行昌盛的時代。孔雀王朝倒閉之後，善法開始了頹勢，惡法開始一浪比一浪高，直至今天，善法仍然是沉積狀態。

由上可見，世間善法的流行主曲，在歷史的長河中還是非常短暫的。而魔道之曲卻長奏於人間。總之一句話，舊人類顯著的特徵之一，即是惡多善少。

下面我們看另一指標——開智的程度。因為此書是論教育的，所以必需從教育的勸善與開智兩個根本屬性來入手討論舊人類狀況。現在來討論開智這個比勸善更複雜的流程。

先從西方的古代人開智說起，那就得考察古希臘文明時代了。應該說古希臘人的開智，最先走在了人類的前頭，如果古希臘文明早於佛出世的話。有人反對，說古印度人才是最早開智的族群，吠陀哲學思想至今已經六至七千年的歷史，而古希臘文明歷史還不足3000年。還有人把古巴比倫文明的楔形文字記載的漢謨拉比法典記為世界第二開智者，古埃及的象形文字文明也應排在古希臘文明之前。那為什麼說，我們把希臘人的開智放在了人類歷史的首位呢？我們還是看這種開智，是否對人類的影響力的大小這個角度來討論。印度的吠陀哲學思想固然很深刻，也很是形而上學，但對世界的傳播廣度卻很低，直到今天，古印度的吠陀哲學和《奧義書》仍然只有極少數專門的研究者知道，並未對世界其他民族群落產生思想文化上的影響。

對整體人類的開智沒有大的波瀾。再說古巴比倫文明，古埃及文明更是人類開智歷史上的孤品，早已被埋葬，除了考古學饒有興致，沒有任何人關注它了。所以我們選擇希臘文明的開智排在第一位是合乎道理的。

開智，需從人類的思想意識形態入手，這是必須的程式。因為智慧智商智力智慧等都體現於人類的頭腦中，頭腦中只有思想是智慧

的 核心。思想智慧的集中體現應是文字文言，而文字文言專門記述人思想智慧者首當是哲學，其次是神學，再其次是科學，等等。人類早期的大學課程設置也是這樣，拿現代大學之母德國柏林洪堡大學來說，他們設置的課程為哲學，神學，醫學，數學。顯然對應於世間開智的次第。

古希臘時期的文明學術內容，儼然囊括了如上的元素——哲學，醫學，數學等科目。古希臘的哲學包含了神學在內，但希臘人的神學是泛神論，並非一神論。所以神學思想對哲學的影響力不很大。古希臘人解釋哲學的概念叫，"愛智慧"。這個很簡單的用語，就可以感知到開智的實質性。如何才能開智？首先你要有愛心，愛什麼？愛智慧。柏拉圖說："我認為智慧這個詞太大了，只有神才配享用它，我們人只能愛智慧。"按柏拉圖的意思，愛智慧，也是愛神。所以智慧與神等同，當然在柏拉圖眼中，智慧肯定高於神自體，因為智慧屬於神的專享品，神才配有智慧。中國古人說"德需配位"，如果德不配位，就要出現麻煩事故。所以，神與智慧是德配位的，人是低等，不與智慧配位，故世俗人只能愛智慧。愛智慧需要形而上的知識來配位，哲學自然成了最高的學問。哲學也是開智的知識系統。所以你看，古希臘人其實在冥冥中甚至是自覺中，已經把握了教育的實質屬性之一——開智。柏拉圖的老師蘇格拉底更如是，他是古希臘的哲學泰斗也是哲學的踐行者。他的哲學思想最深刻處已經到了直指人心的靶子，而非形而上的純知識系統。"認識你自自己。"這句上接神性下接地氣的哲思哲理，簡直就是神人合一的妙語。這種開智慧語在古希臘的哲人中，還有很多，普遍開花。古希臘文化人中，具有開智風範的哲人，科學家等，人才濟濟。屬於科學開智層次的醫家科學家有，希波克拉底，畢達哥拉斯，阿基米德，這些至今不朽的智者，今天仍然被人們尊崇承繼。所以有人評價古希臘文明為，人類最美好的童年就是古希臘人。世俗智慧之花開的最燦爛最完美的就是古希臘人，這是不爭的事實。因為在他們那裡，開智的家族成員一一俱全——哲學，神學，科學意識平衡發展，一樣也不少。與古印度修行人相比，他們唯一缺的就是實地修行坐禪等，去求證他們的哲學，求證其所愛智慧的境界。所以古希臘人的開智，僅僅停留於世俗的思想層面。還沒有真正實現形而上的高峰體驗。

古希臘人創造的文明體系，被稱作西方文明的搖籃，這個一點不過分。也正是出於對開智的卓越成就而得到世人的印可和盛讚。義大利的文藝復興運動和人文主義哲思基本上就是直接承繼了古希臘文明的成果。西元九世紀十世紀野蠻強悍的海盜維京人越過重重冰河來到了冰島，建立了繼希臘之後又一個自由民主文明社會，這些都是古希臘文明開智的成果直接演練和展示。英國的大憲章運動也是直接受納了古希臘人的民主自由政治體制文明。工業革命無不與希臘人的科學研究意識和實證意識接軌。英語的詞源塑造，更是少不了希臘語的大量湧入。英國人的哲思科學意識，德國人的純哲學理論，法國人的自由人權和對藝術的崇高追求，哪一樣少得了對古希臘人文明的模仿和創造？後來的美國人更如是，許多公共建築都採納了古希臘雅典的莊嚴優美的建築形式。連哈佛大學的大門的牌匾校訓，都是採納了希臘語——真理。

可見古希臘人對人類世俗文明開智的專案貢獻有多大！無論你如何的大嘉讚美都不為過。

下麵我們說一說古印度人的開智情況。關於古印度人，我在前面章節都已做了比較粗略地介紹。古印度人的開智工作確實早於古希臘人很多很多年。但是他們的開智工作是秘密進行的，只局限於他們自己的狹小空間內。不如古希臘的地理位置那麼的優越，渡海往他國的距離都不很遙遠，而且地中海上驚濤駭浪是極少見的，便於古希臘人的商業往來，從而加速了他們對世人傳播開智的文明。有人假設：如果印度地區與古希臘人地區互換一下位置，則今天的文明應該是印度人的轉載。進一步應該是佛法文明社會的普遍展現。而今天東方的文明也未必有科學文明的出現。因為交通實在是受限嚴重，尤其是海上商業往來，困難重重難以逾越。假設是假設，現實更加骨感。古印度人的哲思境界高度一點不亞於希臘人的思辨能力。而且古印度人比希臘人的高超在於，他們有禪修禪定能力，能夠親自證悟到所思之境界，比如大梵天這個萬變之總神，是古希臘人頭腦中的世俗之神不可想像也不可企及的。修行人的高手被稱作仙人。所以古印度有不少人具有五神通{注釋：❾}能力，具備一小點神通力，在古印度修行者中隨處可見，這一點古希臘人是完全不能企及的。另因果輪回觀念學說，因緣法學說等，都是古印度吠陀哲學和《奧義書》的內容。這一點古希臘人的哲思裡是沒有的。再說，五明的學習也源於印度，所以他們的開智境界高度上遠遠高於古希臘人，只是沒有廣為傳播開來。

西元前五世紀，釋迦佛的出世，標誌了人類歷史上真正大智慧的開啟時代，真實智慧開啟的里程碑就是釋迦佛所傳的佛法。釋迦佛之前，人類的開智水準，僅僅停留在世俗的愛智慧的哲學哲思層級，僅僅停留於世間大梵天的想像憧憬之中。而釋迦佛，卻帶來瞭解脫生死輪回的根本大智慧，解脫三界，成就大自在的般若智慧。

這種智慧完全顛倒了世俗智，徹底解決了世俗智的嚴重局限。釋迦佛有十個名號，其中有兩個名號與我們世俗人有緊密關聯：正遍知，世間解。正遍知，簡單解釋，即是正確無誤地遍知一切事遍知一切物遍知一切眾生心，當然也遍知一切人人心。也就是說，大宇宙內外的一切，沒有釋迦佛不知道的。包括世間與出世間的一切法，沒有佛所不能了知的。世間解，即對世間法能了知一切，即對三界內（欲界、色界、無色界）之事之眾生沒有不能瞭解的，沒有不能解決的方法，沒有不能解脫世間的。也就是說，通過對釋迦佛的兩個名號的瞭解，我們就能曉得，佛是全知全智全能之人。跟著佛學跟著佛走，我們都可以開啟大智慧。可是很遺憾很悲哀！人類中只有極少數人在佛出世的年歲裡開啟了大智慧，解脫了生死。而留下來的絕大多數人都沒能受度開啟智慧解脫生死。有人會問，既然2500多年前佛出世了，而且是全知全智全能，為何只能度化極少數人解脫生死，而不能度化所有眾生解脫生死呢？這個問題問得太好了！看起來自相矛盾，其實不然，佛既然全知全智，則對甚深因緣法也悉知，佛也必須隨順因緣法而行事度眾生。佛唯有一件事做不來，無緣之眾生不可度，無緣之人亦不可度。因為佛告訴我們，眾生及人人本自具足了佛性，具足了一切如來智慧德相。所以開大智慧解脫生死是眾生自己的事，不是佛所能代替的。與佛有緣而且是親因緣，才可能得度，否則就難以得度。這就是諸佛的惟一局限性。其實也不能說是佛的局限性，因為解脫生死的潛在能力人人都具有具足，只是因緣夠不夠條件的事。佛陀沒有責任代替任何眾生解脫生死，故不能說佛有局限性。只能說這是眾生的局限性。所以佛在經中也說，佛法被分成三個大階段：正法時期，象法時期，末法時期。我們目前正處在末法時期，也就是說，智慧最低劣的時代，當然，佛指的是出世間智，而非世俗智。其實世俗智與出世間智也是不一非異的關係。從這個關係來看，當今人類的世俗智也不是非常的發達。如果是發達的世俗智，應該更容易成全出世間智。兩者之間並非矛盾關係。什麼東西才能成就世俗智和出世間智呢？唯有 五明智學教育。其他皆無有是處。

討論到此，從教育的本質角度看，我們已經瞭解了舊人類的生存狀態。這種生存狀態如果就勢持續發展下去，則人類的善法愈來愈少，人類的開智也愈來愈微少愈來愈難，愈來愈自以為是，我慢、增上慢、邪聰、邪智，愈來愈增長，人類的命運只能是愈加悲慘，"福報"也會更加微薄。所以舊人類前途是沒有光明可見的，即便你移民到了火星，善法和智慧仍是不可能長進的，反而人類的爭鬥更為慘烈！

可以肯定地說，五明智學教育如果能順利出世，則改變舊人類才有希望，創造新人類才不是幻想。

（2）新人類特徵？

前一節我們對舊人類描述了眾生相的臉譜。這一節我們需對新人類的臉譜做個素描。不過老實說，舊人類的臉譜是很容易描畫的，因為他是過去時和現在時的相，我們都有大量資料和親身感知得到。但是新人類的臉譜可真的難以描畫，必須完全依想像力來做推演。我們手裡沒有資料，更沒有工具，如何描繪新人類的美妙藍圖呢？

我們還是依照老辦法，既然本書的主題是五明智學教育，所以只能從此地入門。前面說過，新舊人類的分界線，是根據善法與開智的程度與否來決定。沒有其他更精准更可靠的方法了。既然我們做了結論說，唯有五明智學教育出世和廣泛流布，才可能提升受教者的善德和開啟他們內在的智慧。那我們就從此地出發，看看新人類到底是個啥樣子？

我們還是從善法和開智，這兩個大法寶論起。為什麼五明智學教育有可能創造新人類？從書名的副標題也可察覺到這一點：照亮自性善慧根的光明普世教育系統論。顯然以開啟善慧根為宗旨的世俗教育系統，前人還未做過此事。如果這個目標能夠在某幾個國家實現，則創造新人類的成果就初步實現了。衡量新舊人類的標準分界線正是如我們前面論述的那樣，綜合指標地看人類顯現的善法多寡和開啟智慧的多寡。而五明智學教育正是緊緊圍繞這兩個指標而運營。

關於五明智學教育，前面章節已經強調說明瞭內明的關鍵性。內明的最大功德即是關乎善惡法的明確抉擇和開啟根性大智慧的品質。內明的核心價值，正是德慧的平衡等持。其他四種明，基本屬於技術層面，只能很大程度解決世間智力智商智慧的問題，但不具有智慧的覺悟性質，也就是說，不能是四明智學，而只能是四明知學。這方面比較優良的世俗教育就可以完成。所以，僅憑四種明的知學，是不可能完成創造新人類使命的。

我們還是從勸善和開智兩條路線來深入討論和描述五明智學教育創造出的新人類是個什麼形象。

依《十善業經》來探討五明智學教育，可以觀察到，內明智學所要求開啟人的善根，必須能滿足"十善業"的條件。我們可以從內明智學的課程設置找到根據。

內明智學的課程大約包括：佛法唯識學及唯識心理學。各種心理學技術比較應用。禪學、禪修技術。善惡法辨析學。內觀學技術，外觀學技術。發心學。懺悔學。反省學。正念冥想技術學。四無量心的觀想學等等。從這些隨順善法的課程可知，內明智學完全可以勝任開啟學生善根的職能。從善是人類的根本業，從因果律可知，造就善業，得善果，得福報，如果世界人多造善業，則"福報"也多多。反過來人類由於善業多，大自然也會感應風調雨順，氣候宜人。相反，人類造惡業多，感應惡劣天氣就會很多。查閱世界歷史和地理，你會很清楚地看到，人類的普遍心態善惡與否與氣候天氣的對應關係。

我們可以拿出1906年三藩市大地震作為示例，據資料記載，大地震之前的三藩市眾生，人心浮躁，貪婪之心極盛，敲詐勒索，打家劫舍，賣淫業昌盛，槍殺事件時有發生，種種惡行普遍猖獗。大地震發生後，引起大火，數萬房屋毀滅，雖然死人不多，但人們流離失所，無家可歸，悲慘境況令人震驚而慨歎。但是在地震期間，可喜的一幕出現了——人們並非因為地震火災而相互傾軋偷盜搶劫等行為，相反人們彼此相互關心起來，友愛善意受難者相互幫助成為了震後的主題。人們普遍似乎內心意識覺悟到了什麼：由於彼此的噁心惡行和貪婪無度引發了上帝的憤怒，而招致了大地震的懲罰，所以人們必須從今後相互友善學乖，遵從上帝的意志，才可能得救重建美好家園。果然不久，美麗的"新金山"開幕了，這一次三藩市真的是舊貌換新顏，不僅僅是地表上的建築物是新面貌，更重要的是三藩市的人從此舊貌換新顏——善心長養了，噁心衰減了。如果用三藩市做比喻，可以說大地震創造了三藩市的新人類。人們還是從前的那些居民，但人們的心變善了。這也就是三藩市新人類的演變縮影。從那以後，三藩市一直是美國西部的一顆最為璀璨奪目的明星。直至100年後的今日仍是活力福氣不衰。美國高科技的前沿陣地正是在矽穀這裡生根開花。

可是2008年中國四川地區同樣級別的大地震卻沒能帶給當地人們如三藩市大地震那樣的反省反思和懺悔意識，也沒有什麼覺醒的內容，就這麼慢慢被遺忘於歷史的垃圾堆中，真是一件憾事！

設想一下，如果人們普遍能接受五明智學的教育，則可形成普遍的社會善意，善意政府，善意百姓，這種善能量的共業，感應特別惡劣天氣的可能性就很低，感應非時風雨，感應海嘯山崩，環境污染惡化~~~我們這裡只能做一個預言者的事，因為五明智學教育畢竟沒有普遍成為現實的廣行。還只是我們頭腦中的理論設想，雖然也進行了很小規模的片段性實驗，但也收到了不錯的效果。我所開創的五明智學課程內容，最擅長也是最為關鍵的優勢就在於對內明的深度研究和開發，而且能將之與佛法智慧連通起來，與其他四種明連通起來。這樣的教學方式，能讓五明智學的平衡，作用於每一個受教者，無論在善法上還是在開智上，都能達成平衡落實。

從開智的路線看新人類。從舊人類的角度看，主要是在智力上智商上智慧上做文章，這種開智的結果是，人可能很聰明，我們稱為世智辯聰，注意：這個不是智慧，這個充其量只能算作頭腦的遊戲玩得比較嫺熟，沒有哲思的深度。也就是說，現代人類世俗教育所培訓出來的高智商人，並沒有柏拉圖認為的愛智慧的神性高度。即便他是大學中的哲學教授也未必能達到古希臘人的那種純粹愛智慧的熱度和厚度。有位中國北京大學的文學教授感慨當今年輕人的精神狀態，他是以中國頂級文理綜合水準制高點的北京大學學生作例而發出的感慨：當今教育最大的失敗是，培養了無數的精緻利己主義者。這些精緻利己主義的年輕人最大的能力就是學會了諂曲和投機。至於專業能力也只是利己的敲門磚而已，社會責任感一絲也不見。這就是單有智力而沒有智慧的典型教育成果。中國的大學是這樣，那麼世界的大學教育又如何呢？能比精緻利己主義者好多少呢？如果好很多，就不會有我前面提及的哈佛大學的院長哈瑞‧路易士所出版的《失去靈魂的卓越》一書了。哈佛大學教育理應是世界人類教育的燈塔。現在這個燈塔已經出了嚴重問題，說明普遍的教育只停留于智力開發智商開發智慧開發的三維空間，而距離智慧的多維空間（四維乃至十一維）相去甚遠甚遠。

退一步說，即便現代人的教育回復到了十九世紀初的德國洪堡大學時的高尚理念水準，回復到了柏拉圖在《理想國》中所憧憬的愛智慧的神性高度。也未必能跨出舊人類的藩籬——三維空間而進入多維空間。只能說那種狀態是非常美好的舊人類時代，非常美好的三維空間而已。

但是五明智學教育則不然，它卻完全有可能超越三維空間超越對智力智商智慧的專注點，轉而進入人類的自體性，開發深藏的智慧根，從而跨入多維空間。三維空間只局限于世間智，而多維空間卻已涉及出世間智，這就是兩者根本不同特性的智。五明智學教育所能開啟的智根，旨在既要為世間法服務，也要為出世間法服務。實現了世間法智，能為出世間智作為橋樑，實現更高層級的開悟生命形態。五明智學教育的原理是，開啟了智根，開啟了覺悟的知性和智性，自然帶起了智力智商智慧跟著一起運行。就好比樹根強壯了，樹冠自然跟著成長強壯。

我們試著用五明智學教育的驅動力來描述一下未來新人類的特：先從【聲明智學】談起，它的通識教學，能成全個人的全面語言交流能力，也含有其他種明門的能力，如工巧明，因明和內明。

語言潛能的全面開啟，可以成就世俗世界的諸多領域方面的高效率。

不管是高科技產業還是紛繁複雜的商業活動，還是社會的各個需要人與人交流的領域，涉及千百個行業，沒有不需要語言媒介作有力助手的。根據此，可以推演出，舊人類在此能力上的普遍缺失，聲明智學可以補足，人們的職業能力生活能力自然會大大增上緣進步。從而完成了舊人類在語言能力上的長足進步而導致人們交流能力的大大提升。人們普遍語言能力的長足進步提高，必然導向社會人際關係的良善，惡語中傷事故會大大減少，講禮講理普遍人們接受，和諧關係的能量就能普遍感染他人和人群。就如現在的歐美人"Sorry 和 Thankyou"口頭禪不離語。這就大大減緩了人們衝突的可能性，降低了彼此怨怒情緒熱毒的溫度。所以有人說，語言能載舟也能覆舟，這是很有道理的。當人們普遍接受了聲明智學教育後，自覺應用語言藝術的能力會大大提升，交流能力緩和解決人們矛盾的能力也會增長，久而久之，人們的關係自然能趨於和諧良善，這是可以想像得到的境遇，毋庸置疑。

現在來說【工巧明智學】，工巧明智學的最大功能是人的心靈手巧，幹嘛嘛行，吃嘛嘛香。人們自主的創造性能力非常好，職業適應能力大大提升，可選擇性職業多多，基本上不受局限。另，工巧明智學也能大大提升個人的生活能力，對家庭生活非常有益。比如，自家的空調失靈了需要維修，房屋損壞了需要維修，傢俱壞了需要維修，下水道堵塞了需要疏通等等家務事，電腦操作突然失靈等等，如果家庭主人沒有工巧明智學的學習和實踐，他就必須聘請專業機構的專業維修人員上門服務，維修的人工費之昂貴讓每一個家庭感到負擔重重。這是有目共睹的事實。而面對這些家庭的瑣事，對於一個受工巧明學習訓練的家庭主人來說，卻是輕而易舉就能解決。工巧明智學不但能成全自己受益，還能讓他人得利，幫助他人受益。做公益事業提升公共服務意識更加有效和增長對社會生活的幸福感。

以上這些受益點，在當今社會舊人類的處境來看，只有極少數人能得到如是的受益，絕大多數人都不具有工巧明的能力，也未經受過訓練。問題的重點是，他們享受不到利用工巧明智學能自利利他的高尚樂趣。然而作為工巧明智學的新人類，就可以很輕鬆地享受到如此 高級的快樂感和滿足感。

【醫方明智學】從舊人類看，尤其在此方面是個極大的弱點。人們的普遍意識認為，自己的健康自己說了不算，而由醫生說了算。社會的醫療機構似乎也更加強化這方面的宣傳力度，強化人們依賴專業醫療健康機構的服務。人們患病時，也甘願做醫院的奴隸。很多慢性病小病也依賴於醫院幫助解決。在中國，這個問題就特別突出，因為中國社會是個非免費醫療的國家，這方面的開銷能擊倒絕大多數人的家庭，這方面悲慘的故事層出不窮。一人患病全家背鍋，甚至陷入絕境。所以看舊人類在醫療方面是多麼的愚昧。然而在新人類醫方明智學看來，醫療健康的事自己負責，自己維護，而不是把健康問題徹底交給醫生。首先醫方明智學教給學習者普遍的醫療健康常識，擁有自我維護身心健康的常識和技巧。醫方明智學告訴人們，醫院其實質，應只是一個救死扶傷的救急機構，不是日常看病治病的機構——尤指一般慢性疾病，如，五臟六腑的慢性疾病，癌症，心臟病，肝病，腎病，肺病，胃病，腰腿病，內分泌失調，心理疾病等等，這一系列所謂慢性病都可以依醫方明智學，加以自行解決，依自然醫學理論智慧醫學理論及自然療法都可以自行調理，療效遠比現代化設備的醫院有效。這是真實不虛的。醫方明智學 的最大功效其實不是自行調病治病，而是自我科學完善保健保養身心而不生病，從而使身心充滿活力，這才是重點。醫方明智學即是培訓受教者成為自己的私人醫生和健康師，從而也能幫助他人和家庭排憂解難。新人類能做到如上高水準的自我健康師。可以設想，新人類社會身心健康精氣神飽滿的人增多了，疾病纏身的人大大減少，這也為培養和諧社會的形成給予強大的增上緣力。我們已經看的很清楚，醫方明智學教育對於新人類健康社會與非醫方明舊人類病態社會的強烈對比。這是讀者們可以感受到的不同點。

【因明智學】教育對於新舊人類有什麼明顯的不同？

先看看舊人類的生存狀況：從上文說的"十善業"和十一種善心所及二十六種煩惱噁心所看，善法的重點是不邪前見，六種煩惱噁心所的重點是不正見。顯然善惡法指的是同一件事的正反兩面。

不邪見與不正見到底從何而來？從世俗世界看，其實歸根結底是從因明不足中來。因明智學的邏輯充分，就不易長養"邪見"或不正見。相反因明邏輯不足或違反因明邏輯因果規則思維行事，才會生產諸多大小邪見，或不正見。這樣的事例我前面的章節也舉了很多。看看當下的人們由於因明不足而導致的慘烈人生悲劇有多少吧？美國頻繁出現的槍擊案件，中國屢屢出現的自殺事故，日本福岛的核洩漏事件，法國的街頭暴力破壞運動，中國經濟的嚴重衰退形勢等等不良事件，哪一樣深部原因逃得脫因明邏輯的嚴重缺失——不正見的偏執而導致。舊人類的最大缺漏，其實就是因明邏輯的嚴重失調而促生的偏執邪見，而達到了極端。

再有一個事例，19世紀至二世紀中葉最為流行最為路人皆知的不正見理論即是達爾文的進化論。這個進化論嚴重影響並武裝了西方列強的思想武器，使他們普遍認同"叢林法則"的合理性與合法性。

這個理論也嚴重影響了清末時期的中國知識份子。不過進化論如果只流行駐留在生物學中倒也無所謂。問題的糟糕是，人類的聯想力太過豐富，把不成熟的生物理論應用到了人類社會中，問題就大了。弱肉強食，欺軟怕硬，貪嗔癡膨脹等惡法都披上了合理的外衣。國際上強者公然侵佔他國土地，掠奪資源，各國內部也如是，叢林法則也是通行無阻，霸凌現象處處可見。當時的中國社會就是這種社會達爾文主義的最悲慘的犧牲品。

經過一個多世紀的科學發展，人們發現生物界的進化論是不合理的，也不合乎因果邏輯。假如人類真的是從單細胞逐步直線進化而來，則生命階段到了人類，不應該是終點，還應該繼續沿直線進化，再進化，沒有終結。也就是說現在的海洋生物和陸地生物飛翔生物都應該沿著自己的直線繼續進化演變成新的物種。但科學家們並未發現各個生命種群的生物結構或基因上的進化趨向。再說，生物種群的弱肉強食和彼此的食物鏈系統，並未使強者或吃者生物更進一步向高級階段進化。也未發現被吃者生物退化的傾向。所以生物進化理論並不成立。然而古印度的吠陀哲人們和《奧義書》的生命輪回理論倒是與佛法相應，也能圓滿解釋各個生命層次的由來。

也就是說，生物不是沿直線逐步進化而來，而是依各自的業力或"福報"的差異性，而輪回形成了千姿百態的生命物種，而且各個物種之間彼此都是可以輪換扮演的。輪回的推動力——業力{見注釋：❿}。

由此可知，達爾文的生物進化論是不正見知識，但卻被人們認同為正確的知識，並且把它擴展到人類社會系統作為正確知識的準則而運營，其結果就是相互暴力，殘殺，戰爭不斷。19世紀至20世紀中葉應該是人類社會最為動盪，最為執著偏見，最為暴力失衡的非和平時期，死傷人數也是最多的時期。不能不說，與受社會達爾文進化論主義不無密切的關聯。此時期的共產主義暴力革命理論基礎也無不打上了社會達爾文主義思潮的深深印記。這一切不正見理論都是基於對因明邏輯因果律的嚴重缺失。

所以說，舊人類社會最危險的因素其實就是嚴重缺乏因明邏輯，從而缺乏不邪見。相反，充足了不正見。讓這個世界充滿不安和暴力威脅的暗流湧動。

根據老子的《道德經》中"反者道之動"原理，不邪見的人類社會會有什麼結果？當然是善果福果。我們可以根據不邪見想像出人類十九、二十世紀的世界什麼形貌？

首先人們不可能接受達爾文生萬物進化論，更不可能接受社會達爾文主義謬論的洗腦。我們人類的精英階層都有著健全的理智——都堅信因明邏輯的因果律法則，了知"此有故彼有"，"此無故彼無"的原理，種瓜得瓜種豆得豆樸素的哲思，也了知善惡有報的宇宙的天則。懂得這些道理的人類怎麼可能遵從"叢林法則"行事呢？畜生道眾生遵從叢林法則，這是它們的業報結果，如果人也遵從這個惡劣的法則，勢必淪為畜生道生命，確定無疑，甚至比這更慘而下地獄。整個人類都有這樣的正念不邪見，就會對暴力行噁心懷恐懼，儘量對他人施予善法和慈愛。有了如是認知的人類，不可能接受所謂社會達爾文主義，也不會接受暴力為主題的共產革命理論。相反，人們會易接受五明智學的文化理論。因此可知，具足因明邏輯的理性思維不邪見的人類，不可能挑起殘暴的血雨腥風的共產大革命，也不可能挑起一次二次世界大戰，納粹主義民粹主義無藏身之地，希特勒不可能被選為德國領袖，日本的軍國主義更不可能得勢。列寧主義史達林主義都不可能得勢。人類的和諧穩定相互友愛的主題情景會充滿世界各個角落。其實這不正是新人類的模式嘛？

【內明智學】教育能為人類轉舊為新做些什麼工作，那就更多了。它的功德力比起因明智學，更為巨大。因為我們已知，內明的功能可以直接造就善德和開啟覺悟智性，從它的課程設置就已經覆蓋了。所以我這裡不必再做詳細論證。舊人類的最大特點就是善德不足，覺悟智慧普遍低下甚至為零或負數。而這些缺陷都可由內明智學教育而補足。受納了如是善智慧教育的人，尤其是擁有相當高職位的領導人，他們的貪嗔癡慢疑不正知六種根本煩惱噁心所，會大大減弱，其他二十種煩惱心所也會相應大大減少，增強了"十善業"和十一種善心所，這樣的領導人如果執政，他會盡可能造福本國的眾生，他會造無數的善業。如果每一國的領導集團者，都是這樣具有內明智學，我想，新人類的社會模式很快就能形成。

（3）五明智學的教學與新人類的關係

通過前面的章節一目了然可以看到，五明的教學與新人類的關係——直接促生的關係，沒有商量。我們可以確定，五明智學教育和教學，具有化惡為善的強大功德力，也具有很強的化愚為智的功德力。我們也已知，新舊人類的差異性全部都體現在了這兩種根本特性。既然五明智學教學能夠勝任這兩種職責並完成之，則新人類的成果自然水到渠成。

五明的教學即是五明智學的實踐課程活動。這種教學內容與現有教學差異很大，但並未衝突，也不矛盾。這種教學能補足現有教學的不足，還能擴大並超出現有教學的效果，從而成全學校在學成績。

如，我在前邊章節所展示的那些課程——語文，外語，數學，物理，化學，音樂，藝術，自然，科學，設計，社會學，心理學，體育，手工，實驗，道德倫理，人生觀，等等課程。另，五明智學是通識教學，並非專科教學，所以普世性和普適性極強，任何最先進的現有教學都無法比擬。其實現代教育中，世界的中小學教學及大學的本科階段都應是通識化的教學，不應該分成專業科目。這也是德國洪堡大學的教學原則。只有到了研究生階段才分成若干專業。當然現代社會人都普遍追求速成和專業性，通識的教育被嚴重忽視。結果是什麼？讀者們都已看到：哈佛大學的院長路易士的《失去靈魂的卓越》最為直觀說明問題的全部了。哈佛大學自認為他們學校的靈魂有二：教育自由，和通識化教學。現在這兩個法寶在哈佛都已嚴重弱化了，反而鼓勵知識專業化。所以導致了哈佛雖然還有諾貝爾獎獲得者，但缺乏了諾貝爾的靈魂了。

換句話說，哈佛大學應該是塑造舊人類的佼佼者，而五明智學教學則是塑造新人類的佼佼者。

二　智慧性

智慧的概念

1、世間智

　　智慧這個詞是被人們使用最不規範最濫用的一個詞彙。可以看到今天的報章雜誌互聯網官方自媒體上的文章，使用頻率最高的高級詞彙之一。但是當你追問使用智慧詞彙的人，什麼叫智慧，回答是非常令人貽笑大方的。絕大多數人的頭腦裡對智慧的概念是：聰明與成功 是智慧的標配。就是人們常見的思維靈敏，思想意識能左右逢源，能 辦成事情就是智慧的特徵了。智慧一詞用濫的就是這種認知，叫泛智慧說。比較嚴謹一些的人，認為智慧與學者知識份子有緊密關聯，與普通民眾沒有關係。把智慧分成了等級，當作陽春白雪來看。

　　把智慧當成下里巴人看待是這樣的——智慧一詞氾濫已經表現在現代社會各個行業，如：智慧城市，智慧家庭，智慧服務，智慧銀行，智慧社區，智慧工廠，智慧機器，智慧交通，智慧辦公~~~簡直把智慧當成大白菜一樣廉價販賣。

　　我這裡必須對智慧一詞還給它應得的品位。從詞源角度看，西方人對智慧一詞使用相當謹慎和苛刻，一般人是很難配以智慧一詞來匹配的。即使你是著名哲學家，科學家或傑出人物，也未必給你匹配智慧一詞稱呼。如愛因斯坦這樣偉大的科學家，也極少用智慧來形容他的品味。我所看到聽到西方人稱讚的智慧人，最多給了蘇格拉底和柏拉圖這樣的先知，亞裡斯多德都很少冠以智慧高帽。其他人也只有上帝被稱為智慧者，耶穌基督被尊為智者，除此就很難聽到了。我以為他們對待智慧一詞惜墨如金的態度是正當的。因為從柏拉圖對待智慧的態度，就可以體味到，他認為只有神才可能享受智慧，人是沒有份的，人只能愛智慧而已，愛智慧不等於擁有，就好比我們熱愛上帝熱愛佛，但不等於你就成了上帝，你就成了佛。所以希臘人命名雅典娜為智慧女神。

西方人對待智慧如視珍寶，也只是世間智的範疇。世間這個詞義也不很容易表達清楚。關於世間的解釋也有很多種，一般的世俗解釋，就是一切存在物，包括時空，物質，精神的總和。這種解釋肯定不夠嚴謹。按佛法對世間的解釋：三界（欲界色界無色界）之總和即為世間。這個解釋應該最為抽象簡明並且具足世間的實質性含義。

我們知道了世間的含義，自然也就大致曉得了世間智的含義了。也就是說，世間智範疇涉及到了整個三界的存在，顯然人世間的人遠遠不能達成對三界{見注釋：⓫}的了知。按這個角度說，不存在有世間智的人選。可是我就無法在向下演繹了。我們只能方便說，還是有世間智之人的。那我們就只能主要局限於人世間而言了，如果能涉及到三界的知識那就更好了。要說人世間的世間智還是大有人在的。一般人印象中的智慧大約也僅停留於人世間的範圍。智與知的區別，我們在後面的章節要做詳細說明，這裡暫擱置。說到世間智，有一個標準是可以隨時參考的，即智與不邪見相應，不與不正見相應。這是確定無疑的，如果智與不正見相應，則不得名智慧。也就是說，對世間任何知識都需持不邪見，才可能稱為智慧，否則即為愚癡或無明。無明愚癡的人對任何知識都可能是不正見。智，還有一個特點，它隨順善法，而與惡法不相應。也就說，智慧對善法有增上緣功德，而不會助緣於惡法。所以智慧與"十善業"相應，不與十惡業相應，這是必須牢記的原則。

所以我們可以得出結論，世間智是非常有實用價值和意義的。因為它隨順善法，抑制惡法，所以對人類進步有著不可替代的功德力。設想，如果人世間充滿了世間智的人，這世間怎麼可能不美好，不彼此友愛，不和平不和諧呢？這世間還能有戰爭痛苦饑餓仇恨嫉妒傲慢與偏見嘛？毫無疑問，世間智慧向善抑制邪惡，甚至可以度化邪惡，化惡為善。

我們守住了世間智趨善抑惡這一準則，就不會曲解智慧一詞的根本含義了。其餘不與善法相應的聰明，智力智商等等，都不能名為智慧。因為這些個詞彙未必與善法相應。老子《道德經》裡對"智"評價並不高。他說，"大道廢，有仁義，智慧出，有大偽。"這句話有很多解讀，但我這樣解讀應該合乎原意：大道被荒廢，然後才有仁義道德被推上道位，也就是以仁義為核心價值觀了。智慧出世了，才有大虛偽隨順而猖獗。

在老子看來，大道才是人類意識的根本原則，這個大道即是自然之道，天理之道，用西方學者的語言，大道，即是絕對真理之道，是至高無上的精神準則，這個準則如果被荒廢掉了，仁義道德這些形而下的器質性的準則才會登上主台，被充作道統。老子認為這是人類的退化開始，而不是進步。智慧出，老子認為的智慧等於巧智，投機取巧之智，這種巧智出世，意味著廣大的虛偽詭詐之術將會流行得勢。老子認定的這種巧智，決非我所論說的世間智慧。老子說的智慧出，應是指不與善法相應的巧邪之智，而是恰恰與惡法相應的佞人之智。這才是老子對當時人世間的冷峻觀察的結果。老子看得時勢非常明白，他絲毫也不樂觀。而中國社會正是朝著老子所斷言的"大道廢，有仁義，智慧出有大偽"的路線格局而行進而發展至今，幾乎沒有偏離。老子所悲歎的中國路線圖，走向是悲哀的，不幸的。巧智，是不可能撥亂反正的，反而會加速眾生的墮落。嚴格來說，老子所說的智慧出，最多是"世智辯聰"而已，甚至是邪智邪聰之下劣智。

　　本書所討論的五明智學教育，就是能開啟受教者的世間智，這是需要讀者牢記的！

2、出世間智

　　這一節我們探討出世間智。瞭解了世間及世間智，其實也就自然瞭解了出世間和出世間智。出世間，簡單說，即出離世間，解脫世間。出離三界，解脫三界，解脫人世間等，都可以這樣解釋。出世間智，也只有佛智慧與之相應了。除了佛之外，世間人不可能具備出世間智。出世間智，也可說是解脫生死輪回之智。這種智慧才可名為大智慧。大就大在超越了世間，超越了三界。超越了三界，才可能達成大自由大自在，佛說的獅子吼，正是這樣的狀態。出世間智，還有一種叫法——成佛之智。佛，被稱為正遍知和世間解，也就是說，具備了出世間智，也就具備了成佛之智。這種智慧是不可思議的。從佛經我們知道，圓滿的大智慧出世間智，有四種——大圓鏡智，平等性智，妙觀察智，成所作智｛見注釋：❶❷｝。這四種智慧，唯有佛具足，所以我這裡不做具體說明，解釋起來太過複雜。其實這四種智慧歸結起來就是一個智慧——般若智慧。般若智慧，也名佛之母，也是出世間智的根本。也被稱為空性智慧。不具備空性智慧是不可能解脫生死輪迴，也不可能出世間。什麼是空性智慧？我只能做些簡要的解讀，不然表述起來相當複雜。所謂空性，即是沒有實在的自性。按佛法說，沒有實在的自性，就是沒有根本存在性。沒有根本存在性，即是空性之義。換句話說，我們眾生所能感知到的外部世界一切好似存在物，諸如，山河大地日月星辰花草樹木桌子椅子板凳貓狗豬牛馬等等物體，其根本上是不存在的，空的，沒有任何實性。正如金剛經》所說："一切有為法，如夢幻泡影，如露亦如電，應作如是觀。"

《金剛經》的這段經文最能說明空性智慧的真理性，也是般若智慧的真理性。通過這段經文，我們可以這樣如理思維：假如我們在夜間做夢，夢見了家中遭到土匪搶劫，一家人被劫匪綁了起來，眼看著劫匪把家內物品洗劫一空，此時我們被驚嚇醒來，發現眼前空蕩蕩，自己安然正躺在床上，渾身出了一身冷汗，除此之外，沒看到一絲劫匪的影子，但看到家中所有物品一一俱全，顆粒不失。

另，我們做夢自己買彩票，意外中彩，得了一個億錢財入帳，高興得突然夢醒，眼前空空，什麼也沒發生～～～諸如此類的夢境，全是空空如也。這些夢境正說明我們日日夜夜年復一年的生活境遇，其實正是如上面的做夢場景是一樣的。即外部世界與我們的身心生命運作，其實都是一個做夢的過程，所以哲人們文人們常說：人生如夢，是有道理的。人生如夢觀，很好的解讀了萬物沒有實性沒有存在性只是空性的道理。一切有為法，表達的就是宇宙大千世界無量萬物生生滅滅的運動。所以《金剛經》是般若智慧的典型代表，也是眾生能解脫生死輪迴的基本所依的經典。

我們討論到此，出世間法的基本原理，已經大略說明白了。當然如果要深究出世間法，恐怕要說一千零一夜也說不完的。

3、智學與科學或知學

這個問題需要澄清，非常重要。如果不澄清，人們很容易將科學當作智學，其實完全是兩碼事。

我們說，五明是智學而不是科學，道理是這樣的：可以肯定地說，智學遠高於科學的功能。智學即是智慧之學，或是開悟之學。智學的功能是學習並開發人的悟性智趣。

如果把知識比喻成一棵完整的大樹，則五明智學應是培植涵養人性之根的知識，而其他知識的關注點旨在關注樹幹樹枝樹葉和果實的外相。

科學知識更關注樹幹樹枝樹葉及果實是否成長的茂盛。而智學的關注點更著眼於對看不見的地下的樹根精心的栽培和涵養。二者之功力雖有不同，但都不可或缺。但樹根的栽培為主動，樹幹樹枝樹葉及果實呵護為被動。

從互聯網有關科學的定義，說法不一，大致意思如下摘引："它指發現、積累並公認的普遍真理或普遍定理的運用，已系統化和公式化了的知識。科學是對已知世界通過大眾可理解的資料計算、文字解釋、語言說明、形象展示的一種總結、歸納和認證；科學不是認識世界的唯一管道，可其具有公允性與一致性，其為探索客觀世界最可靠的實踐方法。（參考定義：科學是具體的事物及其客觀規則，具體的實事求是，諸多的實踐經驗，實證之學，科學主要內容是具體的世界觀與具體的方法。）""科學主義相信科學能最終解決所有人類問題，或者發現隱藏在我們感覺經驗到的日常世界背後的某些真實世界的隱藏真理。"1888年，達爾文也曾給科學下過一個定義："科學就是整理事實，從中發現規律，做出結論"。"

以上是從互聯網詞條中引用的有關科學概念的幾種解讀法。當然還有其他很多種解法，但這三種解法，基本上說清了科學概念定義的內涵和外延。從上面的引文可以得知，科學的概念有幾大特點：一是，發現真理探索真理的手段和總結；二是，科學強調具體方法和具體的世界觀，而與抽象相待。三是，科學是整理事實，從中發現規律或規則。四是，相信科學能最終解決人類所有問題，還可發現世界背後的真實世界和其隱藏的真理。這四點對於科學的認知，是現代人普遍對於科學認可甚至達成了信賴乃至信仰。顯然人們對科學的執著態度，造成了對科學是最完美的認知意識之態度。這就是科學主義的堅固執著，將科學神聖化了，似乎只要有了科學，幾乎一切問題都能自行解決。這顯然是受了法蘭西斯・培根的實驗科學主義思想《新工具》的影響頗深——能解決人類的一切問題。然而事實是這樣嗎？回答是否定的。科學並非解決了現存所有的問題，就連科學最拿手最擅長的具體實證問題都沒有解決。比如，量子科學證明瞭物質世界的虛假性，而是由意識所決定。這與原來的科學定理背道而馳。再如，現代科學仍然發現不了中醫理論實踐中經絡的存在這個古老的事實。再如，科學仍然解釋不了人體瀕死實驗中靈魂出竅的問題，更不能解釋佛學中的阿賴耶識問題。所以科學萬能論是不可靠的，科學有局限這是千真萬確的。

中國哲學有個概念：道與器。道為形而上學，器形而下學——指具體的可見可感之物質物理化學形態世界。對於形而上的真理探索，科學幾乎完全無能為力，只能用假說來推演。科學的對應研究物件就是器的層面，所以它的研究手段即是實驗實證，除此別無他法。如果離開了實驗室和實證，科學就成為了無米之炊。它不大關注形而上的哲學問題，也就是說，科學與智慧距離甚遠。

現在我們來討論智學。智學與科學區別就比較大了，智學主要關注點是道的層面，但它也不離器的層面。智學的對象既是道又是器，二者不離不棄。它也不是平均分配的，各占多少比重，智學完全是遵守隨緣即事的法則，不是固定不變的，它沒有定法。如果是定法，則不稱其為智學，而成科學了。科學比較執著於定法、規則、規律等等，相對穩定不變。前面說了，智學有兩種，世間智與出世間智。就五明智學教育來說，智學更多關乎世間智，不以出世間智為主。前面也說過，世間智與世間善法相應，與惡法不相應。顯然，科學沒有這項選擇。科學完全是工具屬性，不受善惡意識左右，善人用了就造福人類，惡人用了就傷害毀壞人類。就如製作販賣假藥，假食品，它也需要科學知識，沒有科學知識也造不出假藥等商品。智學則不然，它必須要選擇，非善法者智學會遠離或抵觸。智學更能探索研究並掌握到問題的實質性，而並非只停留於諸問題的表面。而科學更多關注的是現象學，在現象中尋找規律。

另外，在漢語中，看"智"字的結構——"知"字下麵是"日"字，根據漢字的象形表意，即可解為：日光照耀出的知識，或發光的知識之意。科學——字面意思，分類學科的知識。這種分科的知識大多停留於書本。俗話說的死記硬背得來的記憶知識多為科學的採摘原料。

智學的關注點，更在乎知識的有效活性成分。沒有有效活性成分的知識則不受智學的青睞。所以從文字學的角度看，當然發光的知識要比不發光的知識更吸引人關注，也更有卓越的活力。我們都知道，活水能養魚成活，而死水養魚就可能致死。但死水可以用來浸泡物品。從效果上看，智學與科學就是這樣。

雖然我們瞭解了智學與科學的差異性，但是智學與科學又是不能截然分割的整體。它們的關係應是"不一不異"。世間智學不能完全脫離科學常識，否則智學不能顯示其功德，科學脫離了智學的光照，就成了死水一潭或僵屍般的知識。所以二者不離不棄，才能增上緣倍顯其巨大能量功德。經研究發現，智學是通過五明的五個視窗，彰顯其功德力。

4、五明智學

這一節我們專門討論五明智學這個概念。有人會問，僅論五明多麼簡單，為何還要加上智學二字？不失累贅。是的，我也不想加上智學二字的尾碼，但是經研究發現，不加不行。不加，就容易把五明當作科學來想。如果這樣，五明就失去了本色。因為五明從它的誕生起，就沒有當作科目的知識來看待，而是當作開啟慧根的學問。尤其是內明。

前面章節也說過，假如五明中取消了內明的加入，只留下四明，則四明就可以稱其為四明科目之學了，或稱四明知學。正因為有了內明的加入和滲透，則五明才成其為智學，而非知學，更非科目之學。所以我們將五明，稱為五明智學是有其根據的。

五明智學分類為聲明智學，工巧明智學，醫方明智學，因明智學，內明智學。有人反對我這種排列法。認為應該倒過來：內明智學，因明智學，醫方明智學，工巧明智學，聲明知學。理由是，內明是核心，所以應排第一位，因明次之，以此類推。這種排法當然有其道理，但我更習慣於由簡到難的排列。如果由難到簡排列，則論述起來就不很方便讀者接受。先說聲明智學。關於聲明智學前面章節對它的概念已經做了大略的解讀。我只對上文所說聲明智學的概念中還未提及的一些要素給予補充。為什麼聲明被稱作智學？已知智學與善法相應，與非善法不相應。所以我所討論的聲明智學必需與善法相應，否則只稱為知學。有人說，知學是中性的或無記的，智學也應該是中性或無記的，不應該在善惡法之間進行選擇。比如一個能說會道的人語言技巧非常高超的人，他可能行善也可能行惡，這個不是聲明自身的選擇性，而是由操作聲明的人主觀意識來選擇。也就是由其他內明和因明來決定。說的不錯，切中了問題的要害。聲明正是由於不離因明和內明的參與，才成其為了智學，否則也只能稱"聲明"，或聲明知學。所以我說，聲明智學與善法相應，不與惡法相應。

基於以上的原則，聲明智學在進行實踐教授和訓練時，都不能脫離對因明和內明的學習和灌注，無論是課程內容和培訓方法，學習者都需要把三者元素調和成平衡熟練的程度。即語言的使用是合乎邏輯的，不虛偽的，而且是有臨在意識和覺察地在使用語言。這就是聲明智學的特殊性，也是它不同於其他專業口才訓練或寫作訓練的學習課程。

同理，工巧明智學也如是，同聲明智學一樣，它必須與善法相應，它不是所謂無記的。因為它也是同樣需要因明智學和內明智學的參與注入，學習者須帶著善意的喜悅學習和訓練工巧明的各個工種。從事的每一種作業的操作，都是合乎邏輯的，也是有臨在意識的，而非盲目的熟練。這樣，工巧明智學才能展現高效率水準。複次同理，醫方明智學也如是，它被稱為智學，同樣是善法的選擇，而且它的這種特性在五明之中尤其顯得突出。中國古代對醫學有一句名言：醫者，仁也。顯然醫者的前提就是行善，不行善不稱為醫者。醫療上的善，即是利他，這個他是一律平等。平等利他是醫者善行的標準。如果選擇病者的身份角色而施醫，這就是惡的。古希臘大醫家希波克拉底的誓言，就充分體現了醫者為仁的善行準則。

因明智學亦複如是。因明智學本質上是講因果律之明，邏輯性思維只是因明的有效工具。工具本身確實不分善惡，它具無記性。但由於邏輯的目的是為揭開因果律之謎，所以自然擇善也是邏輯從屬因明智學的特性。但是有人提出，邏輯也是科學思維的最有效工具，而科學並非具有擇善惡的功能，它只是揭開事實的真相和規律。是的，其實揭開事實真相和規律性，正是科學的擇善性，否則就成為了偽科學。偽科學屬惡性的。我們前面也論述過智學與科學的差異：智學對應於道與器的相容性，而科學以"器"的層面為關注的主題。所以智學要高於科學，但又不離科學。再說，因明智學也需要內明的注入，當因明被內明注入充足後，則因明就能突變為強大的靈感和直覺力，創造性則如泉湧一樣澎湃不盡。世間智的品質就能迅速攀升，甚至創造奇跡。這方面的業績在藝術家及科學家作家工程師等的創造活動中體現得最為充分。

最後我們談談內明智學。內明智學不用說，它是智學的核心。可以說沒有內明，整個智學的大樹之根就會枯萎，甚至就沒有了智學。所以我們這裡就不必多做解讀了。但我們始終要記住內明智學的一個最基本原則——開啟善德和智慧之根。而且這種善德和智慧之根是關乎世間智與出世間智的總和。

5、五明智學與教育

這一節我們來談論五明智學與教育或二者之間的關係。我們已經知道了五明智學的基本概念和內容，那麼它和教育又是什麼關係？有人曾向我發問，五明智學對自我完善修行確實是個非常殊勝的法門，但它和教育未必能拉上關係吧？它也不應該和教育發生關聯，它的使命應該只針對人們的自我完善修行就萬事大吉了。讓五明智學去參與教育，尤其是參與世俗教育，實在是費力不討好的事情。這種意見當然很有道理，他們的理由是：眾生的因緣各個不一樣，"福報"之大小也千差萬別，說難聽點，人們分成三六九等並非上帝的安排，而是人人自己的選擇，人人應該自負其責。五明智學是人生的一種大福報，無緣的人沒有資格受納五明的教導和熏習。在古代印度或現在的中國藏地，五明正是為極少數人很有福報者才能享受的教育和服務。一般惡劣根性的眾生無緣享受五明智學的教育。

以上的說法其實自古以來都是這樣認知的，表面上似乎很合乎因果道理。但是我經過研究發現，五明智學具非常廣大的普適性和普世性，決非只與少數有福報者相應，而是與任何智力健全的人相應。如果說，五明智學只與為自我完善而修行的人相應，則是對五明智學的嚴重偏見。這種偏見是對五明智學基本普世性和普適性的無情否定。這是極端錯誤的不正見或邪見。

　　我這裡很有必要說明一下，五明智學的普世性和普適性對於教育的關聯有多麼的密切。前面五明智學創新性章節中我已經論說了五明智學教育世俗化的必要性和可能性。由於我在五明智學內容上做了極大的改造和創新，使之與現有的世俗教育課程內容能夠有機地融合起來，所以就能順理成章地將五明智學課程內容與現有教育的課程有效連結成一體。所以它能有效與現有任何教育體系有機結合，加強其生命活力和教學效果。

　　站在以往過去的平臺上看，五明與現有世俗教育矛盾的人，並非瞭解五明智學的內涵，尤其是不瞭解五明智學的高度通識性。他們憑膚淺的認知，否定五明智學具有的高度通識性，從而否定五明智學能與世俗教育融為一體的可能性，普適性，這種短見是可以理解的。如果他們瞭解了五明智學的通識性，正與現代世俗大學教育先進理念高度吻合，也與中小學的多識教育全面發展的理念高度吻合，就不會反對五明智學注入世俗教育的道場。而且當今的現代世俗教育要想有出人頭地的卓越表現，非五明智學做最有力的教育助手不可，否則美好的教育願景，是不可能實現的。

　　廣大的通識性，是五明智學能與現代世俗教育體系發生緊密連接的理由之一。下一個理由是，五明智學旨在開啟學生的善根和智根，這個根性的本質人人平等，不多不少人人具足，只是由於人的各個因緣差異，根性的顯現各有差別。就如釋迦佛說，眾生皆本自佛性如來智慧德相，只是由於無明顛倒故，而使其不得開顯。其實五明的根性也一樣，人人平等，本自具足，只是由於各個因緣差異而顯現差異：有人天生聰明，有人天生笨拙，等等。按照這個法則，我們得知，五明智學可以施授予任何人，甚至沒有年齡性別的限制。正如中小學大學中所授的課程教材一樣，具一致性。

下一個理由是，五明智學的教學特點，具很強的實踐性操作性，這也正是現有世俗教育很缺乏的優點，五明智學正好補足了這個缺漏。這種突出的實踐性和全面性，也補足了學生未來職業選擇的多樣性。現代世俗教育的一大特點是，盡可能增強教育的實用性——職業的選擇。僅憑現有教育教學的課程遠遠不能滿足未來學生的職業多樣性選擇。

再來一個重要理由，五明智學的全面性，能助長現有教育教學的學生績效。這一條前面已經論述過，不再多談。

下面我們分別討論五明智學與現有教育體系的密切關係：

從【聲明智學】開始。聲明智學與語言道相關。凡是和語言有關的知識，五明智學都會涉及。書面語言是一般世俗教育課程的主科，當然外語的口語另當別論。聲明智學，無論對於口語或書面語及傾聽力，都是其課程的重要部分。此方面可以有效補其不足。另外，聲明智學也與現代教育課程的語言藝術，戲劇藝術，表演藝術等都關聯密切，都可成全世俗教育體系的有關課程。這方面前面章節已有詳細描述。

【工巧明智學】，主要對應於職業屬性，而且也與藝術美學體育等類別課程相關，更與科學課程實驗課程關係緊密，社會學課程也是工巧明智學所關注的物件。只要能牽連到心靈手巧能力的課程，與工巧明智學都有相關性。從這個側面看，工巧明智學對於普通世俗教育內容並非陌生，而是似曾相識，並能加強其課程的教學效果。而且工巧明智學課程還遠超越現有教育體系所缺乏的相關課程。補足了相關課程的匱乏性。

【醫方明智學】。前面的章節列隊中，比較先進的中小學教育課程已經有了健康課，但其教學水準不能高估。而醫方明智學的課程內容豐富性及深度遠遠超越現有教育體系課程。不在一個等量級水準。這個前面的章節有過描述。重要的是，醫方明智學不但關注學生的身體健康，更關懷心理上的健康成長和自我調節。這些內容現有教學體系是忽略的或是淺薄的。此外，醫方明智學還能融入其他種明的介入給與助力，現有學校的健康課程，更是不可能涉及。

【因明智學】同理，現有的教育體系教學中沒有專門的邏輯課程，但有的先進的中學教育開設了哲學課，社會學課等，這就給因明智學提供了大有用武之地。根據前面章節的論述，因明智學對於現有教育的數學、物理、化學、語文、科學、藝術、哲學、社會學、美學等課程都緊密相關。當然，因明智學的通識課程中也有很多的課程現有教育教學體系中所缺憾。正好可以補足其缺漏。它使得學生們的邏輯思維方式更活躍更嚴謹更圓滿少漏。可以肯定地說，因明智學對於現有中小學大學的任何課程都具有增上緣的推動力作用，而且功德不淺。

【內明智學】，是現有大中小學課程中的空白點處女地。雖然很多學校都開了倫理道德課，人生觀課等，這些課程表面看與內明智學有少許關聯，但事實上課程內容有很大差異。內明智學，並非簡單的道德說教和簡單的坐禪冥想，而是有著相當豐富的內容，能促生開顯學生的善根和智根。不但讓學生能開啟世間智，還能開啟出世間智。內明智學的教育不但中小學亟需，而且大學也亟需。這是關乎到未來學生能否成為新人類的關鍵課程教育。因為內明智學是決定人品質的最重要課程。我們在影視劇中，實際生活中會遇上不少這樣的事例：某人才華橫溢，但人品低劣，甚至是卑鄙小人，諂曲，偽善，嫉妒，自私，踩在他人的肩膀往上爬，最後一腳將恩人踢開~~~這樣的人在政界 中最多，商界也不少，甚至知識界也不在少數。尤其是在中國這種大一統威權體制下，官文化，與五福文化和合的薰染下，人口眾多競爭激烈，內卷形勢相當嚴重，更會為此類人提供生存條件。中國上個世紀"毛時代"的文革運動，集中生產了一大批這樣的小人。從教育的角度看，就是學生時代嚴重缺乏內明智學教育的指引和教導。可以設想，假如人們學生時代受過如此的內明智學教育，即便是成年後遇上如中國文革那樣的大迫害運動，人們行惡的可能性會降溫很多倍，甚至炒作不起來文革這種駭人聽聞迫害人的運動，普遍的人不會響應，因為他們學生時代受熏過內明智學的種子。而官文化，卻灌注滿了無情內鬥的洗腦種子。說白了，內明智學關乎受教者未來是否成為善人還是惡人的教育。

想做善人，務必接受內明智學教導，應該更有保證。

綜上所述，我們得知，五明智學與教育應是緊密相連互為相應的關係。五明智學不但普適於專職的學校教育，也普適於成人的職業教育，甚至也普適於老年教育，乃至自我的修行教育。在教育上不受任何局限。

三 普適性

1、普適性與普世性

這一章節我們將討論五明智學的普適性和普世。

首先說普適性，關於此說前面第一章"五明智學普適的世俗價值第一次被開掘"一節中已經做了部分的描述。這一節中我要力爭詳細地探討五明智學的普適性與普世性。

關於普適性，文法義上說，普遍的適用性，普遍的適合性，普遍的相應性，等同義皆可取。為何五明智學教育能有普適性呢？我們可分幾個方面觀察就可知曉。

（1）每一個眾生都有善根和慧根，而且這根性平等，本自具足，沒有差別。只是開顯的程度有差別。五明智學旨在開啟人的善根和智慧之根，所以這就是五明智學具普適性的基礎條件。

（2）由於人人都具有善根慧根平等性，則接受五明智學的受納能力，也具普適性。否則不能說眾生善根慧根平等無二。普適的受納性，說明任何人不分種族年齡等因素，都可接受五明智學教育，只要受教者頭腦是清醒的，健康的，都有能力受納五明智學教育。

（3）五明智學的通識性，前面有專門章節討論了通識教育與五明通識的關係，這裡就不再重複。五明智學的通識特性沒有邊際，所以它與現有教育都可以連結通用，不受局限。這就是它的普適性之一。

（4）五明智學是"一切種智"，也就是說，眾生本來具有一切種智，所以皆能接受五明智學教育。

（5）五明智學是人全部潛能開顯的視窗或大門，通過此大門才可以展現人的一切種智，反之此五大視窗關閉，則一切種智，不得顯現。這也是五明智學的另一大普適性。

（6）具體來說，【聲明智學】普適於一切與語言相關聯的知識和技能，如：母語和各種外國語言的通識無礙，語言藝術的通識無礙，口語與書面語表達力的通達無礙。它關乎諸多運用語言工具的職業活動或任何交流實踐活動等等，數不勝數。可以說，聲明智學的相應普適性無量無邊，除非世界不需要語言了，聲明智學才算作廢。

【工巧明智學】的普適性同理，幾乎普適於職場上的任何職業選擇。如工廠技術做工，農業技術做工，諸高科技資訊技術，設計工藝流程，家庭生活技能，藝術綜合技能，體育技能，表演藝術技能等等，凡屬於用手用腳用腦聯動的技能都逃不過工巧明智學的慧眼。它的普適性同樣數不勝數，沒有邊際。

【醫方明智學】的普適性關乎疾病與健康兩大主題。人生的生老病死都不可能離開醫方明智學半步。人只要活著，可以說就不能離開醫方明智學的約束或自由，能通達了健康和疾病的真諦，並能利用醫療工具對治身心疾病，身心健康就得以自由安全，反之則受到束縛。所以說，醫方明智學的普適性是不容置疑的。

【因明智學】的普適性同如上三理，甚至普適性還更增多，因為因明智學可貫穿於前三明的始終。幾乎一切知識系統都不離因明智學的邏輯性工具，沒有此工具，人將不得正常思惟，則不得正常任何行為。我們觀察到精神分裂症患者或老年阿爾茲海默症患者，即是典型的失去因明智學的活生生的事例。與植物人可以相提並論。所以，因明智學能貫穿一生一世行住坐臥的一切行為和思想。它的普適性讀者會一目了然。

【內明智學】的普適性更體現在生命的高級形態。人的生命運行水準是需要提高的，目的不只是吃喝拉撒睡，而是要活的有意義有幸福感高峰愉悅感等等，向形而上的高處攀緣，這就必需內明智學的參與並主導。當然人生可以選擇渾渾噩噩行屍走肉般的生活型態，如是就不怎麼需要內明智學的營養灌注，這也沒什麼問題，無可厚非。但是通過內明智學我們得知，人生不止一世，而是生生世世都在六道輪轉中生死變異，況且六道中人身最難得，人身也極短暫，善機緣最難得，錯過了將無量多世再難遇。內明智學就是大善的機緣，相遇而錯過，恐怕生生世世再難遇見。這就是人生的變幻莫測不定法則。可以自我掌控做主的只有內明智學。其他四明都無此功德力。所以內明智學的普適性主要體現於生命形態的未來高度。就好比說，你是想未來仍混跡於三維空間生存？還是四維、五維、六維乃至多維高緯度空間生存？這取決於你是否有善緣受納內明智學的光顧。所以說，內明智學的普適性有特殊性，它旨在提升生命命運的維度。由此你可觀察到，五明智學的普適性是圓滿的，沒有缺漏，無論從數量看還是從品質看。

再論五明智學的普世性。普世與普適，還是有區別的，但二者的相關性又很密切。普適性的焦點——適應性，廣譜性，適合性。普世性的焦點——廣譜性更寬泛，乃至跨越了人世，諸如涉及其他五道的生命形態。狹義的說，普世性關乎地球上所有的人種，民族，地域等，廣義地說，普世性不僅關乎人類，也關乎其他眾生的運行命運，以及關乎到世間法出世間法的一切運行規則。所以，就五明智學的普世性來說，無邊無際遍及宇宙萬象。所以說，普世性的俠義性要多小有多小，小到電子原子誇克量子等等，大到宇宙的無量性。

有人一定會問，五明智學有那麼神奇嗎？能把全宇宙都吞下來？是不是一種又玄又瘋狂的知識？是的，從我上面描述的景象看，確實有些玄妙和瘋狂。但這種玄妙和瘋狂並不是非理性的，而是一種獅子吼。因為已經知道，五明為一切種智，既然是一切種智，則可通達遍及宇宙一切萬事萬物，就如同佛的名號——正遍知。其實正遍知就是具足了一切種智。說實話，從最廣大的普世性而言，佛，即是五明的完全具足者和通達者。後面我們將用專章來描述佛的五明特性。這裡只是捎帶一筆。

我們已經對五明智學的普適性和普世性作了簡短的描述，並且簡單瞭解了二者之間的區別。其實二者之間的共同性也是很多的。二者也是不離不棄的關係。五明智學的普適性可以成就其普世性，它的普世性又不能脫離其普適性而獨立存在。普適性寓於普世性之中，二者互溶與共。瞭解了五明智學的普適性和普世性的原理，是非常有意義的一件事。讓我們更加確信它對創造新人類的功德力，非他莫屬。

2、五明智學的包容性

這一節，要談的主題是五明智學的包容性。

看起來五明智學的包容性很像普適性，但二者的內容還是有不小的差異，因為關注的焦點不一樣。五明智學的包容性旨在其接受或收納其他知識的吸附能力，適應性旨在五明智學對他種類知識體系的傳導性和功用性。二者的關注焦點不同，內容也就有差異。打個比喻：五明智學好比一塊巨大的海綿體，可以吸附一切水資源（不管是海水還是河水等等其他一切水），這就是它的包容性。同樣，五明智學將自體內的水資源釋放到江河湖海等，都可以成全它們的平衡流動性，這就是五明智學的普適性。這個比喻如果我們明白了，下面的問題應該就能迎刃而解。

我們如上面做法一樣，各個分解一下，五明智學的包容性：

（1）聲明智學的包容性——我們已知，聲明智學主要對應於語言的通識。關於語言的知識也是浩如煙海。世俗教育中有關語言的知識，皆是五明智學這個巨大海綿體的吸附物件。但是五明智學有個特點，它並非毫無選擇地吸納現有的全部知識，而是方便的吸納現有知識系統中的核心要點。聲明智學也如是，它也是有選擇地吸收最為本質要點的語言類知識點。不然它將淪為世俗知識的俘虜。五明智學應是世俗知識的降伏者，而非俘虜。所以它會吸納世俗知識中最為閃光的部分，而為我所用。比如，就語言知識來說，它會吸納語言學中的結構要點，如英語中的組詞規則——詞源，詞根，詞綴詞尾的組成規則，從而將背單詞化為簡單的事情，化零為整化整為零相互變通等。大大加快記單詞的速率和記憶效率。吸納了組成句子的語法結構規則，並能熟練運用之，有效增長讀寫能力。當然語言是個很複雜的系統，僅僅這一點點是遠遠不夠。但有一個原則是肯定的，聲明智學，能有效吸收現有的知識含金量最高最能有效率的知識點，主要是學語言的方法。

拿漢語言來說，世界上普遍認為學習漢語第一難，其次是希臘語，拉丁語等等。其實不然，你如掌握了漢語的組詞規則及很少的單字數，以及四聲發音規則，就能很快掌握漢語，比其它語言都很容易掌握。漢語最容易學的規則，即是只要記牢500至1000個單字，就可以輕裝上陣了。而且漢語是象形加表意形態的文字系統，便於人們的記憶。這也是漢語容易被掌握的妙法。我們只能舉例最簡單的示例來闡明清楚，聲明智學對現有語言知識吸納的規則。實際情況當然要比這複雜很多。口語方面，五明智學會吸納最有效的發音技巧，操縱聲調氣息及情緒的技巧，以及表演技巧，當然還有內明智學中的內觀技巧等等，不一而足。

以上說的是聲明智學在包容性方面的一些簡單技術性概述。其實際情況當然要複雜很多，但原則是簡單的。

（2）工巧明智學的包容性——對他種類通識的包容性主要體現在吸納實操性的技巧要點上。每一種職業工種，無論是電工，木工，泥瓦匠，還是農工，電腦操作，軟體發展等都是有一系列的技巧要點布列於種種職業技術中。中國有句俗語：隔行如隔山。意思是，每一行業都有其內在的規則，彼此互不隸屬，但是如果能學會各行業的內在規則，就可以掌握該行業的技能。工巧明智學主要就是學習掌握降伏這些操作技巧的規則和要點，才能快速掌握其要領。這就是工巧明智學的包容性靈感所在。它不是盲目模仿各個職業的流程，不然便成為他們的俘虜。工巧明智學的心靈手巧，即是通過對各個領域的技術操作的規則和要點的掌控而獲得。比如，無論是學習駕駛汽車技術，還是維修技術，無論是學習木工技術還是學習手工藝品製作技術，無論是學習拆裝機械還是組裝複雜的機械，無論是操縱電腦的技巧，還是開發設計軟體的技巧等等，都必需靈巧地掌握其規則及核心要領，才能很快形成工巧明智學的心靈手巧。當然工巧明智學還會很善巧的運用因明智學的思維和直覺力來完善自己的心靈手巧。

（3）醫方明智學的包容性——醫方明智學能吸納的現有醫療健康知識和技能也是相當寬廣的。它幾乎包含了從古至今的醫療保健知識總和。但他的吸收方式，與上述前二明一樣，也是選擇性很強，它不可能囫圇吞棗什麼知識和技能都吸納進來。他仍是抓住現有醫療通識之間的節點和關節，有機地吸納，降伏現有的醫療保健技術和知識，為我所用。另，醫方明智學是根據自身特點主要依從自然醫學理論和自然療法來吸取相關通識和技能。它是以預防保健為主，而非以對治疾病為主。但它對普遍流行氾濫的慢性疾病也會非常關注，因為這是醫方明智學主要的康養對象。醫方明智學的主要目的是保護自我的健康，維持活力最佳的狀態。我們所設計的醫方明智學在包容性上多選擇能更隨緣有利於學習者個人的健康和對治一般疾病，並非培養醫院內的醫生。醫方明智學只做醫院醫生做不了的事——康養。醫院的實質其實就是救急。醫方明智學一旦被人們掌握，醫院的本質功能就開顯出來了。醫方明智學才可能實現全民大健康目標。僅憑現有醫療專業系統是不可能做到的。所以說，醫方明智學的包容性對於全民大健康事業確能起到頂樑柱的作用。正好能分擔有效緩解了現有醫療健康系統不堪重負的局面。幾乎一切有關對治慢性病的自然療法，都是醫方明智學所收編的物件，幾乎一切養生保健方面的知識和技能也會被容納進囊中之物。

(4) 因明智學的包容性——它的包容性與前三種明一樣，甚至有過之而無不及。因為它幾乎可包容吸納一切知識。在五明智學中，它的包容性或吸納性應為之首。只要人的大腦還有分別的功能，則因明邏輯思維就可發揮作用，不管它是任何領域的知識範疇。只要是知識，就離不開因果律及邏輯關係，因明知學就會很自然滲透入當中。

它唯一不相容的就是頭腦糊塗或思維混亂或神志不清，尤其是，與故意顛倒黑白真偽不辨者、施詭詐狡辯術者等等不相容。顯然因明智學的相容性與善法相應，不與惡法相應。你觀察人類的一切生存發展時事，會發現，凡是惡法盛行之處，一定是反邏輯反因明的。

(5) 內明智學的包容性——關於人類心靈方面的知識和技能，一直以來就是人類的大缺陷。因為人類的通病就是趨利避害，希望有害的都是他人，得利的都是自己。當然高尚一點的人就會希望人人都不遭受危害，人人都能自利。趨利避害的心理特性還有一個點，如果某人犯錯了，都會將責任本能地推諉給他人，而不會首先自省懺悔，承擔責任。所以前面列舉的十一個善心所中，"懺"和"悔"排在了前面。這是人類善法的重頭戲，也是最可貴的心品之一。現有關於心靈內在的知識儲量本來就不多，而治心、調心的技能也不夠豐富。所以有人說，雖然人類的文明史已經有六至七千多年了，但是人類的心靈成長的高度和境界並不比古代人高多少。甚至在某些方面遠遠不如古代人。比如，古代人的禪定能力，即心力就遠遠高於現代人，那時的不少修行人具備很多神通力。天眼通，宿命通，如意神通等，這些都說明古人的定力是很強的。古代人留下的完善心靈的古老知識和技術也是很少，遠比今天的高科技少得可憐。所以說，內明智學幾乎將過去現在的有關心靈學心理學等知識和技能盡收眼底。尤其是吸納了佛學的心法技能和善知識。

其實佛學的本質總體看，即是心法學的全部總和。佛在《金剛經》說，所有眾生，若干種心，如來悉知。所以說就心的知識的廣度和深度來說，佛法當中應該含量最大。因此，內明智學所能吸納包容的心靈心理通識，也應該主要源自佛學佛法。有人問，心理學與心法學有什麼區別？又與心靈學有什麼不同？其實究竟說，心理學及心靈學都應包含於心法學之中。廣義地說，心法學足以代替一切有關的心學通識，但為了隨緣方便社會分工，又將心法學內分出了心理學和心靈學。心理學讀者們並不陌生，這是西方文化裡的詞彙。最早來源於古希臘語 psychologia。它是屬於哲學類的學問，主要和倫理道德學說混為一體。有人認為最早的心理學著作《論靈魂》是出自亞裡斯多德。作為科學的心理學應該出現於近代工業文明之後十九世紀的德國人馮特，他被稱為現代心理學之父。並非是緊隨其後的心理學大師佛洛德。但佛洛德之後，心理學在西方風靡全球，整個影響了後來的心理學成長直至今天。當然了，心理學研究範疇主要是人的第六意識心範疇，至於深層次的心理學開掘，就沒有人再有能力開發了。所以佛洛德稱其為"潛意識"。佛洛德只是猜測推演有潛意識，但他沒辦法實證其存在。其實潛意識學說是成立的，這一點已被佛陀實證到，就是唯識學中的"阿賴耶識"與"末那識"，即第八識和第七識，這兩種識也稱為潛意識，或微細意識。因為我們一般眾生是感知不到潛意識存在的，除了佛與大菩薩。心理學是一門極其複雜的學科知識，因為人的第六意識分別心可以分為無數多多的心理狀態，所以有句話叫人有八萬四千種心，這都是心理學研究的物件。所以心理學生生世世也研究不完這八萬四千種心。那麼心靈學又是什麼品味的心學領域呢？顯然，心靈學就很有神秘色彩，不像心理學的科學化和世俗化，心靈學更加的形而上學化，不可知性，特別是它與人的信仰體系發生了關係，所以心靈學具神秘感，這是心理學所不能企及的。心靈學，顧名思義，心理與靈魂的學問。 所以說，心理學與靈魂又是一對雙胞胎姊妹。心理學負責世俗事務， 靈魂學負責未來去哪的事務。心理可死，靈魂不可死，甚至民間及哲學上說，靈魂永生。其實二者都屬於心法學的範疇。

到此我們得知，內明智學的包容性主要指向為——心理學，心靈學，心法學。心法學是總持，包羅萬象一切心現象。只要與心靈相關的知識和行為，都是它的菜。

關於五明智學的包容性，我們暫時論述到此。

3、五明智學教育的通用性

這一節我們來討論一下，五明智學教育的通用性問題。也就是說，要著重討論它的實用性，它能做哪些事情？其實通用性與包容性是相輔相成的。既然五明智學有那麼強的包容性，則它的通用性也一定不俗。是的，我們可以想像一下，五明智學到底都能做哪些有意義的事？這方面前面的章節也已經零散地說過了不少。還是將其分別來說如下：

（1）【聲明智學】都能做些什麼？聲明智學在教育上的用途前面已經說得不少了。比如對語言類的課程都有些什麼用途等等（語言藝術類課程，作文課，論文課，演講，交流，日常社交活動，表演課，社會調查等等）。這裡我們討論一下受了聲明智學教育後對於社會事業及活動的實用。

語言類的通明知識和技巧，在社會事業及活動上的用途實在是太多了。人只要不是獨處，都可以用上語言的能力。特別是廣告傳媒更是需要高超的語言技巧才能勝任。沒有語言的參與，媒體的運行是不可能成立的。當然十九世紀和二十世紀流行過的默劇電影也曾紅極一時，偉大的電影家卓別林就是默劇電影最成功的創始人。但默劇電影中的字幕也還是沒離開語言的參與。但那畢竟是短暫的。當下的多媒體時代，使用默劇形式想獲得成功幾乎不可能了。幾乎所有的職業都需要語言的使用。無論是口語還是書面語。有人說 AI 技術就可以取代以文字為生的職業。一般的公文式撰寫，比如，工作報告，調查報告，法律文書，財務報告，產品說明書等等，確實不需要人工很疲倦機械地在螢幕前忙來忙去地書寫。但文字創作還是不能依賴 AI，否則 AI 寫出的作品畢竟是枯燥的，乏味的，範本化的，缺乏靈氣的。有聲語言更不太可能用冰冷的 AI 來代替活人的操作了。有人說，未來智慧人很可能可以代替教師現場授課，尤其是一般性的不需要激情和創造性的教學流程，都是可以用智慧人代替的。我們這裡不準備太多討論 AI 技術如何代替活人語言的問題，我們只討論關於聲明智學的語言技巧和藝術的廣泛用途問題。運用語言技巧和藝術的最為實用的方面當屬社交活動和社交媒體了。人類只有在獨處時，沉默才是金。只要有兩個人，語言就不是多餘的，聲明智學更不是多餘的。

（2）【工巧明智學】教育的通用性與聲明是一樣的通則。除了在學校教育課程上的通用性之外（如，科學課，手工課，實驗課，社會實踐課，音樂課，視覺藝術課，文體藝術課，自然課等等），對於社會事業及活動的通用性幾乎也是面面俱到的。尤其是職業選擇領域可以說實用性無處不在。這方面已經論說過了。工巧明智學除了在職業選擇上的通用性之外，在家庭生活個人生活方面的自利利他上也是表現了滿滿的通用性。比如，家庭電器的維修安裝，房屋的裝修裝飾工程，各種美食的製作，服裝的設計裁剪，家庭的園藝種植技巧，各種電腦軟體的操作，攝影藝術的操作，音樂作曲及鑒賞製作等等，都是工巧明智學實用活動的內容。它的通用性事例舉不勝舉。由此可見，工巧明智學的通用性可略見一斑。

（3）【醫方明】智學教育的通用性與前二種明的通用性同理。除了在學校課程的通用性（健康課生理衛生課）以外，其通用性在社會生活的自利利他方面，也是相當廣泛的。前面章節也有部分介紹。我現在只簡要列舉一下醫方明智學在健康醫療專科的通用性，它涉及的 學科有——營養學，中醫學，西醫學，藏醫學，阿拉伯醫學，各種民間醫學，自然療法包括：飲食營養療法，體育療法，音樂療法，中草藥方劑療法，心理療法，催眠療法，辟穀療法，旅行療法，禪修冥想療法，瑜伽舞蹈療法，物理療法，加減乘除全息療法等等，這些都是醫方明智學教育通用性的一部分。這些療法都是醫方明智學教育課程的必修課和選修課，足見其通用性的深廣。

（4）【因明智學】教育的通用性還是同上三種明之理，除了學校教育的課程通用性（哲學，邏輯學，論文課，辯論課，數學，物理，化學，等），還通用於其他諸多領域，比如，前三種明的各個專業領域，都離不開因明邏輯法的貫穿。解讀世間最難懂的佛經佛論，也必須使用因明邏輯法。它的通用性甚至為五明之首。我們當今最寵愛的AI技術，如果沒有強大的因明邏輯法則灌注深入，那麼AI的品質和效率就很難得以保證。只要人還有思維活動，就不得不使用因明邏輯法思維。

（5）【內明智學】教育的通用性除了學校課程的心理學課及道德課人生觀課外，通用於世間法和出世間法的地方就更多了，舉不勝舉。首先關於心理健康領域就有諸多的內明智學知識的通用性。通過前面的章節我們已知，內明智學教育的通用性普適於一切世間善法和出世間善法。它不但通用於每一個人生的當世，還通用於未來的轉世品質，更通用於出世間法的道路。至於舉例說明，前面章節的工作已經不少了。

四　系統性

1、五明智學是個系統

這一章節我們開始探討五明智學的系統性。所謂系統性，即是複合性多重結構組成的事務，而這些複合元素及多重結構彼此之間是有相應關聯相互影響的，它們是不離的關係，否則就構不成系統。各個系統又是相對獨立的存在體系，與其他系統有邊界分野。比如人體就是由九大系統組成：神經系統，骨骼系統，肌肉系統，循環系統，消化系統，內分泌系統，生殖系統，淋巴系統，運動系統。其實還可再細分其他系統的。比如基因系統等。這九大系統都有各自的主要功能和次要功能。各個系統雖各自有相對獨立性，但彼此都是有聯繫的整體。假如失去了某個系統，人體的生命就會受到嚴重挫折，甚至犧牲性命。比如神經系統失靈就是一件非常可怕的事，植物人就是很明顯的例證。植物人雖然還活著，但人的諸多功能卻已喪失，大腦的思考功能喪失就是很可怕的事情。

再來分析一下，五明智學的系統性，它如上述人體的九大系統原理法則是相通的。它的系統性體現在五大結構當中——聲明智學，工巧明智學，醫方明智學，因明智學，內明智學。五種智學組成一個系統，不多也不少。有人問能否再加進去其他的結構？回答是否定的。因為我們實在找不出一個功能強大的獨立結構添加進去成為六明系統或更多種明系統。相反，減去某個結構是否還能成為一個完整的系統？回答仍是否定的。比如，刪除了聲明智學教育結構，則受教者的語言潛能沒得到滋養，則語言能力是不足的，影響到其他四明的充分發揮。比如，語言交流能力不足，勢必會影響到工巧明智學的職業選擇。對醫方明智學也會受到一定影響，特別是你利用醫方明利他服務時，表達不清，就會受到影響。對因明邏輯的表達也會受到一定影響。總之，聲明智學的不足，會使整體五明智學的系統受到影響，尤其會使各功能的品質下降。從而影響系統應有的功德力。

再說五明智學，如果失去了工巧明的學習，會是什麼狀態？也就是說，學習者不具備心靈手巧的能力，也可能缺乏藝術表現力和鑒賞力，或者就是中國俗語所說的，光說不練的人，四體不勤五穀不分之人。工巧明智學的缺乏，對語言藝術也會造成損傷，尤其是口語表達力上，會受到影響。比如演講能力，主播主持能力都會受到某種影響，身體動作上很可能就會失態。工巧明在這些方面具有補缺的功能。工巧明智學的不足，也會影響到醫方明智學的品質。因為很多的自然療法動作是需要用手用腳的技巧，如果未經過工巧明的技能訓練，就可能動作失調。這樣醫方明智學的品質和功能自然下降。工巧明智學的缺乏，可能對主用頭腦的因明邏輯思維不構成挫傷，但對因明邏輯思維的實現會造成障礙。比如某人通過因明邏輯思維的創造力直覺力構想出了完美的思路和構圖，但由於沒有工巧明能力，就不能有效地將此美妙的思路勾勒出實際的畫面，或做出模型。這樣就降低了因明智學的表現功能，這也是相當的損失。工巧明智學弱小，也同樣障礙內明智學中實踐能力的發揮。因為內明智學是需要許多實操課程訓練的，如果的身體及四肢不夠靈巧，勢必會造成動作失調，也會影響內明智學的實際效果，比如，不能雙盤打坐，不能行禪自如，就會障礙定力的長養。

複次再說，如果缺乏因明智學的學習訓練，其障礙其他四明就更會嚴重。比如，你雖然口才流利，說話能長篇大論不知疲倦，口若懸河，但聽眾可能不知你所雲，因為你講話主題不清，思維散亂，跑題千萬裡，勢必會嚴重影響你的演講效果，降低品質，甚至引起聽眾起哄。這是很尷尬和悲哀的一件事吧？再說缺乏因明智學邏輯能力對工巧明智學的發揮也如是，缺乏邏輯思維的技術再如何高超，也可能是無效的，再好的創意也難以實施。因為缺乏因明邏輯的基礎，技術產品是組成不了的，也是產生不出來的。或者創意思維是散亂的，不合情理的設計。比如，過去我在我家附近，經常看到修路工人在同一條馬路上破土動工，鋪設管道。每隔幾個月就來一次。我很好奇，就詢問過一個工頭，為何這條路總是每隔一段時間就要開膛動手術一次？那工頭笑笑說，忘了鋪設煤氣管道了。

那以前我看你們開膛動土好幾次了，那是忘了埋管道了？他又笑笑說，前些天是忘了埋電纜管線了。我問：難道你們沒有事先的施工計畫嗎？就這麼想一出幹一出嘛？他回答說，施工計畫是有，但都是臨時的，沒有同時想到多種管線的鋪設。我說，這不是很勞民傷財嗎？他說，是的，不過這對我們來說是好事，我們又可以有活幹了，而且掙錢不少。他的回答令我目瞪口呆。這就是缺乏因明智學的典型案例。實際的案例多如牛毛，都是嚴重障礙經濟效益障礙民生的爛尾工程。

缺乏因明智學在醫方明的障礙上也是屢見不鮮。經常聽到這樣的故事：某醫院做外科手術，將剪刀或手術刀或手術鉗之類的工具忘在了病家的身體裡，結果就縫合上了開刀口，造成嚴重的醫療事故。還有的醫生做手術，計畫是切除左腎或左肝，結果把右腎或右肝切除掉了，造成無可挽回的醫療事故。拔錯了牙的事故也是屢見不鮮，等等，數不勝數。你如果仔細思維這些醫療事故，根源正在於嚴重缺乏 因明智學的學習和訓練。所以才有如是種種令人啼笑皆非的醫療事故。

同樣，缺乏因明智學對與內明的影響也是顯而易見的。中國有句古詩很能說明問題："剪不斷理還亂是離愁，別是一番滋味在心頭。" 這句詩描述的就是心緒紛繁雜亂的情景。也就是內心嚴重缺乏因明邏輯思維能力的一種描述。我們人在情緒激動時，往往都是理性水準最低的時刻，此時的因明邏輯能力也是最低的，結果常常出現意外事故，如暴力傷害事件，自殺事件等等，很多領導人也都是在情緒支配下，做了錯誤的決策。致使重大事故連連發生。企業經營也如是，老闆們如果情緒不穩定，也會造成非理性的錯誤決策，致使企業受到重大經濟損失。所以我們可以認識到，缺乏因明智學的學習是危險的，尤其對內明主觀的情緒造成失調失控，結果造成的實際傷害是難以估算的。

最後來說內明智學不足的情況。內明智學不足應該說最糟糕，因為等於前四明缺少了主心骨或中央司令部的指揮系統。我們已知，內明智學板塊，是善根與智根的控制機關，這個控制機關如果失靈，前四明就很可能如脫韁的野馬四處狂奔。聲明如果沒有內明智學的滲入，

伶牙俐齒巧舌如簧辯才無礙的人很可能會變成詭辯家，鼓吹邪道的專家，甚至是人們痛恨的所謂故意說假話的害人專家。嚴重缺乏內明智學的民眾，也會非常缺乏內省反省心理機制習慣，往往說假話會成為習慣，說誠實語等於鳳毛麟角。試想，一個充滿謊言的社會和民眾的生存狀態怎麼可能和諧呢有幸福感呢？

工巧明上如果缺乏了內明智學的主導，很有可能就是造出大量假冒偽劣產品。這些產品儘管包裝漂亮，甚至價格低廉，但卻品質低下，以次充好，傷害消費者。大量的山寨版產品和大量的假冒偽劣產品在中國廣泛流行，甚至成為市場的必須，說明人們已經普遍嚴重缺乏內明智學的學習。道德的沉淪已經成為人們司空見慣的事實，誰也不能回避。甚至良心專家說，中國已經形成了某種"互害"社會模式——售毒奶粉的人，詛咒轉基因食品，賣轉基因食品者詛咒農藥過多的蔬菜。賣農藥過多蔬菜的商販詛咒不良的有毒大米，售毒大米的人詛咒毒奶粉對自己孩子的傷~~~這樣橫向縱向的"互害"社會終究是惡性因果的環環相報何時了？

醫方明上如果缺乏內名智學的主導可能更可怕，醫德的喪失在所難免，救死扶傷實行人道主義成為擺設。沒帶錢不給看病成為了常理常態，無人譴責。醫患矛盾以致到了殺人償命的地步，有的醫院甚至已經變成了地獄之門。

缺乏內明智學主導的因明，可能會使人變成惡勢力的有力辯護人，讓一個才華橫溢的人變成詭辯家，自私自利的人，精緻的利己主義者大概就是嚴重缺乏內明智學的學習和調控而導致。嚴重缺乏內明智學還會使聰明的科學家變成害人的魔鬼，危害更大更甚。

因此我們得知，五明智學的系統性是不容分割拆散的，就如人體生命的九大整體系統不可分離出任何一個系統。否則生命的平衡就會被打亂，生命的品質就會嚴重下降，以致失去存在的意義。

2、五明智學教育也是系統化

這一節我們來探討五明智學教育的系統化問題。其實前面一節與此節基本是在談同一個問題，所以此節不再如上一節那樣過於展開來談。這一節我主要強調五明智學在教育教學層面上的系統性。

五明智學教育仍然必須遵循系統化原則，才能達成最大化的有效教育成果。不然，如前一節描述的一樣，會讓五明智學喪失平衡性，從而嚴重影響教育教學成果。也就是說，我們在五明智學教學的實踐中，不能挑三揀四，只選擇其一其二從事教學活動，或放棄其一或其二，只選擇四明或三明或二明進行教學活動。如果這樣教學，勢必會影響受教者的心智開發受到嚴重影響。特別是智根教學上的學習，容易不遵守系統原則，而選擇或一或二或三或四明進行教學活動。當然我們可以根據學生實際情況隨緣在整體五明智學的課程中選擇不同比例組合在一起的方式進行教學，但不可放棄任何一種明的教學。

　　首先談一下聲明智學。我們已知聲明對應語言學的重要性，我們可以根據不同的學生需求，選擇突出口語能力或突出書面語能力的不同比例配置教學。如果學生對口語有強烈需求，對書面語需求不多，或者非學生的弱項，就可以增多口語能力的配置課程，減少書面語的課程配置。反之如是。但不可以放棄其一選擇另其一。這樣的教學具靈活性隨緣方便。使教學更趨於人性化。

　　工巧明的教學同理聲明。也可根據學生情況，隨緣有選擇調配課程比例。比如，學生們比較喜歡電腦課程，對農業手工藝課程不夠喜歡，就可以適當調配課程比例。但不可完全放棄農業手工藝課程。藝術表演與科學實驗課程音樂創作鑒賞課程同樣遵守如是調配課程比例原則。總之，這就是工巧明智學教學上的靈活性和完整性。

　　醫方明也如是同理前二種明。根據學生的需求和願望興趣來適當調配課程比例。比如，有學生更多喜歡醫學理論方面課程，另有學生對實操醫術更感興趣，這樣就可以調配課程不同比例進行教學。另，有的人可能對中醫學更多興趣，另有人對西醫學的興趣更濃，都可根據學生所需選擇不同課程調配比例進行教學。但不管如何調配課程，必須遵守不放棄一門必修之課程。也就是說，五明智學的全部課程都是必修課，此原則沒有靈活性，只可以在課程比例當中靈活調配。

因明智學與前三明有所不同。其課程比例沒什麼可調配的餘地。因為因明智學所配置的課程是不能根據學生的愛好或興趣出發來調配課程。就如同一個駕駛員學習開車一樣，考取了駕駛證後，就應該能駕駛任何同類汽車。比如，轎車車型。不管是越野車型皮卡車型還是小轎車或微型車型，不管是電動車型還是汽油車型等，都應該能駕輕就熟。這就是因明智學所要求的必需條件。因為因明智學的邏輯性是嚴謹的，一環扣一環的思惟，不能斷裂，也不能跳躍。不然就會出現問題。現實中也如是，一個周詳的科技開發專案計畫，決不能有邏輯漏洞。有邏輯漏洞的科技計畫，有一個環節失靈，就可能導致全體失敗。就好比今年，馬斯克做的火箭飛行火星的實驗失敗一樣，一定有某個環節出了邏輯故障而導致飛行試驗失敗。經濟上的計畫也如是，不合邏輯的計畫是很難產生預期效果的。政治治理上更如是，政治的邏輯性更複雜更具靈活性，所以效果也是很複雜多樣。總之，因明智學的邏輯課程完整性是不容隨意調配比例的。

內明智學課程的靈活性可能是比較大的。這方面同因明智學一樣，不能根據學生的愛好興趣來配置課程比例。此課程更重視教學效果，也就是說，觀察善根與智根的開發程度而定。如前四明一樣，全部課程都是必修課，但可以有靈活性的調配比例。如，可能培訓理念課程多些，實際禪修的課程可能少些，反之也是同理。內明智學更多的是世間智的課程教學，出世間智課程稍少些。但出世間智的教學課程目標也是為反過來更補足世間智的缺漏。慧根的開發有個特點：出世間智一旦打開，其實反過來會成全世間智慧，這是通過大量研究調查得出的結論。比如，中國唐代禪宗大師慧能六祖，並不識字，可是當他通達了出世間智後，只要弟子們讀一遍佛經文，他聽後就立即隨順佛經講解經義。這個例子是比較典型的。所以出世間智反過來成就世間智，慧根的這個特性是需要了知的。就好比一個邏輯概念的外延：大前提概念的外延一般是包含了小前提概念的外延。比如，地球的周長有 4 萬公里，太平洋在地球上，所以太平洋的周長小於 4 萬公里。出世間智，表地球，太平洋表世間智。這個實例足以說明出世間智慧成全世間智的道理。

五明智學教育的系統性我們討論到此就可以看出，在實際教學當中，所有課程都不得丟棄，否則就會失去平衡性。這是一大教學原則。

3、平衡是五明智學系統性的最優化

通過觀察我們發現，世界上的任何事務都在追求平衡，沒有平衡世界就會失去秩序從而造就混亂。只不過任何一種平衡都是不穩定的缺乏持續性，都是暫時的。這是世間因緣法生滅的金剛規則，誰也推翻不了。任何事物的發展，也是依仗這個金規則才能成事。此金剛規則導致世間法總是破壞一個舊平衡，形成一個新平衡，然後再打破此舊平衡，再形成新的平衡，周而復始，生生不息，輪回相續不斷。

五明智學的系統性也不例外，它也是同樣追求平衡的法則。因為平衡，它才可能發揮其應有最大效率。有人說，你前面說，總是舊平衡被打破新平衡才能形成，照這意思就是，五明智學的內容也總是在更新的嘛？不然它就停滯不前了。它也需要不斷打破舊平衡而形成新平衡的流程？其實不然，五明智學所追求的平衡不是統一不變的，而是因人而異的。所謂平衡是相對於受教者而言，而非教

授者。所以五明智學教育追求的平衡不是對五明的內容，而是根據受教者的反應效果而判斷是否平衡。我們只能從受教者接受五明智學教學的受益程度 來判斷是否平衡。這個沒辦法用科學的定量法來測試是否平衡。因為教育教學活動是個有機的充滿活性的動態行為，不可能如在實驗室中做冰冷刻板的實驗工作。所以觀察五明智學教學是否掌握了平衡，就需要觀察受教者的反應，是最有力的證明。

五　終結性

1、五明智學能終結教育嘛？

我的書目主名為"教育將死"，有人一定會有很大疑慮，教育革命怎麼會死亡？應該是不斷革命的呀，不可能有盡頭。這聽起來道理錯訛就好像進化論的旨意沒有盡頭。教育也應該如是，進步怎麼可能有盡頭停滯不前？這些提問都很符合世俗常理。但偏偏五明智學教育不與常理相行不悖。為什麼？我在序言中提及了一下教育革命在五明智學來到後將終結。理由如下：

A 五明智學教育囊括了教育的全部功能並展現了教育的全部內涵。

B 五明智學教育已經走到了教育的終點，不需要再改進了。

C 五明智學教育能創造新人類，而且是最後的人類。我現在從 ABC 分 別來論說展現一下其理由：

首先說A，它囊括了教育的全部功能，這個要點前面章節都已說的很多了。我們不妨再重複一下。重要的話說三遍！已經成為時尚的短語之一。教育的最基本兩大功能——勸善與開智。五明智學確實都已經囊括並盡收眼底。這方面確實不需要再做重複了。我這裡提示一下。聲明、工巧明、醫方明、因明、內明的智學中的通識性，已經包羅萬象現有世界知識的總量。五明智學已將開智工程，做到了徹底，因為人只有兩種智：世間智與出世間智。世間智，主要體現於前四明當中，內明對應世間智與出世間智的和合與平衡。另，內明智學還有一大功能，開啟全部善德，將其灌注於其他四明的骨髓。從這個意義上說，五明智學已經完善了教育的基本功德。

再說B，根據A的論說道理，我們有充足理由認定，五明智學教育已經達到了教育水準的天花板，即到達了終點站，再往上進步已經沒有了空間。教育的各個方面善元素對治惡元素的靈丹妙藥都已被它吸納並包含，無有死角。如果你能舉證說，五明智學不能涵蓋世俗化善教育和開啟智慧教育的事例，則B結論就不能成立。

最後說C，這個話題確實比較新鮮而且意境十分的高遠。五明智學能創造新人類，這個主題我前面章節中已經認同了。但要說是最後的人類，是什麼意思？

最後的人類千萬不要誤會是，到此人類命運將走向終結。NONONO！最後的人類，意思是新人類的至高級階段，將不會有比此新人類更新的人類了，也就是終極版本的人類，不能再升級了。因為此階段的人類是一個覺悟世間法和出世間法的人類，即能解脫生死輪回的人類，甚至可說能成就大徹大悟宇宙人生而成佛道的人類，難道這樣的人類還不是無上高級的階段嗎？人類達到了這個階段，就是一個徹頭徹尾的大自由大自在的人類。故說五明智學可成就最後的人類。

2、五明智學教育既能宏大敘事也可涓涓細流

這一節我們簡單討論一下，五明智學教育的宏觀與微觀的情況。討論此話題的目的是，進一步論證五明智學教育的終結性質，加深對其終結性的理解。

從宏觀上看，五明智學教育能創造新人類，這是在假設全人類都能接納其教育的前提下所能達到的最大化效果。就如世俗教育中普遍都接受了通過考試擇優的法則和制度是一樣的。如果普遍人類不能接受通過考試擇優的原則，那麼現有教育的整個體系就會崩塌，則整個世界就會失去秩序。五明智學教育也如是，只有在普遍接受了其教育原則和教學方法時，創造新人類的宏大敘事方有可能展現。教育革命的終極才可能成為現實。雖然目前還只是萌芽階段甚至只是種子階段而已。就如 21 世紀初期風風火火的網路高科技時代的無數創業公司的鐘子期階段是一樣的。我們知道著名的創業高科技印表機之王惠普公司，他們的種子階段是在一間簡陋的車庫中種下的。另一個世界神奇的最富創造性的蘋果電腦公司的創始人，他的創造性種子階段是在去印度學習靜心修行的時候和 Homebrew 電腦俱樂部時種下而形成。可是後來的成果如何，我想不用說讀者們也很清楚了。社交媒體大王 Facebook 創始人紮克伯格的種子階段卻是在他的哈佛大學宿舍中種下並誕生了。這就是從微觀的種子開始的涓涓細流而生產形成最終的宏大敘事的現實案例，這樣的案例還很多很多。比如，馬斯克創辦的為他五個孩子教育的 Ad Astra 學

校，也是五明智學教育中的工巧明種子，相信這顆種子也會很快如日中天，影響全美的教育和教學模式，乃至影響到全地球村的教育模式，如果馬斯克能採納五明智學教育系統的話。然而五明智學教育的種子是在本書中播種下來的，相信它也能很快生長壯大，開花結果。

3、教育的終極目的是終結輪回

這一節將討論教育的終極目的是終結輪回，這個論題實在太大！

當然我們要想論證清楚教育的終結性，還非得從教育的究竟處論起，否則你無論如何也說不清楚，教育到底在何處終結。我們已知教育的兩大功能是勸善和開智。但我們還不清楚勸善和開智，最終的願景，要做什麼？在世俗教育理論看來，勸善和開智的最終目的大概就是培養出人格完美善良，各種能力全面發展的人，充滿愛的人，自由的人，自我實現的人。這似乎已經到頭了？是的，難道還不夠嗎？還要人類到達何種境地？一般教育家不能再往下想像和描述了。但五明智學教育可沒有滿足這丁點非凡的成績單。他的野心更開闊更大氣。它要實現人們的終極目標——解脫生死輪回。我們通過世間哲人的因果律法則和佛法的正理得知，眾生不僅僅是活過此一世，而是各自隨緣各自的業力推動生生世世都要在六道中活上無量劫{見注釋：®}。就此意義上說，人是不自由的，更談不上自在。這一世自由了，下一世未必自由，這一世享福了，下一世就可能備受痛苦的煎熬，甚至可能墮落為三惡道眾生，這要根據各自的因緣和業力的情況所決定。世俗教育體系是管不了這些究竟本質問題的，他也不關心這些形而上的"上帝"所管的問題。

它只管現實——形而下的現實問題——人生在世是否能享受財富，是否能過的開心，是否能過的自由，是否無有欠債，是否活得清白無罪當然終了後最好不要墮入惡道，而要升入天堂等等，這些想法當然是善意的，但並非究竟。即便你終了後進入了天堂，你還是終究要參與生死輪回的，這是因果律不可抗拒的法則和事實。然而五明智學教育卻很關注此人生的究竟問題，並設法有能力解決這個究竟的問題。這就是創造新人類的總目標。

為何五明智學能完成如是目標？因為從它的出發點初發心種子開始，就已經確定了如此無上目標。它也有相當的能力實現此目標。我們已知，五明智學教育在開智的教育中，開啟的是世間智和出世間智。兩種智，同時開發，就有可能實現解脫輪回的目標。至於如何能開啟出世間智，如何進行教育教學活動，將在後面章節詳細探討。

第三章 五明智學教育的理論建設根基

1、五明智學教育的核心理念

（1）強調根性開發

這一章節我們將探討五明智學教育理論建設的根基是什麼。這是很重要的環節。中國有句俗語：外行人看熱鬧，內行人看門道。所以此章節我將為教育業的內行人做點工作。不然此書的說服力是不足以令人滿意的。前面二章，雖然也有教育內行的語言，但基本上還是談的五明智學教育熱鬧的場景和氣氛。

前面的章節雖然也談論了五明智學教育，主要針對人的根性的開發培植，但多是比喻的語言來描述的。現在我們試著用表詮的陳述法來解說根性教育的含義。

根性，顧名思義，即根部的屬性。唯識學的角度說，人有六根——眼耳鼻舌身意，這是指人的器官層面而言。但意根並非指某個器官，也許有人會認為，大腦不正是意根的器官所在處嗎？看起來是，實際上不然。意根，並非醫學神經意義的大腦器官，當然大腦可能是意根發揮功能的主戰場，但並非是意根的全部。否則問題就變得非常簡單了。世俗心理學研究已經把大腦挖掘的很深入了，如果說大腦是意根的全部，則就用不著五明智學的參與了。只要把大腦研究透徹就足以了。事實上現代醫學僅對大腦的研究也只仍停留在初級水準上。所以五明智學所論的根性，雖然也包含了唯識學中的六根體系，但它 不止於此的開發。它更深入到了我們人所不能及或

不能觀察體驗到的 潛意識心——第七識和第八識。這個問題太深了，我們暫時先回避，待後面章節將做深入分析討論。

現實地說，我們在此章節中主要談論的對象應是意根。意根也叫分別意識心，即人的一切思維活動都是意根來完成。我們常說的喜怒哀樂七情六欲思維活動等。所以說，五明智學所針對開發的物件也是意根，當然前五根也是參與其中的，意根雖然是獨立的，但它也必須通過前五根器官發揮作用。如果前五根的任何一根失靈，比如眼睛近視，耳朵失聰，身體骨折，舌頭失味，鼻子失嗅，則意根的功能也會受到某種限制。所以說，五明智學教育對哪一根都是不放過的。

五明智學的教育原理就是通過對意根的人為幹預，使之充分發揮功能，尤其是見、聞、覺、知的功能，從而影響到潛在意識中第七識和第八識的根性變化。當然這種人為幹預的工具就是五明智學的課程內容，這些就是善知識。它與一般世俗教育的理論區別正在於此——世俗教育理論只注意到了意根的大腦層面，而沒有注意到意根的深層性，即它與潛意識心的關係，而五明智學的根性原理是，關注點是意根與其他五根及潛意識心的關聯性。這就是五明智學教育遠深于高於世俗教育理論之處。

（2）根性與素質的關係

這一節討論的重點是，根性與素質的關係是什麼。闡明二者之間的關係還是很重要的。根性，前一節已經大略論說了。素質，這個詞解釋的範圍很寬。可以用品質來解讀，也可以用品質來解讀。

總之，素質是人可以感知到的一種現狀。就好比看到一所房子的品質。比如，某人要買一所公寓，就有從很多救度來看這房子—

一建築結構，建材的使用，裝修的格局，裝修材料是否符合環保，是否朝陽，所處地理位置和周邊環境甚至鄰居情況等等綜合指標，才能判斷這所公寓的品質高低，也就是素質的高低。從這個實例中發現，素質一詞似乎是個綜合性顯現的指標。其實素質還有一種角度來判斷，即原本的去除一切裝飾的某物，其品質情況與否。還是用購買公寓為例子，只關注房屋的結構，建築材料的品質，及地理位置情況，其他因素統統都不在考慮範圍。這就是素質的內涵。因為除了這三個要素，其他因素諸如裝修，裝修材料等因素都是可以改變的。相對不可改變的才是素質的本意。素，原始之意。素質，原始本有的品質。

根性和素質是什麼關係呢？應該也是不一非異的關係。不一，根性，不可見，是潛在要素，素質可見，可以感知到。非異，有相同處，都是同一個源頭。即，素質是根性的外顯狀態。說某人的素質高或低，其實也在說某人的根性，或優或劣。而這種優劣是非常穩定的，難以改變的。所以中國有句流行語——江山易改本性難移。這些是一般世俗化教育的理念。

但是在五明智學教育看來，無論是素質還是根性都是通過教育是可以改變的。因為人的根性無優劣之分，都是平等的。所謂有優劣之分，這是外相，並非實質。這些外相，是不同的業力推動形成的。所有的人原始根性都是一樣的，也就是佛法中所說的，人人本來具足了佛性，只是由於眾生無明顛倒執著分別，而導致了佛性難以顯現，但是如果得法精進修行，佛性自然能開顯。同樣五明智學教育根據的就是此原理法則，而得法施行的教育手段。所以在這個意義上說，根性和素質在得法的教育下是可以改變的。

（3）善慧根性與能力開發

　　這一節中，我們討論一下善根和慧根與能力關係開發的主題。從前面的章節中已知，善根和慧根是人的根性的總持。我們還是重複前述的比喻：將善根和慧根比喻為蘋果樹的樹根，所結的蘋果表示蘋果樹的能力。能力大者，所結的果實越可口甘甜，反之就是能力弱的標誌。這樣的比喻，讓我們清楚了蘋果樹根與蘋果果實之間的對應關係。這種關係一般成正比。善根和慧根與能力的關係亦複如是。善根和慧根就兩種，然而能力卻是無量無邊數不勝數。能力的範圍簡直太寬泛了，所有的實用性之事都是一種能力，即只要有此事，必有此事之能。在社會生活及工作中比比皆是。如：說話能力，寫作能力，運動能力，做家務能力，工作能力，思辨能力，生理健康能力，表演能力，賺錢能力，唱歌能力，演奏樂器能力，視力能力，聽覺能力，嗅覺能力，感受能力，學習能力，攀山能力，游泳能力，吃喝拉撒睡能力，等等。那麼有人會問，以上列舉的能力難道都和善根和慧根有關聯嗎？回答是肯定的。這和蘋果樹根與果實的關係是一樣的。樹根栽培的越健壯，果實結的可能更甘甜更碩大。一棵成熟的蘋果樹所結的諸多果實，就代表一個一個的能力。每一個蘋果都代表一種能力。而每一個蘋果都不可能脫離開樹根的滋養。假如樹根死了，果實也就停止了成長。這是顯而易見的事實。

　　知道了善根慧根與能力之間的正比關係了，也就知道了如何開發人的能力了。在教育上，我們就專注善根和慧根的精心栽培開發就可以了。五明智學的教學法是，不必太專注學生的現有能力如何。我們只關注善根和慧根的開發就是本職工作。善根和慧根啟動開顯了，各種能力自然生成。什麼方法才能啟動和開顯出人的善根和慧根？唯有五明智學教育，除此別無他法。如何施行五明智學教育而開啟善根和慧根？這不是本節的重點，後面章節會詳細解說。

（4）基於佛法的中道教育理論

這一節的討論比較深了，如果對佛法沒有瞭解就很難解悟這一節所要言說的論理。五明智學是基於佛法的地基而建造的大廈。而佛法的地基又是基於中道的理則。

中道的理則最根本的表述——不二法門。這個不二法門非常難以理解，但如果懂得佛法的真實義理，你就能輕而易舉地解了佛法。不二法門主要是針對出世間法的中道理則，然而五明智學所依據的中道原則是基於世間法和出世間法的和合平衡義。依此說明，中道的不二法門應該分成兩重義——一是世間中道義和出世間中道義。當然由於五明智學教育的世俗化，肯定是以世間法中道義為主要特色。世間法的中道義如何理解？我們可以用兩個筷子做比喻就應該瞭解了世俗中道義：一根筷子粗細均衡，另一根筷子粗細不等——從中間分開兩邊，一邊粗、一邊細。現在我們來判定這兩根筷子的平衡點有什麼不同。第一根粗細均等的筷子，平衡點應該是處在筷子的中點位置，筷子正中位置上，能保持平衡穩定。第二根一邊粗、一邊細的筷子，它的平衡點一定不會處在筷子的中點上，而應該偏離中點，選在一頭粗的這邊某個點上才應該正確（也許處在一邊粗的二分之一處，或許選在三分之一處不等），才可能使筷子保持平衡。還有一種情況：一根一半鐵質材料一半木質材料粗細均衡的筷子，其平衡點也一定不在筷子的中心點上，而應選擇在偏離中點的鐵質材料這一邊，才有可能找到本筷子的平衡點。這三個例子告訴我們，筷子的平衡點即是筷子的中道，也是五明智學的世俗中道觀。這三根筷子的平衡點原理即是世俗中道的法則。也就是說，中道觀即是平衡觀，並非中點觀。理解了此平衡點觀，即理解了世俗中道觀原理。這個平衡點原理有什麼價值？顯然最大價值是，筷子永遠相對不倒，其次是立于平衡點上，可以見到筷子兩邊的全部境況。把這個道理抽象出來，如果立于平衡點上，就可以觀察到某事物的全貌無有遺漏。觀察者觀察到捕捉到的信息量最大化，則可能處理事情能掌握全域，並不失偏頗。這樣才能解決問題。這就是五明智學所立於的理論基石。這個理論基石，能讓五明智學教育發揮最大效益。

至於五明智學立於出世間法的"不二"法理，本節就不再多加討論。後面章節還需詳說。

2、智學與科學

（1）智學與科學的區別

這一小節的題目，其實第二章關於五明智學五種特性中的智慧性一節中有了詳細的探討和說明，請參照之，本節就不再多做討論。但我只想就這個問題探索智學與科學不同的目的性做一下說明。這個角度，前面的同類章節好似並無涉及，我來補充一下：

智學我們已經知道，它是發光的知識，而科學僅停留於知識的層面，還不能發光。它們各自有其目的性。智學的目的是揭示過去未來現在的真相，而科學只著眼於當下的存在真相，至於過去和未來的真相它把空間留給了哲學及智學。智學與哲學也有差別，哲學更關注外部世界的運動規律或規則，而智學更多關注內在的世界——

心法·世界。這是智學與科學最大的分歧點，也是與哲學的分歧點之一。五明之所以名為智學，就是由於有內明的貫通和注入，否則五明將不名為五明智學，而只能是五明知學。知學，顯然基本上以科學思維意識為核心，與哲學和智學都將遠離。另，智學還有出世間的使命，這一點是它和科學與哲學的最大不共法。所以我們在這一節中務必要進一步理清智學與科學的不共法。讓我們更加透徹了悟智學的獨特價值所在。

（2）智學是科學的底蘊

智學是科學的底蘊，這個角度我在前面章節還未論及。應該說，探索這個角度實用價值是很大的。因為世俗人一直以來是以科學為王的思考模式去認知這個世界。導致了唯科學主義的思潮氾濫。唯科學主義思潮是不關注善惡法的，只求效率就好。因為這種理念認為，科學是純粹中性的知識體系。誰都可以利用之，不存在善惡選擇。二次大戰前夕，大科學家愛因斯坦也持這樣的理念，後來二戰爆發後，他發現了自己原來觀念的錯誤，移民美國後，他一直強烈反對科學用於戰爭的做法，廣泛呼籲和平。他也因自己的相對論促成了核武器原子彈的誕生，而深深後悔。他認為科學必需是講人道主義情懷的。但是他的理念沒有受到當時的美國主流社會所接納。如果他那時知道科學的背後還有智學做奠基，他可能會在原子彈研究初期就制止了科研行動。我們前面已經說了，世間智學是以成就善法為使命，它不會落入冰冷的科學思維桎梏中。智學的使命是成就人類的至善法，而不會鼓勵暴力反和平反人道。另外，智學能使科學更加成熟有效，發揮其本有的巨大功德。我們做過一個比喻，智學好比整個地球，而科學不過是一個國家的面積。所以智學不但能把握科學的發展方向，還能讓科學少走彎路，提高無數倍的效率。有了智學的底蘊，就能發揮出人卓越的科學邏輯思維能力，從而創造出無盡的科技成果。所以說，智學是科學的底蘊，這個理論是成立的。

（3）智學促生通識和科研能力

既然智學是科學的底蘊，我們就可以推演出，智學能長養科研能力的判斷。智學，為何能促生通識和科研能力？智學如何長養二者的能力？

為何智學能促生通識能力？應該說這是智學的內在自然需求。前面那三根筷子的平衡點實例，足以說明智學所見的資訊量是最寬廣的。

信息量的寬廣性，正需要知識的含量最大化，只有通識才可能使知識含量最大化。由此得知，智學能增長通識能力，這是自然的規則，如果智學不能滋養通識，反而倒是不合情理和法度了。

另，五明智學中每一種明門都能長養和促生相應的通識——聲明智學能長養與語言能力相關的一切通識。如：語音學通識，詞彙結構學詞源學通識，語音學通識，表演學通識，作文的通識，文學藝術通識，文字學修辭學及語言演變歷史學通識等等。

工巧明智學能長養和促生一切相關職業能力的通識。如：工業產業通識，農業產業技能通識，科學實驗通識，文藝表演學通識，電腦學通識，軟體發展學通識，手工藝技能通識，音樂鑒賞和作曲樂器演奏通識，體育技能通識，等等。

醫方明智學能長養與醫學相關的一切健康醫療醫學通識。如：智慧醫學理論通識，自然醫學理論通識，自然療法學通識，中西醫理論及各種療法通識，診斷學通識，健康學通識，加減乘除究竟康復法通識，救急技術通識，等等。

因明智學能長養和促生一切與之相關的邏輯思維方法的通識。如：形式邏輯學通識，辯證邏輯學通識，西方各種哲學通識，東方哲學通識，論文格式寫作通識，科學思維通識，創造性邏輯思維通識，直覺邏輯學通識，辯論學通識，倫理學通識，等等。內明智學能長養和促生一切有關心法學心理學心靈學的通識。如：宗教學通識，各種心理學通識，禪修學通識，道德學通識，佛法通識，唯識學通識，咒語通識，等等。

以上只舉出了小部分與五明智學相關的通識。

關於智學能增長科研能力，就順理成章了。因為通識的能力長養，意味著科研就有了充足的材料，具足了充足的資訊材料，尚且具足了充分明晰的邏輯思維能力，方可能理所當然增強科研的能力。就好比 吃飽喝足的壯漢才會有力氣幹重活。否則餓著肚子的壯漢，是沒有力氣幹重活的。此外，智學還有一大功能，可長養其靈活機動性，如此智學更能增強科研的無限能力。

3、五明是智慧的門戶

這一節的重點是探索五明理論的門戶功能及特點。五明的這項功能 更讓讀者們認清了五明的結構和門徑。認清了五明輸出輸入的門徑，其實也就摸到了五明智學的脈絡及脈搏。

有人可能一直會懷疑，五明難道真的能囊括了所有的知識量和能力？這方面，佛陀已經做了很有力的回答：佛說，五明為一切種智。這是不容置疑的。基於這個正理念基礎，我們才認定，人體中具有五個視窗是可以展現善根和慧根所有的智慧和所有的善德。它們分別是聲明，工巧明，醫方明，因明，內明。此五個門戶即是人類智慧世界的五道大門，缺一門也不行，不多不少。

五扇智慧之門分別為【聲明門】，【工巧明門】，【醫方明門】，【因明門】，【內明門】。

簡言之，語言智慧走聲明門，體現心靈手巧的智慧及各種社會職業、家庭及個人自業的智慧和能力皆走工巧明門。全部健康身心醫療對治疾病的智慧皆走醫方明門。全部分別比量識邏輯思維及創造性思維之智慧皆走因明門。全部善德及內在智慧（世間出世間智）皆走內明門。此五道智慧大門表面上是分別獨立行走，但彼此之間卻不得分離。大多時候，五道大門的智慧彼此相連，互通有無，相互滋養相互利益。

這裡重點須提及內明智慧大門的核心地位。前面的章節已經屢次提醒，內明智學的核心及統領地位。這裡再強調一下它的核心價值。內明門，是五明中的總持之門——宗門或總門。五明之所以被稱為智學，就是因為有內明總持之門的坐鎮，由它來統領前四門的運營狀態。如果內明總持之門失靈，則前四門雖然能正常運行，但已不成為智學，而只是知學之門了。知學之門與世智辯聰，幾乎是一碼事，沒有智慧的含金量，但只有智商智力智慧的含銅量或含鐵量等等。我前面描述過如果內明缺席的危險情況：可能是作惡大賊，或大邪師，或有些成就的科學家，平庸的名流等等角色。但不會成為人類的正師。我們可以想像五道門的結構圖：內明門於最深處，四明門在前端佈局成一字排列。或內明門於中央，四明門分別位於東西南北向，內明投射的光芒照亮了其他四門。如下圖所示：

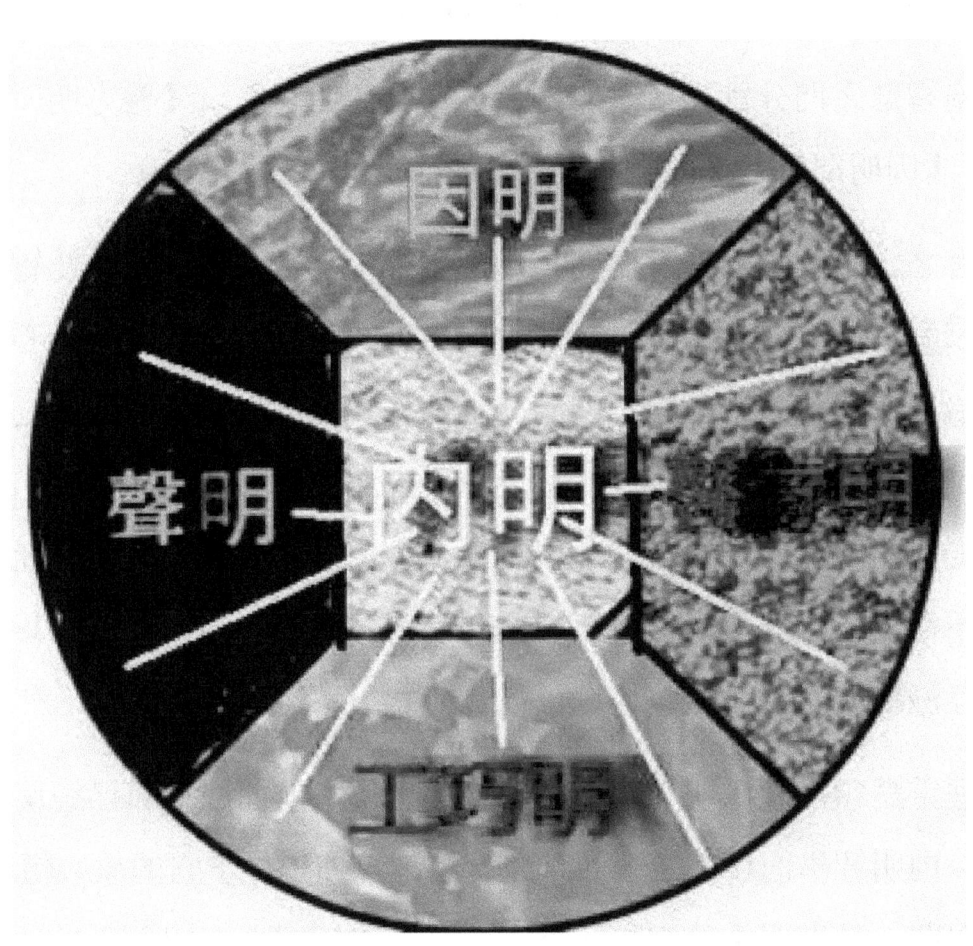

4、五明智學的教育及教學理念基礎

（1）教育與教學的辨析

有人一直認為教育與教學等同，只是異名同義。其實不然。教育與教學確實不容分離，分離了就談不上教育了。比如，單純的培訓烹調美食的技能，單純培訓駕駛技術，操作電腦技能，培訓識字能力等等諸多的單純教學是可以成立的。但這與教育確實已經脫鉤了。純粹的教學活動只能培訓工具人，那是舊人類的顯著特徵。人們發明智慧人就是來取代單純工具人的。這樣發展下去，只是工具性的人類就成為社會的多餘了，那種境遇的人類也是十分痛苦煩惱不堪的。想像一下，人類的大多數沒有工作可幹，整日無所事事，遊手好閒，大腦裡除了吃喝拉撒睡的本能以外什麼也不懂。這樣的人類正是只有單純教學而沒有教育的殘疾人。所以說，要想成為獨立自由自主的文明甚至成為新人類，沒有教育是不能想像的。教育的概念我們已經有所瞭解，當然對於教育的概念也有很複雜的解讀。但是說來說去，教育的本質理念還是萬變不離其宗——勸善和開智。離開了這個主旨，教育的內核就破碎了。教育的兩大功德至少要完成一大項，否則教育將是殘缺的。教學是教育的具體實施過程。比如前面說的例子，培訓一名美食廚師，或駕駛員，如果受教者接受了美食能為自利利他健康而學習烹調技術這樣的理念，那說明教育的元素已經含在其中了。駕駛技術及其他技能培訓亦複如是。所以說，教育與教學的關係也是不一不異。不一，表現在各自的獨立內容，不異，表現於共同的目的。五明智學的教育與教學正是體現了二者之間完整平衡的不一不異關係。

（4）根性教育

前面章節已經討論過"強調根性開發"和"根性與素質的關係"。對根性的概念已經過了比較詳盡的說明，也涉及到了根性教育的問題。但這裡我還要進一步強調解析根性教育的問題。根性開發與根性教育雖然不完全是一回事，但的確大同小異。這一節主要討論針對根性開發而實施的教育問題。我們已知善根慧根是人性的總根，也知道教育的兩大功能是勸善和開智。很明顯，根性與教育的內在本質是相應一致的，一點不矛盾。然而現有世俗教育系統顯然沒有特別針對受教者的根性，而實施教育手段或行為。即便有也非自覺。舉例世界上最先進的中小學教育和大學教育，雖然他們也是在從事開啟善慧根的教育活動，但教育者的主觀意識並非自覺地認知到了根性教育的焦點及使命。他們在教育上的注意焦點，還是著眼於樹幹及樹冠的部分，沒有清醒意識到樹根的栽培才是核心的核心。所以本小節仍然要強詞奪理不厭其煩地再嘮叨一遍根性教育的重要性。

（5）根性的教學實施

這一節，將討論對根性的教學實施。前面章節都有較多論及。但這裡還是要再次強調其重要性，以引起教育研究愛好者的留心。前一節說的是根性教育，這一節要討論針對根性的教學。我們也已知教育與教學的不一不異關係。

教學是需要具體實施方法的，主要體現在教學課程上。關於五明智學通識的課程我們已經說了很多。但我這裡還是強調一下針對善根和慧根所施行的教學原則和課程安排。

針對善根的教學課程主要依內明智學的通識課程。如，宗教學課程，倫理學道德學課程，佛學佛法課程，內觀課程，禪修課程，發心課程，懺悔及內省課程等等，這些主要是針對開啟善根的教學課程。

開啟慧根的教學課程，主要是通過五明之門的通識課程進行操作落實。這裡分兩步教學：一是，五明門分別各門的知識教學。二是，五明門彼此相連的通識課程交叉進行教學實施。具體的課程安排就不再列舉了。因為前面的章節都已完成。以上就是對根性的教學實施大致 解讀。通過此可以瞭解到，其實實施善根與慧根的教學並非很複雜的 事情。緊緊扣住上述的兩個步驟課程進行教學，就可以達到目的。

（6）平衡與中道

其實這一節也是重複的。平衡與中道的關係在前面 章節中已經舉證了三根筷子的案例闡明瞭五明智學及教育的平衡性原 理。中道的世間法意義，闡述的正是與平衡性之間的關係。這裡不包 括出世間法的中道義。這一節我主要想強調一下，平衡與中道是五明智學教育理論的立論基礎。離開了這個立論基礎，五明智學就會失根，隨之五明智學教育也會失根。這是它的本質特色。

教育者始終須牢記平衡與中道是五明智學的根本理念，也是其教育及教學實施的根本意識覺知。只有牢記該理念，五明智學才不會失根失色。所以請讀者們到此需再回顧領悟一下前面章節描述的"三根筷子的平衡原理事例"，這個即是中道義理的世間法原則。

5、五明智學的師資與學生

（1）什麼人可成為五明智學師資？

這一節相當重要，因為要談論 具體的師資問題。師資也是任何教育和教學最現實的具體問題。由於五明智學教育是一種全新的教育教學模式，所以現有的師資不能立即接受這種新教學模式。因為與他們原有的即使再新的教學模式也是差異性很大。換句話說，現有再強大的師資，不通過特別培訓都是不可能勝任五明智學教學工作的。什麼人可以成為五明智學教育所需的師資？我現在列舉一下可選的條件：

A 熱愛教育事業，並對教育懷有遠大理想抱負者，特別是對於教育的神聖主題有深刻認知者。

B 認同五明智學，並認同五明智學教育理念及理論基礎。

C 願意並熱愛從事五明智學教育的工作內容。

D 願意接受五明智學教育的培訓。

F 具備五明門其中一門的知識或通識內容。如：語言學，表演學，作文學，主播學等有關語言門類的廣泛知識和技能。對科學技術有專長善於動手及動手能力很強的人。對廣泛職業瞭解並有實際經驗者。在自然醫學方面有專長的人，包括醫師非醫師，瞭解中醫藥理論及西醫理論，並熟悉自然療法手段者，如按摩技術拍打技術點穴技術針灸技術及物理療法技術等等。對一般語言類形式邏輯課程和辯證邏輯課程熟悉者，對哲學有濃厚興趣者並有一定知識經驗者。對禪修冥想有興趣愛好者，對宗教哲學有特別興趣者，對倫理學佛學佛法有興趣者，等等。如上人才都可成為五明智學的備選師資。

G 願意全身心投入到五明智學教育者。

H 身心健康者持積極心態對待生活對待工作者。

符合以上條件者都可成為五明智學的師資人選。

什麼人可成為五明智學教育的受教對象學生呢？這個應該不是問題。任何年齡段的小中大學學生都可成為該教育的學生。基本沒有限制。任何成年以後願意接受學校以外的教育者都可成為學生。任何願意接受職業教育的成年人都可以成為學生。任何老年人只要認同願意接受五明智學教育者也可成為學生。

也就是說，成為五明智學教育的學生基本沒有限制。這是由於它極廣大的普適性及普世性所決定的。也可以說，五明智學教育可成為全民的教育。任何人都可成為學生。

（2）五明的教學師資與學生的關係

現在我們來討論五明的教學師資與學生的關係。五明智學的師資與學生的關係還有什麼特殊性嗎？是的，和普通學校裡的老師與學生的關係有共同之處，但也有不同之處。我這裡只描述一下二者之間不共的關係。五明智學師資與學生不同於一般學校裡的師生關係是——平等互動，也就是說老師不能總是教育者的角色，而是學生們的一員，他只是一個引導者角色，而教學進入了正常以後，引導者可能會由學生來輪流擔當。也就是說，教師角色相對弱化了，甚至化為學生的一員。這樣一種師生的關係，能大大增強學生的主動性和精進的學習態度，想偷懶都不可得，教師偷懶也不可得。就如同部隊中的班長與班組成員的關係有些類似。而且班長是輪流制的，每個學生都有鍛煉組織能力的機會。這樣的師生關係氛圍，非常有利於學生的善智根，得以充分開啟，毫無限制。用孔子的話說："教學相長"。教學相長的環境，才可能有自由教育的局面，乃至出現快樂團隊個性化平衡的氛圍。這是理想化的教學氛圍，使學生和教師都求之不得。這種相互成長友愛的師生關係，可以充分發揮每個學生的創造性天賦。能保持每一種課程的教學都是飽滿的，能發揮出最大效應。

在這種和諧積極的師生關係照耀下，相信五明的各個門類的智慧都能很順利地等流出每個學生的心門，使他們的各個自然天賦都能得以發揚，彰顯無礙。聲明智學可以讓學生們的語言天賦得到充分顯現，工巧明智學可以讓學生們的心靈手巧天賦得以施展，醫方明智學可以使學生們成為自己和他人及自家的健康諮詢者和醫生。因明智學使學生們成為邏輯科學思維哲思能力很強的充滿理性同時具創造意識直覺力的人。內明智學可使每個學生具道德感很強，敏銳識別真偽善惡的人，擇善而從的人，世間智飽滿同時也具一定出世間智的人。總之，這樣一種全面發展的新人類只有在如上和諧快樂健康的師生關係中才可能完成。

（3）五明智學的學生對象

前面已經說過，五明智學的學生對象沒有限制。但讀者還是希望會具體描述一下哪些人群適合於接受五明智學教育的學生。

我們先從年齡段開始說起。就廣泛度來說，其實學齡前的孩童也可接受五明智學的最為初級課程教學。即從幼稚園入託的年齡就可以接受。然後就是從入小學一年級開始接受五明智學課程教導，一直到小學畢業都可不間斷學習。一般來說，從小學一年級直到六年級，12歲左右，五明智學的課程類別都是相同的，只不過有深淺之別。但這種深淺之別不很明顯，不像世俗教育中的小學那樣，每一年級都有不同層次的學習階梯。五明智學的教學不是那樣嚴格分級別的。因為五明的教學實踐課程遠多於書本知識性理解的課程。就好比教授一個小孩與一個成年人駕駛汽車技術，技術動作都是一樣的教法，不可能教一名未成年的孩子與教授一個30歲以上的人技術動作上有什麼不同。

中學階段的五明智學教學課程基本上沒有了層次的分別。即從七年級到十二年級或十三年級的課程內容基本一致。因為五明智學還有個特點，從哪一門學起都不受限制，從哪一段課程進入學習也不受限制，它沒有階段性。你可以從聲明門學起，也可以從工巧明門而入，又可以從醫方明門進入，以此類推。不受限制是由於五明課程的特點 和教學目標決定的。五明智學的目標是開啟善根和慧根，所以不受限 制從哪門而入。五明智學是一個加法的過程，學多少，得多少，而且 基本上不會遺忘。就如學習駕駛技術一樣，基本動作要領不會遺忘。

當然了，語言的學習有特殊性，需要反復的記憶。除了單詞以外，其他語言的技巧應用一般不會被遺忘。

應該特別強調，五明智學的學習黃金時期即是中學階段。這個階段，如果施予五明智學的訓練和學習，基本上可以最有效開啟善根和慧根。為他們上大學打下了極為優良的基礎。有的人甚至到了大學階段，很輕鬆的就能成為學霸，乃至有發明創造成果。成為大學的驕傲。

大學階段的五明智學教育也是必須的，當然如果有人在中學階段接受過五明智學教育，他可以不參與學習。不過重複學習該課程會效果更好。比如，他可以選學某一個課程，如，內明，因明，醫方明，聲明，工巧明等課程。大學一二年級是通識教育的關鍵期，五明智學的特點，正是通識特性很強的課程。在此階段如果能嵌入五明智學教學課程，能使學生久違的靈感智慧之門突然開啟。高速有效地長養和促生學生的學術能力和研發能力，以及他們適應社會的組織能力等。學生們的善德也會得以有效長養。

當然了，其實整個大學階段包括研究生階段甚至博士生階段，都可隨機嵌入五明智學的學習，對學生來說都不失為開啟善根與慧根的極有利學習機緣。錯過了學習五明智學的機會，對學生的未來實在是一件極大的憾事！

下面我來討論學校以外的五明智學學習，誰能成為學生。應該說都可以，不受限制。脫開了學校的黃金時期學習五明智學，仍然可以對個人成長產生巨大受益。比如，在職業教育中，企業公司培訓中等，除了本企業的專業培訓以外，都可以嵌入五明智學的學習培訓課程。各公司職業專業培訓一般是短期的，而五明智學可以長期培訓，甚至企業主和員工都可參與。對提高公司的管理效益降低成本，開啟員工的積極性，勞資雙方的和諧關係，應對同行業的激烈競爭等，都有不可思議的正向作用力。

社區教育也是一個很重要的環節，五明智學教育仍然能發揮其很強的良性作用力。學生對象主要是社區內的退休中老年人員，學生的課外補習班學習，獨立自由職業者，家庭主婦，公務員，上班族，等等人群都可成為五明智學的學生對象。五明智學對社區的個人成長及和諧的人際關係等，都有相當大的增上緣正向主導力。社區教育的範圍是最為廣泛而零散的大社會課堂。五明智學較比其他任何教育形式都更能勝任社區教育的職能。而且社區人群也最適合接受這種對他們身心具足實用價值的最能受益的五明智學課程。

另有一塊更為開放廣大的線上課堂，也是五明智學教育學生來源的 廣闊天地。線上課堂的學生來源於全地球人，只要懂英語者都可進入課堂學習。當然華人的比重也是很大的。也就是說，究竟來說，全球七十億人口都可成為五明智學教育線上課堂的學生。

以上的描述，足以看到可接受五明智學教育的學生量是非常非常 龐大的。從市場學的觀點來看，五明智學的學生量世界第 一，非他莫屬。

（4）五明智學與自我教育（自己是自己的老師和學生）

這一節我們來討論一下，五明智學的自我教育問題。人群中總有極少數特別聰明的喜歡獨立的人。他們的觀察力極為敏銳，他們的自學能力也是超強，往往不需要人教，就能無師自通。五明智學也為這種人的學習提供了可能性。所以本書的出世也為有自學能力超強的人，提供了教科書一般的價值。有人一定會懷疑，僅讀此書能獨自學會五明智學嘛？

回答是可能性是有的。因為此書已經把五明智學的結構組成及功能作用以及教學方法還有具體課程等都論說得基本清楚了。如果你足夠聰明，慧根足夠強大，自學能力又超強，你完全可以學成一位五明智學的專家，甚至可成為這方面的導師。還有一個重要前提，即你必需對五明智學及教育有強烈的興趣和足夠精進的學習態度，並有強大的野心和使命感——願意將此珍寶貢獻給社會廣大眾生。

6、五明智學的必需課程安排

這一節我們要著重討論五明智學教育具體課程安排。這是此書關鍵的部位，注意全是乾貨。

前面章節關於五明智學通識的題目中，已經羅列了五明智學的基本課程表。這一節我不準備再羅列一遍，但我要把這些課程安排的理由稍加做一些說明，以便讀者更能深入清晰瞭解五明智學的內涵。

我們現在開始分別來說明五明智學課程的安排理念如下：還是先從聲明智學開始：它的基本部分課程是這樣的：

（1）聲明智學所涉及的知識和技能

語言修辭學——修辭學應是一門古老的學問，它是語言學習的基礎知識，當然它也包含對外國語的學習。修辭學是任何語種的基礎之基礎。如果一位元語言大師不懂母語或他國語種的修辭學，他的語文水準是靠不住的。不管是漢語言，還是英語法語德語西班牙語阿拉伯語等等都如是。

修辭學還是一門專研究修辭的學問，所謂修辭是加強言辭或文句效果的藝術手法。注意，這裡用藝術來表達修辭學，說明修辭學與語言美產生了關係。既然修辭學與語言美發生了關係，就一定和詞格（修辭方法）、語境、語體有關、言語風格等。修辭學其實就是修飾語言　美的學問。古代第一位專門的修辭學家即是亞裡斯多德。　他留下了《修辭學》一書，是亞理斯多德的重要代表作。書中他提出了諸如演　說者當尊重事實與真理，論證要言之成理，合乎邏輯等一系列有深遠意義的原則。此書對後來的歐洲文藝理論有重要影響。實際上亞裡斯多德的《修辭學》是一部很全面的關於如何運用語言的專著。

當然古希臘的修辭學成就了古希臘文明特色的演講辯論藝術，同時也成就了古希臘的詩劇，特別是古希臘悲劇——三大悲劇埃斯庫羅斯的《被縛的普羅米修士》、索福克勒斯的《俄狄浦斯王》和歐裡庇得斯的《美狄亞》。這些悲劇作品也是修辭學上的典範作品。對後來的英國文學巨豪莎士比亞的戲劇產生了很大影響。

中國古代雖然沒有修辭學方面的理論專著，但講究修辭在漢語言歷史上與古希臘文明並駕齊驅。如《詩經》｛見注釋：❶｝，即是相當講究修辭的古代第一部文學巨著。裡面的詩句正是漢語言講究修辭美的大作。以致今人都難以超越。除了《詩經》以外，上古時代著作中的《論語》《尚書》《道德經》《大學》《孟子》《左轉》｛見注釋：｝等都具有相當高水準的修辭手法古代大作。最令人自信的關於修辭學大作莫過於中國古代南朝時期劉勰的《文心雕龍》｛見注釋：❷｝，這是一部關於文學理論及評論方法的巨作。內容不僅僅囊括修辭學，還充分討論了文學的語言、文風、美學等等論題。中國修辭學及文學理論成就了燦爛的漢語言古代文學系列之長河。

修辭學對於文學的貢獻碩大成就是說不完的。不管是西方各語種的文學巨作還是中國的文學長河，都是不能離開的極其重要的語言工具。所以我們把修辭學放在聲明智學的首位是有充足道理的。當然修辭學的重點還是落在書面語言，但是它對口頭語言也很重要。古希臘的修辭學成就了他們的辯論術。中國戰國時期，修辭藝術同樣成就了各國的策士階層｛見注釋：❸｝。所以說修辭學無論書面語還是口述語都非常重要。尤其是現代社會的書面語與口述語，表達量基本相當。

语言詞源及組詞結構學———一般作為語言的內部結構（字身）是最小語言單位。漢語是單字，英語是單詞。每種語言基本單位都少不了詞源、詞根、詞綴及組詞結構方式。

漢語同樣遵從此規則。漢語與其他語言最大區別是，漢語是象形表意系統文字，而其他語言多為表音系統文字。漢字的筆劃結構正與其他語種如英語的詞根詞綴結構類似相應。這是創造新詞彙的基礎，語言的發展是必須不斷創造新詞彙的過程。每一世代的語言特徵表達方式都有很大區別。所以瞭解語言詞源及組詞結構知識，對於創造使用新語言具有很大說明。我這裡只能最簡單的說明一下。語言學的知識也是非常之深，難以見底。它是聲明智學的基本通識之一，必須瞭解。

音韻學及發聲技術———顯然這是針對口述語而言的方法和技巧。每一種語言，不管是漢語英語德語法語西班牙語阿拉伯語還是其他民族語言，都有各自的音韻美學規則。如漢語的四聲法，英語輕重音長短音高低起伏音等，法語捲舌音潺潺流水音等，都有其音律的節奏規則，符合了這些規則，發出的語言的音韻就是好聽的，美的，反之不相應者，就是不好聽的不具美感的語音。這是各語種的語言大師們約定俗成的規則，後人們只得傳承於此，不得輕易改動。但在各民族語種的發展歷史中，音韻規則有無改變？當然會有，不過這是隨著語言的內部變化及語境的變化而約定俗成新的發音。如，現在中國人的白話文與古代的文言文就有很大差異，語音變化也是很多的。現在人聽聞唐音的《心經》念誦，基本上聽不懂。英語也如是，現代的英語發音與莎莎比亞之前時代人說的英語也大不一樣。所以，語言是個活性的生命體，也在與時俱進，不斷流變中。音韻美學標準也是與時俱進在流變中。同理，各種語言的發聲技術也在流變中。

音韻學與發聲技術同修辭學一樣，也是潤飾語音的技巧手法，目的是讓發聲更有吸引力和美感，以打動聽眾。這是聲明智學所要追求的目標。這種技巧的內容主要包含——語音的準確性，聲音的節奏感，流利感，抑揚高低音感，輕重音有致感，音色的感染力，音質的隨機變化，情感含量多寡等等，皆是聲明智學課程訓練的關注點。

表演學演說學及技巧——下面說說表演學演說學及其技巧的內容。有人會問，表演學與口述語言有何關係，我們一般人之間做交流時，用不著需要表演呀？是的，平時的人們彼此語言交流時的確用不著表演技巧在裡面。但是人在做主持，主播，開大會，演講時等活動就需要一些手舞足蹈的表演技巧了，特別是手勢的動作更為凸顯和常見。如果主講人一點不懂得表演學的知識和技巧，僅憑藉自然的手勢動作，就可能不夠和諧有序，甚至可能出現動作混亂給觀眾的感受，這樣會影響主講人的口述語言的效果，尤其降低語言的感染力。所以，聲明智學需要這方面的技術培訓。

因明邏輯學——我們已知因明邏輯思維主要是通過語言的形式而顯現宣示出來的，沒有語言的表達，因明邏輯思維是不可能得以顯現的。就這個層面看，語言是因明邏輯思維的顯示器一點也不過分。試想，我們操作的臺式電腦和筆記型電腦，如果沒有顯示器會是什麼情景？

所以說，因明邏輯學應是語言學的必修課。亞裡斯多德的《修辭學》即是包含邏輯修飾的內容。不合乎邏輯的語言，言說的聲音音色節奏感抑揚頓挫感再有美感，表演的技術再是高超，再吸引人也是白搭，都會遭到聽眾的唾棄甚至詛咒。除非他是專來聽受聲音美的觀眾，就如欣賞音樂會一樣。所以說聲明智學是不可能脫離因明智學的輔佐。寫作學技巧——寫作技巧是聲明智學書面語的極重要組成部分。寫文章的優劣，直接關係到聲明智學的學習水準。如果文章做的不夠出彩，會很影響人的各種能力表現。因為諸多職業都需要書面語的寫作功力和技巧的運用。不然就很難吸引關注度。如往來信件，撰寫商業 計畫，工作報告，調查報告，文學創作，戲劇創作，詩歌創作，歌曲 創作，電影創作，產品說明書，學術論文著作，等等。都需要書面語 的寫作。所以就需要各種文體的寫作技巧訓練。聲明智學的目標是，使受訓者達到高水準的寫作技巧，而非滿足一般性的寫作水準。一般性的寫作能力，交給學校的普通語文老師就足以了。

身體語言表達學——有人會問，身體語言還需要培訓？前面的表演學已經能解決了，為何還要畫蛇添足？不，身體語言與表演學還不是 一回事。身體語言基本屬於私人領地的交流技巧，而表演技巧主要是演 給公眾場合看的。所以它們的技巧內容有很多差異。比如，在私人交 流中或社交活動中，一個微笑，一個冷眼，平視，一個真誠的擁抱， 拍肩，作揖，鞠躬，蹲下，直立挺胸等等身體姿態，都表達了特別的 用意。這些內容，是聲明智學不可缺失的培訓課程。這些課程的目標是，增長學生的社交能力，交流能力，融入人群的能力，親和人際關係能力，組織能力等等能力。這些能力是社會中必須具足的。

歌唱音樂學——可能有人會更感到奇怪，聲明智學為何還要學習歌唱及音樂學。我來說理由。歌唱有三大功能：一是能抒發胸臆，情緒疏解，活躍血脈，提升氣力，二是能鍛煉嗓音訓練科學用氣科學發聲，使聲音更具音樂感，對演講藝術及公眾前發表言論，更有其魅力增上緣的作用力。三是能增長眾人面前的膽量。此三大功能都對口述語言有助緣作用。所以歌唱音樂學也是聲明智學不可缺失的課程。

內明學技術應用——這是聲明智學的高級階段課程，聲明門之所以被稱為智學，正是由於內明智學的臨在覺察技術的應用，才得以配之為智學。否則聲明也只能算作知學而已。將內明的臨在觀照或覺察技術，應用於語言技術，難度是很大的，需要特別下功夫才能實現目標。但是如果前面聲明的基礎課程沒完成，這一課程是不能運作的，否則會適得其反。這是聲明智學的高級階段，達到目標，會使得受教者可能成為有聲語言的大師。當然這一課程主要是應用於口述語言，書面語是不怎麼需要的。

（2）工巧明智學所涉及的知識和技能：

機械物理結構學及設計組裝拆除技巧應用——不用說工巧明智學的學習方法主要以實踐操作課為主。而以知識性記憶課程為輔。我們已知，工巧明智學所涉及的應用範圍非常廣泛，主要是因為所涉及的未來職業選擇行業實在太寬泛了。我們先從機械物理學及設計組裝拆除技巧開始。為什麼先從這裡開始？為何不從最時髦的電腦智慧手機開始？其實電腦手機難道不是一種機械裝置嗎？機械物理裝置是我們日常生活最常見的物件，所以也是學習工巧明最方便入門的課程。物理 機械裝置的物體簡直太多了。從家用電器家居物品開始——洗衣機、電視機、電腦、音響設備、空調器、取暖設備、建築結構、各種傢俱 等等，其實都是機械裝置。只要是機械裝置的物品，都是由各部件組合起來的整體特徵。所以也都是可以拆裝的。拆裝零部件，是機械裝置的基本功，這種訓練是必須的，熟能生巧後，幾乎任何一種複雜的 機械裝置，都能在心靈手巧者中被降伏。這就是此課程所要達成的目標。

算數數學口訣技巧——算數數學口訣技巧應屬於快速記憶法，也是工巧明智學必須的。比如：乘法口訣，心算技巧，加減乘除混合運算口訣，一般計算公式和定理的靈活運用等都屬於工巧明不可缺失的課程。

對於一個未來的工程師，熟悉一般的數學算數口訣是非常有實用價值的。工程師在現場處理技術問題，往往都是零碎的，而恰恰這些問題的解決很多需要用上這些口訣技巧。所以這一門課程必不可少。

音樂學及作曲——我們已知音樂及作曲學，也是工巧明智學的一個種類。這也是必須的知識和技巧。我們知道，世界上那些一流的偉大的歌唱家音樂家等，幾乎都是自己編曲自己演唱自己演奏樂器。如，麥克爾傑克遜就是典型的一位。還有第一位獲得音樂諾貝爾文學獎得主美國的著名搖滾樂歌手鮑勃狄倫，中國的刀郎和崔健歌手也如是。所以這種技能應該被工巧明智學學生掌握。從而增大未來職業選擇的寬度。

美術學技巧——美術學技巧作為工巧明智學的課程，非常具普遍性。無論是藝術行業還是電腦或工業產品設計等方面，都離不開畫圖的技法。這是心靈手巧的很重要的組成部分，即便是現在普遍利用軟體畫圖，但如果有美術畫圖技巧，也會比不能畫圖者方便很多。所以這個技巧是必須學習的課程。

農業種植技術——農業是工巧明智學的大基本盤之一。種植糧食蔬菜水果技藝是人謀生的極重要職業。如果對農藝有一定技術和知識，對學生未來無論到哪無論處在什麼樣生存惡劣的環境。都會有相應手段對付並擺脫生存的危機。特別是處於鄉村的環境更如此。對學生來說，去農田參加農作物生產製作觀摩及實際勞動課，是個非常殊勝有趣的活動。

各種體育運動學技巧——各種體育運動學技巧不但對身心健康大有益處，而且更能增長心靈手巧的強度，使得手腳並用的靈敏度增強。提高生存的技巧。並且還能增上緣社交人際關係。如，加入某個球類的俱樂部，就可增大某社交圈。對生活能力更有幫助。

表演學技術——表演學藝術在聲明智學課程中已經提到。但此表演藝術是針對藝術類的表演，如戲劇，電影等。以增長受教者未來的 就業寬度。特別是有某種藝術天賦的學生，未來的職業選擇面會大大增強。電腦應用操作技術——電腦應用操作技術就更是工巧明智學的必修課程了。該課程的範圍包括，一般電腦系統的軟體操作（辦公軟體，畫圖軟體，多媒體軟體，設計軟體，編輯軟體，人工智慧軟體等等），軟體的程式設計基本技術也是必須的課程，電腦的一般性維護維修，也是工巧明不可缺失的技術。包括硬體維護維修等。

遊戲機及軟體操作技巧——不要小瞧了這門課程，以為這種課程就是娛樂性的，學不學兩可。這是不正確的認知。遊戲娛樂是未來人類很重要的一種陶冶情操的遊戲。這一陣地工巧明智學必需佔據。

因為遊戲也是寓教於樂的非常具普適性的活動。所以它具有兩面性：有精神營養的遊戲一方面提高人的情操，還能有愉悅感；營養不良的遊戲有可能增長人的貪嗔癡慢疑等方面的惡業。所以工巧明智學學生必需熟悉掌握遊戲軟體的開發製作過程，能開啟自身的善德和內在智慧，能創造製作出上好的遊戲軟體。

建築結構學及建築工地觀摩勞動課——建築類課程也是工巧明智學必須的課程，這種課程包括建築結構畫圖和外觀效果圖製作，建築材料的識別用途及環保性等知識必需熟悉，房屋裝修材料的性能、用途、環保性等知識都是必須瞭解的。建築工地觀摩並參加實際勞動課，是很好的實踐機會，各種工廠及工作室觀摩實踐。

各種小型工藝美術手工製作技藝等——這種課程比較龐雜廣泛，大致包括：手工藝品的設計加工製作過程，如：珠寶類，首飾類，頭飾服裝裝飾品類，玻璃工藝製品等，服裝設計製作加工工藝，鞋帽類等加工製作流程等。學習這類課程也是為學生未來增大就業面寬度打基礎。

電氣工程及家電類產品生產工藝流程——這種課程也是工巧明智學的範疇。這種課程不但可以增長學生的未來就業寬度，還能對未來家庭電器維修裝修工程等都有很好的幫助。

內明的臨在觀照技術——此課程與聲明智學的內明觀照技巧是一樣的，在這裡就不再多做解釋。

以上其實只是工巧明智學課程的基本部分，還有很多的課程沒有列出。比如園藝種植栽培技能等，都是很有實用價值的課程。可以相信，學生通過學習完成如上工巧明智學課程，他們的身心能量自信自豪感都能得到大幅提升。因為差不多使他們變成了全能的社會人。對他們的未來意義非常重大。

（3）醫方明所涉及課程：

醫方明所涉及知識和技能有：自然醫學中簡明智慧醫學思想理論基礎應用——關於智慧醫學理論課程是學生的必修課。必需懂得自然療法的內涵與自然療法的區別，必須懂得治病養病的健康的基本理則。了知中醫藥原理的本質內涵，了知西醫理論的本質內涵。以及醫學史課程等。

加減乘除究竟康復法（健康定理）應用——這方面課程包括四個方面：加法，減法，乘法，除法。四大法則中的**加法**：主要關乎營養學藥物學課程及其他輔助課程。

減法：課程主要涉及排毒原理及排毒流程的操作課程。

乘法：課程主要涉及改善人體交通環境，讓脈絡血氣暢通無阻，實現身體功能最佳化。如，物理療法，針灸療法，推拿按摩拍打療法，放血療法。體育舞蹈療法，太極拳療法等。

除法：主要包括心理諮詢療法。情緒疏泄療法。念咒療法。禪療法。笑療法。動態靜心療法。呼吸療法。

樂療法。催眠療法。旅遊 娛樂療法。辟穀療法。情緒調治技術課程等等。

西醫學常識及歷史學——生理解剖學課程與病理解剖學課程。基因基礎課程，生物細胞基礎課程，西醫發展簡史。

中醫學基本知識及療法常用技術及歷史——《黃帝內經》基本理論課程。中醫的圓運動科學原理課程。重要中醫典籍的基本原理課程。中醫的診斷學課程。中醫的手動療法及工具課程。

中草藥學基本常識——中藥方的組成原理課程。各類草藥的藥性，氣味，功能，副作用等課程。

食物學常識——藥食同源理論課程。各種食物的成分學課程。食物組方原理。食物的相合相沖原理。

植物學常識——各種醫藥植物學基本常識課程。植物學的簡單化學化工原理。

健身學技術——這種課程主要是學習各種健身器材及練習方式對身體健康的功能及美體功能。

呼吸調節技巧——呼吸技術課程對醫方明智學來說，是很重要的課程之一。此課程主要以實操為主。呼吸技術與內觀技術相合的課程。中西醫急救學技術——此課程的實用性顯而易見。主要針對突發病需要急救的各類課程。主要是心腦血管疾病的救急課程，口中突然噎塞異物嚴重障礙呼吸的急救課程，等等。

正脊學及技術——正脊是一門非常殊勝的自然療法。正脊的科學原理課程，正脊的各種手法課程。

體育運動療法技術——這類課程涉及的運動項目很多，範圍很寬，但此類課程的原則是針對疾病選擇對治的體育運動項目，而非如工巧明課程那樣，為更好的學習運動技藝。這些體育項目都有某種特殊性。內明調理身心對治疾病技術等——該課程與前二明的內明智學課程不一樣，主要對應某些疾病的對治而選擇。

以上是醫方明智學的基本部分課程，相信學生學完如上課程後，會在醫學醫療專業通識上有長足的進步，並能與專業醫師媲美。尤其是能與全科醫師媲美。

（4）因明所涉及的通識課程：

形式邏輯學——形式邏輯學是最基本的思維工具，也是科學性的思維工具。此邏輯學早在古希臘時期亞裡斯多德就已創建，於是西方人的思維基因內，並不缺少形式邏輯思維能力。所以古希臘時期，雅典人已經具備了科學思維和科學研究的能力。所以，我們的因明智學課程也是從亞裡斯多德的原始形式邏輯學開始學習。其實亞裡斯多德的形式邏輯直到今日，都沒什麼太大創新，都在普遍使用三段論，概念的內涵與外延，反證法，歸謬法，矛盾律，分析法，綜合法等等這些老套的邏輯思維方式，而且一點不落後。許多偉大的科學發現發明創新都是熟練應用了這些簡單的邏輯方法而獲得成功的。並非想像的那麼複雜。所以形式邏輯是比量思維最可靠的工具。當然，現代邏輯課程較比亞裡斯多德的古典邏輯充滿了豐富性。雖然基礎沒變，但是有很多豐富的創新，都需認真學習。

辯證邏輯學——辯證邏輯學也可稱為隨緣方便邏輯學，或二元邏輯。這種邏輯學與形式邏輯學有不少區別。形式邏輯學基本路線是直線式推進的，不管多麼複雜，只要沿著正確的方向和步驟，一步一步都能推導到終點。而辯證邏輯路線不一樣，它可能沿曲線推進，或沿直線推進，或原地不動，或一步到位等等。其靈活性較比形式邏輯更強。辯證邏輯的基本元素是二元法。所以東方文化裡辯證邏輯比西方的主旨形式邏輯思維運用的更多些。所以有人說，東方人沒創造出現代科學及工業化文明，與不擅長形式邏輯思維有直接關係。此說法有一定道理。

修辭學及推理學技術——修辭學在聲明智學課程中已經具備，因明智學基本與之同理。推理技術是需要專門來學習的課程。此課程的目標是：訓練學生的推理能力：要麼推理出正確無漏的結論，要麼推理出論題的錯謬。這門技術是非常有實用價值的。推理學課程主要是要求學生做大量的推理性習題。即邏輯實戰為主。

古典現代各派哲學思想辨析——此門課程很重要，重點是從邏輯學角度學習各派的哲學思維方式。從而判斷各派哲學思想體系的邏輯漏洞或邏輯優勢。如，學習英國古典大師法蘭西斯・培根的系列著作《新 工具論》等著作，對於涵養縝密精巧的邏輯思維能力非常有幫助。東方哲學思想（中國印度佛學及吠陀哲學等）與西方哲學思想（整個歐洲及美國的哲學流派思想）。

數學幾何證明技巧——這一課程主要是採納中學階段的幾何學習題作為訓練學生的邏輯思維能力。

現代數理邏輯學——主要瞭解以哥德爾為主的數理邏輯學思想《數論的基礎》。訓練學生利用數學模型或符號表達邏輯思維的能力。

假想創意學技術——這種課程應是綜合邏輯思維能力的實戰課程。主要目標：訓練提升學生的符合邏輯關係的假想能力和創意能力。

演講辯論技術實踐——此課程與聲明智學的演講訓練課程大同小異。辯論的雙方主要是依應用邏輯思維而進行操作。互相依邏輯學思維駁倒對方。評判標準也依據是否符合邏輯而判定。

倫理價值邏輯學——此課程主要依邏輯思維關係而判定倫理的善惡是非曲直與否。東方倫理學課程。西方倫理學課程。

直覺力邏輯技巧訓練——此課程主要是實戰課程。訓練學生的直覺判斷能力，即直接推理能力，也是從初始點，直接跨越到終點的推理能力。

佛學邏輯比量思維辨析——此課程主要是學習佛法經典著作中關於邏輯思維的部分。佛學經典和論著，無論在形式邏輯和辯證邏輯都沒有漏處，所以學習佛法經典是培植學生邏輯思維正確性的有利根據。內明臨在觀照技術應用——此課程與上述三明課程基本一致。主要目標是訓練學生的直覺邏輯能力。

（5）內明所涉及課程和技能：

宗教比較學——這門課程主要學習世界幾大宗教的知識核心，如：基督教聖經（舊約與新約）及歷史。《古蘭經》核心經義及歷史。佛教歷史及部分經典。印度教核心法義及歷史。薩滿教核心經義及歷史。佛法唯識學及唯識心理學——主要學習課程《百法明門論》。《成唯識論》。唯識學與心理學的關係學課程。

禪學禪修的技術——禪學理論課程。禪修實操課程訓練。

善惡法辨析學——主要學習東方倫理學與西方倫理學的比教學。佛法對善惡的辨析學。

部分佛學經典——《十善業經》《金剛經》《心經》《阿含經》選讀，《無量義經》《維摩詰經》《大方廣如來藏經》等。

宇宙哲學中的自性學——科學宇宙觀課程，各種哲學宇宙觀課程。自性概念詳解課程。佛學宇宙觀課程。

世間出世間法學——世間法詳解課程。出世間法詳解課程。

內觀學技術與外觀學技術——觀察內心的方法學及訓練技術課程。觀察外境的方法學及訓練技術課程。

覺察技巧應用——此課程分兩部分：一是靜止的覺察應用技術。二是動態覺察技術應用訓練。

佛咒語應用——主要學習兩種類型咒語：一是驅魔消業障的咒語。二是增福德的咒語。正念冥想技術——此技術主要是在靜中的觀想技術。觀想的內容必需是善念，清淨念，菩提念，四無量心念，空性念，等等。主要目的是提高學生的正心力。

解脫生死究竟法學——此課程為出世間法課程，以佛學為主，包括小乘法和大乘法{見注釋：❹}的詳解課程。

綜上所述，即是五明智學教學課程體系的大體內容。

這些課程可根據不同年齡不同根性不同文化傳統等人群，均會隨機緣做出具體課程內容的調整，但原則性內容是不變的，以方便受教者最為適化最大化的受益。

值得注意的是，對於師資的培訓課程，如上教程內容一個也不能少。而且評分標準必需統一，以確保師資的高品質水準。通過如上課程達到合格的師資，相信他們能夠教授出高品質學生的，不管他教授何種科目的課程（中小學教師、大學教授等，教文科也好，理工科也好等，），都可在各自所教科目上達成高品質成就。當然，他們如果按五明智學開立的課程，去從事其專業的教學，應該更是得心應手。可以判斷，無論是師資或是學生，未成年人或成年人，如能通過上述課程的學習和實踐，都可成就一個相對完美的新人類人格心智及潛能開發塑造的必須元素。從而成就每個人的完美人生，乃至成就整個美好世界。

7、五明智學教育與其他教育理論的比較

（1）理論上比較——西方古典與現代教育理論的局限性（古典理性主義教育，人本主義教育，自由人權主義教育，自然主義教育，存在主義教育，結構主義教育，新行為主義教育，建構主義教育，合作學習教育理論，後現代主義教育，多元智慧教育，等系列理論。這些差不多就是整個西方教育理論從古典時期到今日的展現。這些教育理論在本書的序言中已經展示了一部分，這裡也不再進一步展開來論述。我只想在理論的核心點上做一下比較。以便讀者從本質上認清五明智學教育理論基礎與西方教育理論基礎的不相共點。

從上可知，西方教育理念的基礎是隨歷史發展而變化的，每一歷史階段，教育內容的主題就要隨之有所變化，甚至完全更新。比如，最早的教育理念是本著理性主義原則，特別是古希臘時期的教育理念是建築在這個基礎上。近代的存在主義教育理念又有了大的改變——強調了個性化的傾向。後現代主義思潮與之前的歷史階段的教育理念又很不一樣了。

我現在重點來討論一下最新的美國教育家心理學家提出的多元智慧主義教育理念，與五明智學教育理念有不少相似之處。這兩者的比較是很有意義的一件事。因為多元智慧主義教育理念是目前西方各教育理論中最具全面性、先進性及普適性的。

霍華德·加德納於1983年創建多元智力理論。他是美國著名心理學家也是教育家，多元智力理論的創始人。中國某些教育家認為，多元智力理論是對素質教育最好的詮釋。此話是有道理的。加德納的多元智力理論架構大致是這樣的：

①語言智力：處理詞和語言的能力。涉及人群——演說家、詩人，文學藝術家等

②數理邏輯智力：數學和邏輯推理、科學分析能力。涉及人群——科學家、數學家、物理學家、化學家等。

③音樂智力：感知並創造音調和旋律的能力。涉及人群：作曲家、指揮家、音樂家等

④空間智力：形成空間模式並運用操作該模式的能力。涉及人群——建築師、攝影師、畫家、雕塑家、裝修設計師等。

⑤身體運動智力：運用身體或其部分解決問題或製造產品。涉及人群——演員、運動員、各種能工巧匠等。

⑥內省智力：深入自己內心世界的能力。涉及人群——心理學家、神職人員、修行者等。

⑦人際智力：理解他人、處理人際關係。涉及人群——外交家、政治家、教師、公關人員、商業企業家、銷售人才等。

⑧自然智力：一種在自然世界裡辨別差異的能力。涉及人群——農夫、動物學家、植物學家、地質學家、地理學家等。

⑨存在智力：對人生和宇宙終極狀態的思考。涉及人群——哲學家、思想家、宗教學者、修行人等。

以上九種智力結構即是加德納的完整智力架構理論基礎，本著這樣的架構而實施教育，就能培養出全面發展的人才，或高素質的人才。

這種理論受到美國教育界的認同，並在實際教學中也正在全面落實。從前面章節的美國中學教育課程表可以看出，其背後的指導理論基礎應該是加德納的多元智力理論的支撐才會有。而其他歐洲的先進中學教學課程就不如美國的課程全面。

加德納1999年修訂了對智力的定義："智力是一種處理訊息的生理和心理潛能，這種潛能在某種文化背景之下，會被啟動以解決問題或是創造該文化所珍視的新產品。"

通過對加德納的多元智力理論我們可以觀察到，全球的世俗化教育教學理論水準，最高者非加德納理論莫屬。因為他的理論不僅有高度，更有實踐的可行性及操作的全面性。

我們還觀察到，迦納德的多元智力教育理論與我所創建的五明智學教育理論有不少相似性或共法，但也有不少差異。我們現在來做二者的比較：

加德納理論共九大元素，其中①語言智力、⑦人際智力與五明智學中的聲明智學為共法；③音樂智力、⑤身體運動智力、⑧自然智力與五明智學中工巧明智學為共法；②數理邏輯智力、⑨存在智力與五明智學中因明智學為共法；⑥內省智力與五明智學中內明智學為共法。

很顯然，五明智學已經完全包含了加德納的九種智力結構說，並且遠遠超越九種智力結構的範圍。加德納的理論主要對應於職業的選擇而搭配九種智力結構。而五明智學對職業沒有限定，而完全是出於對慧根的開發和落實。並不考慮未來職業的選項。因為未來職業的選項，只有學生走入社會隨緣即事了。由於學生的五明慧根和善根均已開發了出來，故五明門中哪種慧根開發的最為充分，他自然就會隨其選擇對應職業，或選擇多種職業。加德納的九種智力結構雖然比較全面，很遺憾，卻未注意到受教者善德的開啟和發展。只停留于智力的層面。他沒注意到對受教育者的善德的開發，實在是他的教育理論的一大缺憾。而五明智學中的內明智學，將善德之根的開發與智根的開發平衡等同。但是加德納關於智利的定義"智力是一種處理訊息的生理和心理潛能，這種潛能在某種文化背景之下，會被啟動以解決問題或是創造該文化所珍視的新產品。"卻無意中與五明智學中的內明智學關於內在智慧的解義有某種吻合。尤其是這句話："處理訊息的生理和心理的潛能"，與內明"知學"比較相類，但與內明智學不相同。因為內明"知學"的關注點主要在智力智慧的層面，即目的是成就所謂的世智辯聰——智力的靈活性和敏捷性，而就深刻性、抽象性及形而上學性卻不是關注點。

而內明智學的焦點則更關注於悟性的慧根層面——深刻性、抽象的形而上學性及普世性。

所以就慧根方面而言，加德納的注意點是智力而非智慧之根，而五明智學的落腳點是智慧之根而非表層的智力。雖然加德納已經注意到了智力的心理潛能層面，但對於內明智學的慧根而言，還只是它的表層。用前面章節的蘋果樹做比喻：加德納的注意焦點主要放在了蘋果樹的樹幹樹冠及果實可見的部位上，而五明智學的注意焦點則是落在了蘋果樹的樹根部位。兩者的注意焦點不同，設置的課程和教學方法也會不同。根據加德納的理論，教學上通識的廣度是有局限的，同時深度也會有局限性，教學的效果也會受到某種影響。而五明智學在通識的教學及課程上沒有設限，完全隨緣而通識。另，加德納的九種智力理論針對九種人群而設，而五明智學對於人群沒有設限，可針對任何人群。所以普適性可以囊括九種智力並有過之而無不及。

再有，五明智學教學將內明智學課程視為核心，而且滲入前四明的教學課程中，所以才具有智學的高度，而非智力的一般知學水準。

這是它們二者之間質的差異。加德納的多元智力教育理念是分開來教學的，課程應該沒有重疊，什麼就是什麼，不能互通有無。加德納的 ⑥內省智力主要是關於對人內心的認知層面，而並非主要是實際訓練 課程。即與禪修內觀技能情緒控制技術等，尤其是關乎佛法的出世間 法，基本是絕緣的。這個差異性是巨大的。教育效果也會體現出很大 差異。五明智學教育的目標是創造覺悟的新人類，而加德納的教育理 論目標是，培養舊人類中全面發展全面適應的人才。

（2）教學效果上的比較

五明智學教育與現有綜合教育理念支配下的教學效果的比較。目前還無法確證彼此之間的區別。但只能是理論上說的區別。因為畢竟五明智學教育體系還未實際走入世俗教育的課堂。雖然我有一些少的個例，但由於本國的條件所限，還不能做規模化的教學實驗。所以說，五明智學教育的效果也只能是理論上虛擬的比較。但這個比較是有一定意義的。符合科學邏輯性，只要實施就會很快顯現出來。從前面的論述來觀察，是可以判定出五明智學教育理論及教學課程與現有的教育理論教學及課程，教學效果上差異的可能性應是不小的，應該有質上的差別。因為兩者之間立論根據不同，教學方法不同，課程安排不同，教育目標設定更不同，教育效果也會不同。孰優孰劣只能由實踐來檢驗。

第四章 五明智學教育的實踐方法

1、五明智學教育在課堂教學中的應用

（1）既是講堂又是沙龍

這一新章節我們將探討一個新話題——五明智學都有哪些實踐的方法來進行實施教學。前面章節都已經詳細討論了其理論基礎，教學方法，教學課程安排等等事項。讀者一定關心這些課程如何在課堂內施行。

根據五明智學教學的要求，選擇學校內的課堂氣氛不應是教條化的，死板的，一言堂的，灌輸型的等等消極的教學模式和氛圍。我們選擇既是講堂又是沙龍的課堂氛圍作為主調性，比較適合五明智學的教學模式。

所謂講堂模式，即在教師的引導下啟發式教學，教師主導講解系列課程，主要是講解知識要點和傳授學習方法。此時可以是一言

堂的，因為教師畢竟比學生更熟悉課程內容的知識要點及難點，必需由教師詳解清楚。講堂模式也就僅此而已。

沙龍模式應該是課堂氛圍的主體。所謂沙龍，即學生與教師平等討論課程內容。就任何問題都可展開有序討論。討論的方式多姿多彩，可分成若干小組討論，也可全課堂集中討論。討論的課題可以由教師作判斷結論，也可以由學生們自己判斷結論。結論都不是唯一的，至少兩種結論或以上。沙龍的模式是很有創造性可發揮的很大餘地，實際教學情況要隨緣即事，這裡只拋出一些原則性問題，不可能面面俱到都能討論即位。

既是課堂又是沙龍模式益處在哪裡？應該很多。既可發揮教師的教學授課能力，又能最大限度發揮出學生對課程的參與度，興趣度，成就感，自由感，彼此平等友愛感，快樂感。這應是課堂最佳的氛圍了。這種課堂氛圍還有利於教師與學生的身心健康，積極正向情緒得到保持，負面情緒如厭學情緒得到抑制。這是任何學校的教育教學都是求之不得的良好效果。而五明智學教學所創造的課堂氛圍是能夠實現的。

（2）教師與學生角色轉換

既是講堂又是沙龍的課堂模式，自然要求教師與學生的角色轉換是完全可能的。即教師也可變為學生的角色一員，學生中某人暫時扮演教師角色。這種角色互換模式應成為常態教學實踐方式。此模式非常有助於學生的注意力得到最大限度地訓練，記憶力加倍增強，天賦能力也會充分發揮。當然互換角色的資格是屬於全體學生的，而非少數優秀的學生。所有學生都有機會得到同等訓練。各個學生所講授的課程內容可以不同。這種角色互換模式的益處在於，學生的主動學習性更加倍增強，興趣點，更加集中，自信心彼此加強。教師也能從中發現學生的不同潛力特色，及時給予指導。另，教師的教學也變得輕鬆了，責任感更強了，而且增長了教師的工作興趣，從而減輕教學壓力。這是教師與學生都願意看到的佳境。至於教師與學生如何根據課程互換角色的具體情況，本書不準備詳細描述，留給未來的教育工作者。但是本書可以提供指導原則：根據五明門的類別課程互換角色——①聲明智學的互換。

②工巧明智學角色的互換。

③醫方明智學角色的互換

④因明智學角色的互換。

⑤內明智學角色的互換。此五種角色互換模式要根據課程的具體內容自行調整安排，這裡只提供原則性的建議，不再做具體描述。

（3）辯論會

辯論會應是五明智學教學的常規模式。這種教學模式也被現有的西方先進教育的學校普遍採納。並非五明智學教育的獨創。但是這種模式對五明智學教學非常有益處。當然辯論會的形式可以多種多樣，這裡就不再具體描述。我這裡只討論一下辯論會對五明智學的必不可少的原因：

①根據瑜伽學原理，人體中有七個脈輪也有說九個脈輪，每一個脈輪都主管著人體生命的某種管道，管道通暢，人體方得健康，能力能充分發揮，身體能量得以最大化。

②喉輪是語言能量中心，它的暢通可以讓人的語言能力得以充分發揮，從而讓心能也得到提升。心能的提升對於人的膽量和勇氣無畏

的品質都有增上緣的作用力。而辯論卻能夠很有效地打通喉輪，發揮其特有的能量作用力。對學生的綜合語言能力，特別是口述語能力給與極大的鼓舞增上緣作用力。我們已知，古代人就很重視辯論能力，尤其是古希臘雅典人擅長辯論，長養了人類最古老的民主自由的種性基因，才使得西方文明得以領先全世界。古印度也如是，沙門之間也是時常舉行辯法大會，很多大師都是在無數的辯論中練就了論法的強大能力。佛陀在世時，也是經常與外道高手如婆羅門其他沙門在辯論中降伏了諸多外道大師，最終他們皈依了佛道，成為阿羅漢或菩薩。中國的戰國時期諸子百家也有辯論的流習，許多的策士食客階層{見注釋：❶}之間為了取得某國國王的信賴，也要當眾進行辯論，以便獲得國王的認可或寵信，就可以得到該國的供養。當然到了秦朝大一統時代直到今天，這個策士階層消失了，辯論的流習自然就泯滅了。所以中國人的語言基因的能力展示被中斷了，喉輪緊閉了，勇氣及無畏精神自然喪失殆盡。辯論能力自然普遍低下。

由上可知，辯論能力是人類文明的產物，也是人類個性化自由發揮展現的極好形式，辯論能力強，無論對於個人和社會都是利多弊少。特別是對於民主政體的總統選舉事宜，辯論能力強弱是當選與否的極大利器。當然辯論能力的益處廣泛應用於諸多領域——政治，經濟，商業，社交，教育，等等各個行業，數不勝數。

五明智學教學中開展辯論會的形式，應是聲明智學課程訓練的主菜之一，此外因明智學課程也會應用辯論會形式，以訓練學生演說的嚴密邏輯性。以及還可訓練學生的號召力，凝聚力，團結力。這些能力在現有人類教育中大多數國家的學校教育都是很難得的。

（4）課堂上的評審團隊教學模式

評審團隊模式教學是個非常有趣的創新，主要參照社會上流行的現場藝術表演的評委模式。評審團隊必須單數組成，組長可由教師擔當，或者教師擔當主持人，學生們自行組建評審團。評審團是靈活機動的，人選不可固定，制定規章制度，違者有處罰措施。

這種課堂模式有什麼益處？有以下益處：

①可以鍛煉學生模擬性接觸社會的能力。

②訓練學生遵守公平規則的認同心理。

③訓練學生防止作弊的能力。

④訓練學生對獎懲原則的認同感。

⑤增強學生的自信心和榮譽感。

⑥訓練學生們的組織才能。因為評審團成員是需要組織比較嚴密的活動，隨隨便便的評審團會降低聲譽和效率。

評審團隊模式仍然遵從五明各門類分別進行操作——聲明智學課程評審團，工巧明智學課程評審團，醫方明智學評審團，因明智學評審團，內明智學評審團。此評審團都是根據不同課程進行運作，沒有統一的設定。所以說，評審團的教學模式是一種非常創新的，現有世俗教學中難以得見。這種教學模式必需要在實踐中得到驗證才能確定其價值所在。相信這種新模式，會給未來世俗教育帶去新鮮的營養，使教育業更具生機。

2、五明智學教育在課外活動中的應用

（1）博物館課堂

我們這一節開始討論五明智學教學在戶外與課堂外活動部分實踐應用情況。戶外及課堂外活動，是五明智學教育實踐課程方面很重要的組成部分。因為這種實踐性教學能使學生走出學校課堂接觸社會接觸地氣的最具活性生命力的教學活動。這種課堂外教學活動並非我的發明，而是從古代教育活動就有了。如：古希臘 雅典的廣場式師生散步中教學，中國古代孔子帶領七十二弟子及三千多學生，都是在天然的野外課堂中完成的。古代印度的教學活動依然 如是。而且這種戶外教學活動，西方發達國家也廣泛採納，如前面章節提到的芬蘭中小學課程表中，專門有自然課程。戶外課堂外教學活動的益處是不言而喻的，對身心健康及智力的開發都有虎添翼的效果。

博物館大課堂是現代西方中小學教育普遍開展的活動。特別是美術課程，藝術鑒賞課程，自然科學課程，社會調查課程等，很多都選擇博物館形式。藝術博物館、科學博物館、自然博物館、建築博物館、歷史博物館等等，往往是各個學校的優選。

當然在博物館中如何進行教學，我這裡就不再多做描述了。因為這種教學模式已經很流行很成熟了，不必再多贅述。有人會問，五明智學教學在博物館課堂模式中與其他世俗社會上的學校博物館教學模式有何差別？應該說形式上差別不大，但教學目標上應該是有所差別。除了一般的博物館專職講解員的講解以外，我們可能要求學生自己組織來博物館進行參觀講解，老師陪護。這就需要學生們必須提前做好瞭解某博物館的結構流程，文物的擺放方法，博物館人員組織結構，各個文物的歷史流變來源價值等等工作，都要提前瞭解清楚。這種學習參觀模式可能是五明智學實踐教學與現有學校博物館學習的活動不同之處吧。此模式非常有利於訓練學生對知識的自主性學習，不依賴不局限於專業講解員。獲得的知識更加牢固而且豐富活躍，並能提出新問題，新假設，新思維，新探索，新結論。實際上，五明智學實踐教學是將博物館課堂模式，當作學生們學術交流的研究層面上進行操作，而非簡單的觀摩學習或寫生作業等。

（2）農田課堂

農田課堂是現有各國城市學校採用較少的課堂外課程模式。但五明智學教育比較重視，尤其是針對工巧明智學的實踐教學必不可少。關於農田的課堂的觀摩學習內容，主要是進入鄉村農田中向農民或農業工人學習各種農作物的播種技術播種流程以及中間成長過程直至收割部分，市場走向，銷售環節等全過程地學習觀摩。

農田課堂模式，我們主要選擇幾大類農作物分別學習觀摩。如：

【糧食類】——小麥、大麥、大豆、玉米、薯類、大米、小米等。

【蔬菜類】——土豆、各種青菜、胡蘿蔔、南瓜、芹菜、筍類、蘑菇、西蘭花、番茄、黃瓜等等。

【水果類】——蘋果，梨、草莓、檸檬、葡萄、櫻桃、桃、香蕉、芒果等等。

（3）工廠課堂

工廠類課堂更是五明智學工巧明智學實踐課程中最受歡迎及相應的課堂。工廠課堂也分幾類：

【重工業機械類】——機床、起重機、吊車、大型機械設備等的觀摩學習。汽車工廠類、各種工業流水線作業類等。【輕工業工廠類】——釀酒廠、各種食品加工廠、煙草廠、服裝廠、鞋帽廠、五金加工廠、小型化工廠、印刷廠、造紙廠、五金器件加工廠、家用電器工廠 等等。這些課堂的學習觀摩都需要學生親身參與工作。

【工廠管理與工會】——學生們在工廠企業觀摩整個工廠的生產及工藝流程，通過參與工廠的實習工作，瞭解工廠主與工會之間的關係，工廠主與工人之間的關係，瞭解彼此相互間的合作及相互約束的必要 關係的合理性。瞭解工會與工人之間關係的實質。通過觀察學習，更能體察並能深刻理解工業社會工業管理和基層工人社會狀況，增強深度的參與感。

（4）商場超市課堂

這類課堂城市裡比較方便教學，針對這個課堂，學生的主要學習任務是，學習觀摩瞭解商品流通的各個環節，價格制定政策，客服流程，配送流程，員工的管理流程，規章制度建設，經理與總經理的職 責範圍，商品破損的處理，保安措施等等流程。學生們都須學習掌握。通過學習實踐以增長商業意識。

（5）建築工地課堂

這類課堂也主要是針對工巧明智學課程內容進行學習觀摩。主要課程內容：【公共建築類】——瞭解各種大型公共建築的整個建造過程，從圖紙設計到行政部門批復，進入工地施工的全過程（參與瞭解施工過程）觀摩學習。

【住宅類建築】——學習內容與公共建築類基本相同。

【建築材料類】——瞭解各種建材的性能、品種、品質、環保性、價格制定等等。

【裝修材料類】——瞭解各種裝修材料的性能、品質、價格、環保性、耐用性、抗壓力性、防水性等等。

【建築美學類】——各類的建築群美學設計、單獨建築體的美學欣賞設計、建築色調的美學搭配選擇、建築外裝修的美學設計鑒賞、建築效果圖的美學鑒賞等。

【室內裝修類】——室內裝修風格的搭配美學鑒賞、裝修材料的色調美學搭配設計、傢俱的美學調配等等課程都需要學生觀摩學習的。

（6）醫院診所課堂

醫院診所課堂主要針對醫方明智學的學習觀摩研究課程。這個課堂主要使學生觀摩臨床醫療的基本過程。特別是針對慢性病的診療過程進行觀摩學習實踐。因為對治慢性病是非醫療專業的醫方明智學的主要專治對象，也比較隨緣隨宜自然醫理和自然療法。因為這必須不能與醫療行業許可法律衝突。醫院診所課堂主要還是以觀摩中醫診所或醫院為主，因為中醫療法更多與自然醫學醫理和醫療方法相應。而西醫醫院的依賴現代醫療設備為主的診療方法與醫方明智學的內容有很多不夠相應。不過解剖生理學的部分觀摩課程是需要在西醫醫院進行的，還有就是學習化驗單各種指標的解讀也必須依靠西醫醫院的設備進行。解讀化驗單的各種指標是醫方明智學的重要課程之一。還有對一些常用的西藥類觀摩學習。

（7）林木場課堂

林牧場課堂主要是針對工巧明智學而設定。為何要開設這種課堂？林場課堂對應於植物及花草樹木大家族知識庫。這也是必須瞭解的通識課程。世界上的植物種類也是千百萬種之多，作為五明的通識課程是不可能放過的。此課堂的重點是對森林的喬木灌木草本花類要有全域性的了知。當然這裡也包括一些飛翔鳥類動物昆蟲等類的知識需要瞭解。林場也是瞭解木質材料知識的天然課堂。林場處於大自然中清靜之地，是陶冶學生熱愛大自然的情操最佳寶地。

（8）牧場及家畜養殖課堂

牧場及家畜養殖課堂主要包括——天然牧場草地，牛、羊、馬、驢，及野生動物等類。家畜的雞鴨鵝等物種動物，還有就是魚類養殖水塘的部分。這種課堂也是對應于工巧明智學課程。使學生瞭解廣大的自然界中生物圈的生存狀態以及食物鏈的構成知識。體驗動物界因果業報輪回的關係。

（9）海邊課堂

毋庸置疑，海邊課堂是陶冶學生廣大慈悲胸懷的絕佳天然課堂，這種課堂上課對學生與大自然的溝通交流是一種潛移默化的薰陶。從很多詩人散文家小說家對大海的描寫，可以體味到人類的大愛精神有多麼美好。海明威的《老人與海》、維克多●雨果的《海上勞工》、普希金的詩歌《致大海》等傑出的作品都為人類描繪出了一副副壯麗開闊想像飛揚的精神情懷。所以學生在大海邊課堂學習課程是非常妙的選項。

如果學校離海比較近，強烈建議學生有的課程開到海邊進行。這主要是針對內明智學課程。有的禪修課、冥想課、精神內養課、呼吸訓練課、心能訓練課等都可以在海邊進行。

另，一些工巧明智學的體育課藝術課等都可在海邊進行。醫方明智學的部分課程也可以在海邊進行，如，心靈療法部分，辟穀訓練部分等。

（10）郊遊課堂

郊遊課堂也叫踏青課堂。這種課堂與海邊課堂林場課堂有異曲同工之妙。可以把部分工巧明智學課程、部分醫方明智學課程、部分內明智學課程融入郊遊課堂。這種課堂比較隨意，可以把五明各明門類的相應課程放入郊遊課堂中進行。比如醫方明的旅遊療法就是其中之一。這裡就不多做舉例。

（11）科學實驗室課堂

科學實驗室課堂分兩種：一種是學校自己的各種實驗室，一種是社會上的專業實驗室。都可作為工巧明智學的學習課堂。主要對應自然科學及工程類課程。這種課堂當然不是我的發明，已經在世俗教育中普通學校教育中廣泛流行。實驗課堂之間並無什麼大的差別，不同點在於上課方式及上課內容。工巧明智學的上課方式特別是上課內容與普通學校裡的實驗課堂應該有差異性。這種差異性主要表現於上課的目的性及內容上。工巧明智學主要是訓練學生的動手力創造力想像力邏輯思維力糾錯力及意志力。這可能就是與其他實驗課程不同的地方吧。

（12）體育場課堂

體育課堂不用說主要針對工巧明智學課程。關於這種課堂五明智學與其他普通學校的體育課基本類同。工巧明智學的體育課程內容的豐富性上可能比其他普通學校更多些。訓練方法應該有所差異。我們會將內明智學的臨在覺察技巧，應用到各種體育項目中。這是工巧明智學的最大特色。

以上我們列舉了12種課外實踐性課堂的方式。當然在實際教學中，人們可以根據自己學校的條件選擇適宜的方式進行課外課堂的實踐實習。這方面沒有統一要求，只是可選方式。

3、五明智學教育對師生關係的影響

（1）平等合作關係

這一節我們著重探討五明智學教育模式會對師生關係產生怎樣的積極影響力。前面的章節已經論述過師生的關係可能如何作為。但只是泛泛的描述。這一節要著重合理設想一下師生的關係是怎樣的情景。

首先我們設想了一種比較理想化的師生關係——平等合作關係。這種關係是五明智學教育理念的自然需求。所謂平等，即教師與學生雖然有角色之分，但彼此地位平等。沒有高下之分。因為前面章節中所介紹的師生角色互換是教學方式的一種常態，所以這種平等不只是口頭上說說而已，而是有實際體現的。在這種平等關係中，師生彼此不是下達命令的方式上課，而是引導合作的方式，就好比是企業內部管理層，股東之間的關係。所以師生關係不僅平等，而且還必須合

作，不合作不可能完成課程。合作的性質非學生單方受益，教師同樣受益。既然合作是彼此雙方都受益，則師生之間自然自願愉快合作。這是不用懷疑的。

師生的這種平等合作關係，才能使五明智學中任何一種課程的效果達到最優化。這種關係中，教師與學生都很清楚瞭解各自所需要得到的是什麼。所以才可能愉快合作，效果雙贏。平等合作關係也是世俗教育上的新突破。尤其是中小學教學當中，幾乎沒有人敢於採納。因為他們害怕教師的地位會受到學生的挑戰，以致教師失去應有的尊重。但在五明智學教學體系中，此種擔心是多餘的。因為我們相信學生的善德根性和智慧根性，只能在平等合作中才能得以開啟，任何強制性命令性的制度和訓導，都會壓抑學生的兩種根性，反而刺激他們的抵抗情緒，激發心中的惡性惡行，從而導致對教師不尊重，甚至造成師生的敵對關係，相互猜忌關係等。破壞和諧的教學氛圍。五明智學教學是能避免這種惡劣關係發生的。況且我們不會強制任何學生加入五明智學教學系統，而是完全由學生自願參與，自由退出，不受限制。當然我們也會制定一些教師學生守則之類的條款，約束師生雙方的不當言行。

（2）領導授權關係

除了師生的平等合作關係以外，我們還會設想營造一種教學中的更實際的關係——領導與授權關係。這種關係其實更能保障師生關係的　平等性與合作性。所謂領導，是主要對應教師角色，所謂授權，即教師授權給學生參與教學管理的資格和權益。這樣才能最大化訓練學生的自我管理和自我教育培訓的卓越能力。學生的自主性會大大加強，減少依賴性，長養獨創性。這就是領導預授權關係的益處。這在世俗普通教育教學實踐中也是非常少見的，即便在發達的西方國家教育中也不多見。這也是五明智學教育理念自然的需求，又是一種不經意的創新教學模式。

領導與授權事項並非無限的，也非無條件的授權，而是只在教師能控制的範圍內具有操作性。這種操作性一般不適宜課外的課堂。大多數課程是可以授權操作的，但有少數有不確定安全性的課程不能授權。

（3）導師與學生角色互換

導師與學生角色互換在前面的章節中已做了描述，可以去參考。這裡不再贅述。

（4）諮詢關係

諮詢關係是一個比較新穎的設想。顯然這是在師生平等合作關係的基礎上才可能實現。教師應是諮詢師，學生應是諮詢者。這種關係比較有意思，就好比心理諮詢中來訪者與諮詢師的關係。一般來訪者都是求助者，諮詢師是施救者。這種關係能讓教師更多生起慈悲之心，學生對教師更有尊重感和意識。當然諮詢關係也可以擴展到學生之間，有助於學生對通識特性知識的學習熱情，增強記憶力。因為人在諮詢過程中，可以開動廣闊的思維，提出複雜的問題求得解決，而諮詢師也同樣思維處於非常活躍狀態，臨場即興發揮出平時難得的創造性思維。所以說師生彼此的諮詢關係也是一種創新模式，在世俗教育體系中還是極少見的一種教學模式。

當然，諮詢關係模式可以在五明門中分成五種諮詢種類。每一種類的諮詢問題中需要事先設定好，不能隨意性太強。另，諮詢需要定期進行，實行預約制，與社會上的諮詢顧問職業類同。

4、五明智學在家庭教育上的應用和價值

（1）家長可做老師

這一節我們開始討論一個新問題也是讀者最為關心的實際問題。在五明智學還未普及到世俗普通學校教育之前，作為學生的家長如何對孩子進行五明智學教育？當然這裡主要指的是中小學生的家長。

我的結論是，家長完全可以承擔起對孩子開展五明智學教育的責任使命，並且有能力做到。因為此書關於五明智學教育系統闡述的還是相對清晰的。原則性的教學方法都已經論說的比較清楚了。對於一個有心的精進的家長，有一定知識經驗生活職業經驗的家長來說，通過自學本書，是可以領悟到教學內容可操作性的。另，也有可能通過我們未來的網上教學，更方便學會教學課程的可操作方法，對自家孩子實施相關課程。

家長對自家孩子施行五明智學教育的前提是，先要自學自修五明智學的一些必要課程，任何一種明門智學都不能少。至少要瞭解各個明門的通識範圍，然後是學習各明門的核心知識點。

這裡特別強調的是，各位家長務必要首先把因明智學和內明智學的部分通識，瞭解清楚，並能掌握一定的操作技能，領悟了五明智學之間的相互關聯性及不可分割性，這樣才能總體上把握五明智學的綱領，才有條件做孩子的五明智學教練。建議發心為孩子施行五明智學學習教導的家長學習領悟如下基本課程：

①因明智學邏輯學課程。此課程的重點是，瞭解形式邏輯學內容，並能在讀書中練習大量的邏輯學習題。要對形式邏輯學的功能和目的認知清楚和透徹，尤其是形式邏輯思維的巨大價值要深入領會。

②學習辯證邏輯學內容。特別是要了知辯證邏輯學的二元對立法認知清楚。

　　瞭解不二法門的深刻義理。瞭解中道的深刻義理——世間出世間中道義理。對佛法佛學的常識有所興趣和有所瞭解。

③瞭解形式邏輯與辯證邏輯法的關係——不一不異的關係。學會兩種邏輯思維的融合用法。

④需要讀一些中外哲學著作：《形式邏輯》（亞裡斯多德）《小邏輯》

（黑格爾著）《理想國》（柏拉圖）《西方哲學史》（羅素著）《百法明門論》（世親菩薩著），《新工具》（法蘭西斯·培根著）現代關於邏輯學方面的著作等。也要回顧一下中學數學幾何證明題集。

⑤學習禪修法，呼吸法，坐姿法，內觀法，動中禪法等等。

⑥ 學習經行法

{見注釋：❷}，學習《金剛經》、《心經》、《大方廣如來藏經》、《無量義經》等，

⑦學習榮格的心理學，佛洛依德心理學中的《夢的解析》，學習馬斯洛的心理層級論學說核心。

暫時舉證以上這些家長所需自學習的課程。至於聲明智學、工巧明智學、醫方明智學課程，如果時間精力難以做到，可以將孩子送入社會上有關內容的專業學習班進行培訓。如：口才演講班、作文班、手工製作藝術班、音樂作曲班、樂器班、美術繪畫班、運動球類班等，自然醫學及療法方面的常識、營養學常識、中草藥知識、中醫學原理等知識，家長可以自學，然後教授給孩子。

如果家長們能做到如上這些不遺漏，那麼家長成為孩子的五明智學老師是基本合格的。

（2）教學相長

這一節討論一下教學相長的問題。教學相長的教育理念來自中國的孔子《論語》。這是一種極好的教學理念，至今經久不衰。這種教學 理念的價值非常巨大，體現了教育平等的思想。同樣適合五明智學教 育理念及實踐體系。此觀念的可操作性在於，只需教師與學生同等接 受這種理念的價值觀就可以了。因為秉持了"教學相長"的理念的教 師和學生，尤其是教師，會充分尊重學生的可塑性、積極性、學習興趣的可選性，也能深知學生潛能的價值，最重要的是，提高教師有意識地謙虛地向學生學習的可能性。將學生視為老師。這樣有利於學習氛圍的和諧化、愉悅化、更便於深入相互探討研究未知的知識。從而使得學生的學業水準會大幅提升，同時教師的教學水準也相應大幅提升。

（3）點播啟發

這種由教師為主的點播啟發教學法，很適合五明智學教學的需求。因為五明智學很反對硬性灌輸的方法進行施教，這樣會導致阻塞住五明大門的開發，學生的善根和慧根都會受到嚴重阻礙，反而引動學生對學業的反感情緒，引起不必要的煩惱，從而阻礙教學進展。點播啟發式教學就可有效避免了這種負面的效果發生。點播啟發式教學實踐操作主要內容為：教師只是提出各種問題，讓學生根據自己所學知識和技巧自行解答。答案一般無標準性答案，解答有充分可選性，當然有的問題是可有標準答案的。這要根據具體課程的情況而定。沒法在此一一說明。點播啟發式教學也可根據提出問題的難度點播其思路，喚起學生的思維活躍性。點播法有很多，最常用的就是暗示法、比喻法、象徵法、講故事法等等。多並用形象思維和抽象邏輯思維。不拘一格，這要看教師的課堂發揮了。

（4）適當的獎懲原則

適當的獎懲原則是教學上常用的方便手段，但要注意不輕易使用。只對違反教學和課堂規則的學生適用。但是這種獎懲範圍不涉及影響校方級別的獎懲規則，它只適合於班級層次。比如，罰操場跑圈、罰站、暫時禁止參加課堂活動但只可旁觀等等，基本都是些小型的懲罰措施。至於獎勵，那就很多了。在這裡就不多列舉。我只說一些原則性的問題。如何實施，完全由當事者們自行處理。

5、互聯網上的五明智學課堂

（1）互聯網的廣譜性

這一節我們來討論一下互聯網上的五明智學如何運作教學。我們已知，互聯網在教育上的應用已經是非常普遍的事實。特別是互聯網的視頻技術語音技術互動媒體技術的應用以及智慧手機技術的日益升級，使得線上教育的數量大有超越線下教育的趨勢。互聯網的廣譜性最厲害的是它的市場容量，這一點線下教育教學遠遠追趕不上。它的廣譜性最大優勢，即跨越國界，可以延展到地球的各個角落，只要有互聯網信號的存在。這一點線下教育是望塵莫及的。

有讀者一定會問，五明智學教育的特點是以實踐操作為主，線上上教學會不會影響教學效果？適合於線上上搞大規模教學嗎？回答是肯定的。你說會不會比線下教學效果有很大差距，這是未必的。我當然承認，五明智學線上上教學效果在某些程度上比不上線下效果更優，但差距程度不會有很大。因為線上的視頻技術和互動媒體技術已經相當發達成熟了，只要線下的可視效果能夠製作視頻，就與線下教學差距沒想像中那麼大。

線上與線下教學的最大差距可能就是在工巧明智學課程，其他四明課程應該不會有很大差別。因為工巧明智學有的課程必需要求學生在現場動手操作，這一點線上課堂是難以實現的。比如，在某工廠課堂，學生需要直接動手操作。這樣線上課堂就不能完成了。還有就是農業課堂的勞動，線上可能也不能完成。不過線上課堂在工巧明智學方面可以留一些可操作的作業，讓學生們完成，這是線上課堂可以做到的。比如，某些軟體的操作學習，多媒體方面的操作學習，等等課程。但是線下的觀摩課程，不需要學生動手操作的，就可以線上上完成。如，博物館的觀摩學習，線上學生仍可以完成，只要有視聽效果就應該不是問題。

至於其他四明智學課程，應該線上上教學不受太大影響。醫方明智學可能某些實操課程方面會受到些影響，一般影響不會很大。所以綜上所述，五明智學，線上教學的可行性還是相當大的，值得推廣。

也可以肯定地說，互聯網課堂的廣譜性，在五明智學教育中基本可以實現。

（2）互聯網實施五明智學教育的局限性

這一節將討論一下，五明智學教育線上上教學的局限性問題。前一節已經大致描述了五明智學教學在互聯網運作的局限性。主要表現於此教育特點強調實踐操作性難以面對面實現，雖然有視頻教學，也不能對線上的學生一一指導，這就是線下與線上的教學差別，這個是難以彌補的，只能靠學生的悟性了。另，很多上課模式也無法線上上進行，比如，分組討論問題、辯論會、課堂上的評審團隊教學模式、師生角色彼此對換等等都無法線上上進行操作。只能線上觀摩學生視頻，間接性類比學習。另外，工巧明智學的大部分課程都不能線上上操作，只能觀摩視頻中的教學。再有，線上教學也大大限制了師生的一對一個別指導的教學。當然我們會線上上教學安排專職輔導員對線上學生進行小班集中指導和輔導課程盡可能突破線上教學的局限性。

其實即便有這些局限性，而線上教學，仍能完成五明智學中的精髓部分。其實學生能掌握哪怕對五明智學的核心要理，其他部分沒能熟練掌握，也能對開啟學生的善根和慧根發揮其強大的作用力。特別是線上教學對於內明和因明智學的學習，基本上與線下效果是一樣的，不會有太多遺漏。這樣五明智學的核心作用就已經發揮了出來。教育的基本目的已經實現。其他聲明與醫方明教學，效果稍微有所減弱，但也不是與線下教學效果差距很大。因為線上教學的益處是，基本上是以教師的演繹為主，教師作為學生的楷模，可以向學生充分展示標準演繹課程模式，供學生參照學習。雖然減少了互動，但學生可集中精力學習課程，如果學生肯在課後積極完成作業，反而學習效果不受影響。線上教學的局限性都可以得到最大限度地改進。

（3）廣播五明智學的功能價值

除了線上的五明智學教學活動以外，還有一種學習模式，即是聽聞音訊課程。這種模式總體上當然不如視頻的觀摩教學效果強度高，但音訊教學更能使學生的專注力加強，特別適合那些慧根很強的成年學生學習。因為音訊廣播，能很好地傳達出五明智學的通識特性的詳細解讀。知識點往往更清楚。前面的章節已介紹，五明智學的知識特點是，具廣泛的通識性，涉及的知識面如大海一樣廣闊，音訊的聽聞效果，往往勝於眼耳並用的效果，就如同欣賞音樂，往往戴上耳機單純地聽和享受，往往比現場或視頻觀看的欣賞效果要強很多。這是許多人的經驗之談。特別是那些喜歡抽象思維的學生，更願意音訊的方式或文字形式學習課程。

尤其是內明智學與因明智學的課程，慧根比較好擅長抽象思維的學生比較喜歡用音訊方式進行上課，對視頻課程反而不大感興趣。所以開設音訊課程也是能對應一些特需學生。特別是知識性的通識教學，用音訊教學模式更能集中，而且能反復多次聽聞，便於很大部分的手機用戶。廣播音訊的教學法除了對於因明內明智學的學習方便之外，還對聲明的學習也有幫助。我們知道，聲明是以口述語與書面語還有傾聽技能為線索的學習。音訊的教學效果也很適合。視頻教學雖然是眼耳並用，但也容易分散注意力。尤其視頻講授課程，現場時間拖得很長，音訊授課比較容易集中教授通識課程，節省學生的學習時間。特別是理論性很強的課程。很適合音訊形式。

當然，音訊教學模式不能孤立地運行，它必需與線上視頻教學課程 結合起來並用，才能凸顯教學效果。否則只能塑造理論的巨人，行動 的矮子。這也是廣播音訊形式教學模式的局限性。多媒體形式立體並 用的教學模式才最有生命力，它可以避免任何一種教學模式的局限性，都可以互補，這也就是中道平衡的教學模式。

（4）自主自助教學法

前面關於師資與學生的章節已經大致討論過了自助學習五明智學的方法。這一節我準備詳實一些探討該問題的可能性，並且提出一些具體建議和可操作性方法。我們可以從五明門分類討論。

還是首先強調一下，有強烈願望自學五明智學及五明智學教育的人須知條件：

①對五明智學及教育學有足夠的認同感，並且非常熱愛五門智學，充分認知到五明智學對人生的極重要意義和價值，能將五明智學視為終生第一財富者，並願意付出時間精力金錢為代價學習之。或者有以五明教育為職業的願望者。這些是自主自助學習五明智學的先決條件。如果你沒準備好，建議你不要盲目自學，因為很難無師自通。

②慧根足夠利者是自學五明智學的第二條件。什麼是慧根足夠利？具體說，對哲學藝術禪學修行有特殊興趣愛好者。對佛法愛好者應是首選。因為哲學與因明邏輯學非常相應，藝術學與內明和工巧明也很相應，對直覺力都有特殊敏感，喜歡禪學修行及佛法更是與內明智學相應。所以我說，這類人屬於利根者，通過自助獨立自學五明智學應該是近因緣者。

③對社會及世界有強烈的使命感，也有很強的歷史感，甚至能發菩提心者。這種人具有施捨精神，尤其是法佈施精神，這是能自助自學五明智學的很優質的條件。這種人最適合從事此方面的職業教育者。他會對五明智學教育系統產生熱愛之心甚至奉獻精神。

④身心健康，有足夠的精力和時間花在五明智學的熏習中，學習態度必需精進，不能淺嘗輒止。

⑤善於學以致用的人也是能自學無師自通者的必要條件。如果一個不能擅用知識的人只是單純的愛好者，還是很難學好學透五明智學課程。

　　因為這五種課程所涉及的通識量太多太豐富，如果你不善於應用所學知識，就很容易產生疲勞感，甚至厭倦感，很難恒常地堅持下去。因為一般的人都是喜歡學習自己感興趣的知識和技能，而五明智學的通識總會有你不感興趣的知識門類。比如，你特別擅長學習抽象的哲學甚至佛學數學物理化學科學電腦等技術含量思維含量很高的學識和技巧，但你很可能同時厭倦學習烹飪技術、木工技術、電器維修技術、或體育球類專案、藝術舞蹈歌唱等等。可是這些又是五明智學的必修課程。這樣的話，你可能就會厭學，自學的效果就會殘缺。所以說自學五明智學及教育學是需要門檻的，如果你覺得上述五項條件沒問題，OK，那你就具備了自學資質和自修的條件，而且很可能無師自通，僅憑此書你就能成為合格的學生甚至優秀師資。

　　既然已經具備了上述的五項自主自學的條件，那麼接下來我要具體議論一下如何學習五明智學及教育學的方法：還是先從聲明智學談起。當然每個人因緣不同，願意從哪一明門開始入都可以，不分次序。但是我這裡為了論說的方便還是遵從前面章節排列的原則進行。

①【聲明智學】首先你要將母語的體系結構學習明白，從詞源、構詞方法、語法結構、發音規則、到修辭學、到行文技巧、語言美學（語音美學和書面語文學）等都要有所瞭解。按照前面章節課程安排那一部分學習語言技巧。你可以從母語的文學藝術開始入門。練習朗誦（包括詩歌、散文、小說、戲劇等）。觀摩各類的演講比賽、脫口秀大賽、主持人的述說等等。試著自己寫若干份演講稿，練習演說（可以對鏡子練習）。作文能力可以自己命題練習寫作能力（文學寫作、論文寫作等）。練習試著將內明覺知課程融入口述語言中。

②【工巧明智學】：主要練習最能有就業廣度的課程，如：電腦操作技術，軟體運用能力，軟體程式設計基本功、電器維修、裝修設計及施工技巧、音樂樂器演奏、作曲、五線譜識譜、農業蔬菜水果種植等技術的學習、體育球類、旅行自助游、登山、游泳、藝術表演、內明覺知應用課程等項目，都需自行學習。以上是自學工巧明智學比較有普及性的課程。

③【醫方明智學】：自然醫學原理——智慧醫學理論總綱，加減乘除自然平衡究竟康復法課程、中醫學原理課程，參考書《黃帝內經》《圓運動的古中醫學》《道醫學》《傷寒論》《生理解剖學》基因學、西醫化驗指標學、自然療法——物理療法、中醫按摩法、拍打法、灸法、放血法、點穴法、太極養生法、自我鍛煉法、救急法、營養學基礎、中醫藥食同源營養學、中草藥組方原理學、四診法、體育療法、瑜伽靜心法、笑療法等等，都需要自行學習。

④【因明智學】：形式邏輯學、辯證邏輯學、參閱各哲學流派的書籍《西方哲學史》（羅素）《小邏輯》（黑格爾）培根的《新工具》等

系列著作，康得的《純粹理性批判》、尼采和叔本華的哲學著作、笛卡爾的哲學著作、孟德斯鳩《論法的精神》、盧梭的的《愛彌 兒》（論教育）老子的《道德經》、孔子的《論語》、《墨子》、印度的吠陀哲學著作及《奧義書》等等都需自行學習。

⑤【內明智學】：世界宗教比教學、基本禪修技巧訓練、動態靜 心法訓練、情緒疏泄訓練、覺知技巧訓練、經行法訓練、學習部分佛經、如《金剛經》《心經》《十善業經》《百法明門論》、《無量義經》唯識學基本原理等。西方心理學常識——《夢的解析》、榮格的性格論、馬斯洛的層級心理理論、《事事本無礙》〔見注釋：❸〕、倫理學等等通識課程，都需要自行學習練習。

　　以上是五明智學自學自修自行訓練的基本課程，值得注意：這些課程只是五明智學的小部分，當然它是基礎的，也是關鍵的核心課程，自學完畢後，才可能成為五明智學的綜合教練及教師。但學完這些課程是需要花費大量的時間和精力。相信只有具備上述五個條件的人，才有可能自修完這些課程。應該說是一件挺艱巨的任務，但對於善學習會學習掌握學習方法技巧的人，應該不是太難的事。其實你若是真的投入進去學習如上的通識課程，你會覺得僅僅學了這些知識和技巧還是遠遠不夠的，雖然已經能勝任了教學工作，但還是需要更多的學習和實踐的功力，才可能趨向五明智學大師的邊界前行。

第五章 五明智學及教育在世俗社會中有何實用價

1、五明智學在職業中的應用

（1）職場上的廣譜性

這一新章節我們開始討論五明智學及教育在 世俗社會中有何實用價值。這個章節是檢驗五明智學在社會實際工作生活中的效果，因為某種知識和教育畢竟是要落實到各自的職業生涯中和生活中的，如果不是這樣，則任何的教育價值是體現不出來效果的。所以本章節也是一個不能忽視的章節。

先討論一下，五明智學在職場上的廣譜性。前面章節討論了關於五明智學教育的廣譜性，其中也涉及了應用環節的廣譜性，尤其是工巧明智學在職業選擇上的廣譜性，我們已經重點地談了一些情況。現在 我們來展開討論一下其廣譜性的具體內容。現在全世界的職業到底有多少種？可能沒人認真統計過。

我摘取穀歌中的知乎閘道於世界各種職業的總概覽，可以略見一斑全世界的職業有多麼的豐富而使人不可思議：職業數量有多少？

對職業數量有明確結論的官方報告，我們以美國勞工部發佈的《職業名稱詞典》為依據。其 1991 年的版本，定義了 12,700 種不同的職業名稱，並有 17,000 多個名稱相互參照。

現在統計結果有 20000-30000 個職業。

根據這個詞典發現，其實95%的勞動人員集中在約 400 種職業中。其他近兩萬種職業消失到哪裡去了？其中的一些職業雖然可以識別，但對大部分人員日復一日的工作生活，卻沒有多大意義。所以職業統計專家們將近兩萬種職業消減到了 400 種左右。當然，這 400 多種職業的數位也相當不少，但比起近兩三萬種職業來說，就濃縮了很多很多。

這些職業體系共有約 23 個主要職業群類 【管理類】【商業和金融類】【電腦和數學分析類】【建築和工程類】【生命、物理和社會科學類】【社區和社會服務類】【法律類】【教育、培訓和圖書館類】【藝術、設計、娛樂、體育和傳媒類】 【醫療保健執業醫師和技師類】【醫療保健輔助人員類】 【安全保衛類】【食品加工和餐飲服務類】【建築、地面清潔和維護類】【個人護理和服務類】【銷售類】

【辦公和行政支持類】【農業、林業和漁業類】【施工和開採類】

【安裝、維護和維修類】 【生產類】【交通運輸與物流類】

【軍事類】

以上23個職業群雖然是美國勞工部發佈的職業詞典中提煉出的職業類別，但足以說明瞭全球人的平均職業類別。大概率是脫離不出此23種職業類別群體。當然每一種職業類別群當中，又可分為具體該群的職業種類，合起來就非常龐雜了。但是不管如何分類，職業總數再龐雜也脫不開23種大類群別。而我們只需要瞭解此23種大類別群職業，足以對我們的五明智學教育參照對應了。

如果只拿此23種職業類群來看，五明智學的技能完全可以把它們如同套娃一樣，全部套裝進囊中。比如，宗教修行類的職業沒算進23種職業類群中，這是個相當大的漏洞。除內明智學外，其他四明足以將23種職業群落全部包含。我們可以試著與之對應演示如下：

①【管理類】與【商業和金融類】，【銷售和教育培訓類】等，被聲明智學所包含，當然同時也會被因明智學所包含。

②【電腦和數學分析】、【建築和工程】、【農業、林業和漁業】、【施工和開採】、【安裝、維護和維修】、【生產】、【交通運輸與物流】、【軍事】、【安全保衛】、【食品加工和餐飲服務】、

【建築、地面清潔和維護】、【藝術、設計、娛樂、體育和傳媒】等群落，被工巧明智學所包含。

③【醫療保健執業醫師和技師】、【醫療保健輔助人員】等將被醫方明智學所包含。

④【生命、物理和社會科學】、【社區和社會服務】、【法律】等，將被因明智學所包含，同時也被聲明所包含一部分。

有人會說這麼龐大的職業類別群中居然沒有內明智學的影子，所以內明是可有可無的。其實恰恰錯了，正因為參加職業者接受過了內明智學的學習和訓練，才使得他們更具有職業能力的潛力發揮和善德的發揮。比如，一個從事教育的工作者，由於有了內明智學的深刻學習和薰陶，他很可能表現出傑出的敬業精神和教育使命感，他不大可能對教育事業表現得渾渾噩噩，無精打采，不負責任等等負面的品質表現。同理，對於工巧明的諸多職業中，具足內明智學的工人或工程師等，也不會消極怠工，只為錢而工作，他們可能職業責任感很強，能自覺完成任務，還有可能幫助其他員工。同理，醫療事業更如是，具備內明智學的醫護工作者，更有可能表現出，醫者為仁的典型優良個人品德和醫德。同理，具備內明智學的商人金融家，一定是位賺錢有道有德講信用的商人金融家，不會為了一己私利，而讓廣大客戶受害。他也不可能搞山寨版侵犯他人智慧財產權而唯利是圖，甚至更不可能製造假冒偽劣產品坑害消費者，等等。再說軍事家，一個具備五明智學的將軍軍官或戰士，他都不會是一位戰爭狂，殺人魔王。他也絕不會濫殺俘虜，他一定是遵守戰爭規則的軍官或士兵。他更不可能做出燒殺搶掠強姦婦女的戰爭暴行。總之具備內明智學的職業人，做一系列的職業中都可能有上好表現。這就是內明智學的潛在影響力也是直接影響力。能說學習內明智學對於各類職業沒有用場嗎？這個價值之高，是無法用數字計算的。

綜上所述，五明智學的廣譜性可見一斑。它不僅包含了以上 23 種 職業類大群。還會包含未有列入的大量職業。

(2) 與五明有關聯的職業包羅萬象

其實前面一節已經列舉了職業的廣譜性，一共 23 種職業群。也描述了這 23 種職業與五明智學的關係。這一節我們要具體描述一下包羅萬象的職業與五明智學的關聯性。我們可以在 23 種職業群搜尋一下各類別都有哪些具體職業崗位。 先說【管理】類——任何一種職業都有管理，如：經濟管理，城市管理、社會管理、政府管理、水利管理、交通管理、學校管理、教育管理、金融管理、國家管理、軍隊管理、餐飲管理、健康管理、醫院管理、氣象管理、家庭管理、財務管理、工廠管理、等等，舉不勝舉。這些管理無論哪一行業都與五明智學有著千絲萬縷的聯繫。

【商業和金融類】——商業類的次第也是種類繁多。如：店鋪商業、線上商城、仲介商業、市場行銷、代理商務、食品商業、工業品商業、家居商業、裝修材料商業、飯店商業、旅遊商業，等等。無論哪一種商業都與五明智學不無關係。金融業也一樣。如：銀行業、保險業、理財產品類、股市類、基金類、國際金融類、投資類等等。

【電腦和數學分析】——電腦軟體類（辦公軟體、財務軟體、3D 軟體、畫圖軟體、多媒體軟體、工業設計軟體、遊戲軟體、殺毒軟體~~~）、電腦硬體類（硬碟、主機板、風扇、伺服器、網路硬體、光纜~~~）、資料庫分析、數理邏輯分析、統計學邏輯等等

【建築和工程】——建築設計類、住宅建築類、公共建築類、地鐵建築類、建築材料類、裝修材料類、藝術建築類、雕塑類、城市設計類、建築設計類、園林設計類、建築工程類、安裝工程類、地下施工類、鐵道工程類、隧道工程類、古建築類等等。

【生命、物理和社會科學】——生命科學類研究、細胞基因工程、微生物學研究、物理學研究、理論物理研究、天體物理學研究、力學物理研究、電學物理研究、歷史學研究、社會經濟學研究、社會學研究、社會文化學研究、社會發展史研究、美國社會及歷史研究、中國社會及歷史研究、英國社會及歷史研究、德國社會及歷史研究、法國社會及歷史研究、義大利社會及歷史研究、西班牙社會及歷史研究、日本社會及歷史研究、韓國社會及歷史研究、非洲社會及歷史研究、人類文化及文明板塊研究、宗教及宗教史研究、社會倫理學研究、哲學研究、各國哲學及哲學史研究、心理學研究等等。

我們暫且列舉一些常見的學術研究科目，其實細分下去還會有很多分支，不再贅述。【社區和社會服務】——社區商圈服務、社區醫療服務、社區公共管理服務、社區娛樂休閒服務、社區救濟及救急服務、社區環境服務，等等。

【法律】——法律研究、法律服務機構、律師、律師事務所機構、大陸法系研究、羅馬法系研究、法律訴訟、陪審團、刑法研究、民法研究、法律與政治研究、法治社會、法制社會、各國法律研究，等等。

【教育、培訓和圖書館】——幼稚教育、小學教育、中學教育、大學教育、家庭教育、世界教育史研究、職業教育、社會教育、社區教育、老年教育、臨終教育、宗教教育、藝術教育、心理學教育、法制教育、倫理道德教育，等等。

【藝術、設計、娛樂、體育和傳媒】——音樂藝術、繪畫藝術、雕塑藝術、美學藝術、手工藝藝術、裝潢藝術、建築藝術、環境藝術、3D藝術、藝術軟體發展、室內裝飾設計、工藝品設計、建築設計、環境設計、服裝設計、傢俱設計、工業品設計、園林設計、產品設計、軟體設計、旅遊娛樂、娛樂設施及設備、幼兒娛樂、青少年娛樂、成年人娛樂、老年人娛樂、娛樂與美學、遊樂園、高雅娛樂、低俗娛樂、足球運動、籃球運動、排球運動、羽毛球運動、棒球運動、乒乓球運動、橄欖球運動、體操運動、健身房運動、游泳運動、登山運動、滑雪運動、溜冰運動、太極拳運動、拳擊運動、武術運動、舉重運動、摔跤運動、大眾傳媒、多媒體傳媒、社交媒體、雜誌傳媒、報紙傳媒、電視傳媒、網路傳媒、自媒體傳媒，等等。

【醫療保健執業醫師和技師】——醫院及分科機構、診所機構、健康諮詢機構、社區醫療機構、醫師、護士、保健療養機構、養老院機構、中醫機構及中醫診所、藥劑師、營養師，健康管理師、針灸師、推拿按摩師、音樂治療師、心理治療師、保健訓練師、體育療法師、靈性療法治療師，等等。

【醫療保健輔助人員】——護工技工、藥劑工、醫院服務工、醫生助理工、母嬰養護工、接生助產工、臨終關懷護理工，等等。

【安全保衛】——員警、偵探、保鏢護衛、一般保安、門衛，等等。

【食品加工和餐飲服務】——食品加工廠、副食品加工廠、餐廳、廚師、咖啡廳、酒吧、餐飲社區、西餐廳、中餐廳、水果店、餐飲攤

鋪，等等

【建築、地面清潔和維護】——建築工程、公共建築工程、住宅式建築工程、建築安裝工程、機械建築工程、山區隧道工程、海底隧道工程、藝術類建築工程，建築工程師、建築清潔維護工人、等等。

【個人護理和服務】——美容院、美髮店、保健按摩店、中醫護理店、皮膚護理店、個人隱私護理，等等。

【銷售】——銷售員、市場行銷機構、管道銷售、零售業、批發業、商品銷售、服務銷售、廣告行銷、各種行業性銷售，等等

【辦公和行政支持】——辦公用具、文秘、助理、公關人員、行政管理、公務員行政機構、公司行政機構，等等。

【農業、林業和漁業】——可耕地、糧食種植、糧食生產、糧食分類品種儲存（小麥、大麥、大豆等等）、蔬菜種植、水果種植、大棚技術農業、機械化農業、灌溉技術應用、農藥技術應用、轉基因農作物、現代化農業，等等。

【施工和開採】——建築工地施工，施工機械、地下施工操作工程、人工智慧施工、管道施工、海底施工、煤礦開採業、石油開採業、金礦開採業、貴金屬開採業、半導體材料開採業、水利開採、地下資源開採，施工工程師、施工技術工人。等等。

【安裝、維護和維修】——建築安裝、電器安裝、管道安裝、各種設備安裝、工廠生產設備安裝、家庭裝修安裝，等等。

【生產】——工業化生產、工廠、各類工人工種、工廠主、生產工程師、工廠管理人員、汽車生產、水泥生產、鋼鐵生產、服裝生產、電腦生產、電子產品生產、手機生產、各種零部件生產、化工產品生

產、家用電器生產、重工業生產、輕工業生產、食品加工生產、農業化產品生產，等等。

【交通運輸與物流】——陸地交通管理、水上交通管理、大卡車運輸、船舶運輸業、航空運輸、物流配送、物流管理、運輸工具（海陸空車船飛機等），等等

【軍事】——關於軍事，屬於敏感話題，不在此列。

以上除了軍事之外，我們最簡單列舉了世界範圍的職業範疇，其實際情況遠遠超出上述所列舉行業數百數千甚至上萬倍的職業選擇。儘管行業千千萬萬，但五明智學統統可以吃下，貫通所有種類行業或職業。這裡我們不再一一分別五明智學每項與所列舉行業及職業的對接了，因為這樣的工作是沒什麼實際意義的，只是增加一些累贅的文字而已。總之，我想告訴讀者的是，五明智學的貫通性是不必懷疑的，尤其工巧明智學在職業的選擇上可以做到一通百通，為什麼能做到一通百通各行業？心靈手巧的緣故。也就是說，人類的心靈手巧可以手眼通天。

（3）聲明智學的就業廣度——下面我們開始分別列出五明智學所涉及的各個門類就業的廣度。我們將根據上一節所羅列的部分職業清單試著對號入座，看看其能裝多少種職業。

關於聲明智學與職業的關係，早在前些章節就有所描述了，這裡不免可能還要不免有所重複。上一節羅列的職業清單中與聲明智學相關的應包括——【管理】類——任何一種職業都有管理，如：經濟管理，城市管理、社會管理、政府管理、水利管理、交通管理、學校管理、教育管理、金融管理、國家管理、軍隊管理、餐飲管理、健康管理、醫院管理、氣象管理、家庭管理、財務管理、工廠管理，等等，

舉不勝舉。這些管理無論哪一行業都與聲明智學有著千絲萬縷的聯繫。因為作為管理者，語言能力是最突出的表現，不論口述語還是書面語都是不可或缺的，尤其最重要的應是口述語的表達藝術，是管理者在管理技術層面上最為重要的素質和能力。很難想像一個高級領導管理人員或一般性管理人員，口才很欠缺，卻能管好一支渙散的團隊。

【商業和金融類】——商業類如：店鋪商業、線上商城、仲介商業、市場行銷、代理商務、食品商業、工業品商業、家居商業、裝修材料商業、飯店商業、旅遊商業，等等。無論哪一種商業都與五明智學不無關係。金融業也一樣。如：銀行業、保險業、理財產品類、股市類、基金類、國際金融類、投資類等等。這些行業或職業，也同樣適合於聲明智學的口味。因為商業是必須經過甲乙買賣雙方交流談判，最終契合成交易乃至簽訂合約。這一切都需要口述語與書面語的交互匹配和作用方能完成，否則交易難以實現。即便是在互聯網上商業交易，也仍然需要買賣雙方通過善語交流，方能成交生意。另，金融業更如是，沒有經理人與客戶之間良好的溝通達成交易幾乎是不可能的，尤其是保險業更如是。

【社區和社會服務】——社區商圈服務、社區醫療服務、社區公共管理服務、社區娛樂休閒服務、社區救濟及救急服務、社區環境服務，等等。

這些行業與前述兩種行業同理，沒有與社區居民有良好的善言交流溝通，是不大可能建立彼此的信任關係，從而也會影響社區管理者服務的品質。

【法律】——法律研究、法律服務機構、律師、律師事務所機構、大陸法系研究、羅馬法系研究、法律訴訟、陪審團刑法研究、民法研究、法律與政治研究、法治社會、法制社會、各國法律研究，等等。法律人員對於口才和書面語的應用與聲明智學的關係更是密切相關了。尤其是第一線的律師更如是，這一點我們就不再贅述。

【教育、培訓和圖書館】——教育和培訓顯然與聲明智學的關係如同魚和水的關係彼此不得相離，否則教育及培訓業簡直無從生存。除非聾啞學校。尤其是口述語，對於教育培訓業來說，時刻不得脫離的工具。想像一下一個失音的教師只得在家休假。如果長期失音，該教師就不得不離職。但圖書館業確實與聲明智學關係不大，但與書面語也不無關係。但這種關係也就不是相當重要了。

【藝術、設計、娛樂、體育和傳媒】——藝術傳媒和娛樂與聲明的關係也是蠻重要的。如，節目主持，現場演出會的主持，公共媒體和自媒體傳媒等等。語言藝術的所有應用都離不開聲明智學，如文學作品中的小說、散文、詩歌、歌詞、戲劇電影臺詞等等。當然設計和體育就和聲明智學的關係不很大了。

【醫療保健執業醫師和技師】——醫療保健行業看起來與聲明智學關係不是很大，但醫護工作者善言善語對病者來說非常暖心，是非常殊勝的對治安慰劑，對病者康復身心非常有幫助。另，醫者對病人說病，是非常需要慈悲靈活的言語，才能讓患者心安。患者心安是最好的治療措施之一，其次才是高明的醫術。所以醫者，仁也，這是中國古代醫家的箴言。

以上是我們對聲明智學所涉及的就業廣度的可能性列舉的職業範圍。其實在實際中可能還會更多。

工巧明智學的職業廣度——工巧明智學在職業上的選擇廣度就更多了，上述23種大類別群的職業，基本上都與工巧明智學相關。除了【管理類】以外，【生命、物理和社會科學】【教育、培訓和圖書館】【辦公和行政支持】【商業和金融類】【法律】【銷售】以外，其他的行業如【電腦和數學分析】【建築和工程】【社區和社會服務】【藝術、設計、娛樂、體育和傳媒】【醫療保健執業醫師和技師】【醫療保健輔助人員】【安全保衛】【食品加工和餐飲服務】

【建築、地面清潔和維護】【個人護理和服務】【農業、林業和漁業】【施工和開採】【安裝、維護和維修】【生產】【交通運輸與物流】【軍事】等等，都可以是工巧明智學所涉及和選擇職業的範疇。由此可見，工巧明智學在職業選擇上的優勢顯而易見。

（4）醫方明智學的職業廣度——醫方明智學的就業廣度是比較明確的了，而且局限性也比較強，只適合於醫療類的選擇。如上述23種職業類別群中的【醫療保健執業醫師和技師】【醫療保健輔助人員】，其他就沒有太多選擇餘地了。

（5）因明智學的職業廣度——下面解說一下因明智學所適合的職業範圍。就單說因明智學對職業的選擇範圍，應該說是非常狹窄的，因為上面23種職業類群中，幾乎沒有一項職業對應於因明智學的直接選項，但就廣泛的意義來說，因明智學可以滲透於上述23種職業類群中的任何一種職業。世界上你幾乎找不到一種與因明智學無任何關係的職業。這是確定無疑的。可以說，任何職業只要缺少了因明智學的參與，就很容易出紕漏甚至惡性大事故，這是無疑的。比如，不管是政治上、經濟上、商業上、文化上、教育上、科技上、醫療上、社會環境上、企業上、家庭上、個人生活上等等方面。最近幾年來的疫情在全世界的爆發，肯定與管理不善造成有直接關係，管理為何不善？顯然因明智學的嚴重不足才可能造成。當今的"俄烏戰爭"爆發，也一定與領導人判斷失誤有極大關係，為何會判斷失誤？因明智學障礙是最大直接原因。美國矽穀銀行倒閉，究其根本原因，都是判斷失誤，形勢估計有誤，操作失衡等所造成。這些錯誤的過失本質上都與因明智學不足或障礙有關。反之，如果因明智學充足，邏輯不失，失敗事故發生的可能性就會大大降低，甚至不會出錯，即便出錯，損失也會降到最低。所以因明智學可能極少有直接對應的職業選擇，但它作為職業能力的保護神，是任何工作都不能缺席的可靠夥伴。

（6）內明智學的職業廣度——應該說，內明智學與因明智學很相似，在職業選擇範圍來說也是很狹窄的。不過它可能比因明稍好一些，比如：宗教領域就有內明智學對應的崗位，心理治療行業同樣少不了內明智學的青睞，醫療行業的臨終關懷工作是直接需要充足內明智學醫師的坐鎮，否則臨終之人的往生命運將難以保證去往善處。我們本書的專注點教育行業，也是內明智學的直接受益者。重視學生內在品質素質教育的學校，一定對內明智學有強烈需求。另，培訓行業也是內明智學的重點選項。比如，據說現在矽穀的諸多高科技產業內部對高級管理層員工的培訓，還有美國歐洲的一些頂尖大企業對內部高級經理員工的培訓，重要的培訓項目就包括冥想，瑜伽，禪修等課程。這些培訓都表明了對內明智學的渴望需求。

其實，內明智學與因明智學一樣，直接對應的職業也是很少，但它也是各個職業能否優化顯現的護身符，也是保護神。否則品行上的紕漏甚至比因明邏輯的缺漏，可能造成的職業傷害後果更大更可怕。比如，某些國家的獨裁邪惡政權就可能導致整個國家或全人類的巨大傷害和損失。一次二次大戰的實例再明顯不過。戰爭正是掌握權力的人失去內明反觀自照自省的內在動力而導致的品行邪惡，激起了強烈的"貪嗔癡慢疑邪見"的能量，最終發動了戰爭，造成億萬人的傷亡。人類的歷史正是充滿了暴力殺戮的戰爭所組成的悲壯慘烈的畫面。究其深部原因，都是因為統治者嚴重缺乏因明智學，尤其是缺乏內明智學的學習所導致。

2、五明智學教育在社區建設中的應用

（1）五明智學教育在社區的綜合應用

這一節我們來討論一下，五明智學教育在社區的綜合應用。這是一個新課題。首先說，社區的綜合專案是龐雜的。當然了，社區人員的類別也是多樣性的。五明智學如何深入到社區進行服務？有人可能首選建立一所五明智學培訓機構。這的確是個好主意，專業的培訓機構非常便於對某社區進行實質性服務，如，針對家庭管理、理財、保險、旅行、美食製作、電器維修、房屋整修和裝飾、家庭關係相處、夫妻關係相處、自我獨處、藝術修養、健康諮詢護理、健身、心理諮詢、心理輔導調試、哲學人生探討、等等專案都可進行針對性的培訓教育。因為我們是在從事教育工作，所以建立社區學校或培訓機構是最佳選擇。

（2）積極社區服務

積極社區服務，除了培訓機構能直接為社區人進行培訓課程外，還可以組織義工團隊，對社區進行全方位的服務。社區服務的專案很多，如，社區環境維護（樹木養護、草坪養護、環境清潔等）、安全維

護、慈善活動等等，這樣能大大減輕社區日常維護的成本，也能促進鄰居們關係和諧友好。這就是社會的優良潤滑劑。

（3）社區老年大學

除了第一小節說的建立專門的培訓機構外，也可成立一所專業的老年大學，專為社區退休人員進行培訓教育。當然也可以在同一所培訓機構另分出一支專為75歲以上者的培訓教育項目。老年大學的主要 培訓項目並非五明智學的所有項目，主要是在醫方明、工巧明、內明上重點培訓。為何選擇此三項進行培訓輔導？理由如下：

①醫方明智學的培訓目標顯而易見，專門傳授自然醫療保健的自我康復療法，如，營養學的知識、加減乘除的自我養護法等等。保證學員的身心健康，延年益壽，康樂終生。

②學習工巧明智學的目的，主要是增強學員的動手能力，以及手腳的靈活性，以防止阿爾茲海默綜合症爆發。

③學習內明智學的重點是關於往生解脫的佛法知識，必需為往生善處做好充分準備。此外禪修課、冥想、念咒等課程都是不能缺少的。

（4）社區臨終關懷

社區的臨終關懷，應該是五明智學的重點服務專案。因為臨終關懷涉及到每一位臨終者往哪裡去的問題。解決此問題，應是人生最最重要的問題，甚至遠重於生前人們所關注的如何過好一生的問題。因為人生實在太過於短暫，相比於日月星辰的歲月來說，簡直如白駒過隙，或好比一秒鐘與百年相比長短時間是一樣的。人生如此短暫的時間就不得不死去，所以考慮未來去哪裡就是個關鍵問題。當然最好的去處就是能解脫生死。我們已知，解脫了生死就不再參加輪回了，徹底自由了，大自在了，甚至超越天人。天人的"福報"享用殆盡，還是要重新墮入三惡道或人道的，其實我們人間就有很多天人墮落後的投胎者，所以還是要受苦的。按佛法，世間所有眾生都曾與天人為伴，但都是由於無明，而不得不參與六道輪迴。所以輪迴之苦，才是人類根本之苦。內明智學的最重要任務就是要指導社區人提前做好準備，尤其是老年人。有些文化是相當忌諱談論死亡的，尤其是中國文化，對談論死亡眾生都是避而遠之，這一點西方人遠比中國人開明。按說，中國有兩千年的佛教文化傳統薰陶，而且佛教文化的本質就是解決生死根本問題的，很遺憾，中國人心底裡並未接受佛法的真理法則，只是接受佛法中的得福報意趣。這是很難令人理解的。相反，西方人對死亡並非如中國人那麼避諱和恐懼，這和基督教的精神內核有直接的關係。生存與死亡也是基督教的一個基本主題，而且基督教與佛法有著許多的共法，所以兩者並非矛盾，尤其在死亡的問題上，幾乎是異曲同工。所以內明智學教育是可以在歐美文化國家解決臨終關懷的問題大顯身手。

3、五明智學教育對政治體制發展的巨大價值

（1）積善成德

我們這一章節主要是探討五明智學及教育對世俗社會的實用價值，而這一節又是討論世俗社會中的一個最難迴避的大問題，即政治體制及管理的問題。我們知道，世俗社會中，最根本也是最重要最為關鍵的問題即是政治問題。政治問題是個非常敏感的問題，在某些專制政體是不可碰觸的。然而五明智學又不得不面對，迴避政治問題，不是五明智學的品性，雖然五明智學是建立在中道的理念基礎

上，但它是擇善而從之的中道，而非無記的冷血式中道。政治很容易涉及到人權、自由、平等、言論、出版、民主、法律、法制、專制、獨裁、政體、官員、公民、福利、員警等等問題。而這些問題又是世俗社會中人們生活的是否有幸福感的標誌性指標。所謂開明的政治，即是上面所列的名詞（除了專制和獨裁）的內涵能顯示出的指標占比例較大而已，反之，即是不夠開明的政治。然而五明智學及教育正是為實現開明政治而作為。所以我以"積善成德"作為題目。積善成德是中國的成語，非常好的一個成語。中國還有一句流行的善言："勿以惡小而為之，勿以善小而不為"。這雖然指的是人與人的相處而言，其實完全適用於政治領域，尤其更適用於政治機構的官員及其他管理人員。如何才能做到積善成德呢？五明智學能做到哪些功德呢？顯然，內明智學和因明智學與積善成德因緣更為親近。

可以設想，如果某個政府機關部門能接受五明的智學教育和培訓，尤其接受因明和內明的學習培訓，相信他們的利他意識利民意識會有所長養的。首先，五明智學會指導官員們認知分辨善惡法標準，和因果報應輪回法則，相信因果的官員，對作惡的剎車能起關鍵的功德力。畏懼因果法則，抑制作惡心理和行為，其實這也是基督教的核心準則。

應該說，公務員階層人員如果能與五明智學結緣並接受其理念的培訓，應該說是他們的一大幸運和福報。因為五明智學能讓他們個人的心靈成長更加趨善和更具活力，並能提高他們的工作效率和自我滿足感及幸福感。

（2）對決策層的影響

如果政治領導人中特別是決策層人員，能與五明智學結緣並接受其培訓或曾經接受過學習和培訓，那真是其人的幸運和福報。相信接受過並認同五明智學教育的某個領域的決策層領導者，處理任何政務都會盡可能地減少失誤，增大成功執政機率，而且他們的執政發心都不會是利己主義者的。所以五明智學對決策層領導人只能是增上緣的正向力，而不會是負向力的導引。所謂的精緻利己主義者領導人對於五明智學，應該是排斥的，拒絕接受的，因為這直接會衝擊他們的三觀{見注釋：❶}，並且讓他們沒有用武之地。相信五明智學是能衡量領導人是否有善德是否有明智執政能力的標誌。五明智學可以作為決策 層選舉的良幣驅逐劣幣的強有力的杠杆工具。

（3）最能優化各種政策實施

前面的第 一（1）中，"積善成德"中已經說過，五明智學中的因明 智學和內明智學能夠滋養政府官員們的善德與明智的決策力和執行力。所以能使施政的各種政策和策略得到最優化的方案，並執行之。 有很多著迷於制度決定論的人會質疑，人為的教育作用是不能起到根本作用的，尤其對握有決策權的人，只依靠善德來約束他們是暫時的，一旦有機會，人性惡就會自然表現了出來，特別是權力的腐敗是最易發生的事。所以必須靠強有力的制度或法規來約束決策人的權力才是根本，道德良知是不可靠也不可信的。這種言論確實不無道理，但這種道理也並非堅固不化。

設想，再好的制度如果交給沒有受過良好教育的人或者道德瑕疵很重的人掌握權力和決策，一旦機緣成熟，也很有可能破壞既定制度和良好的規則，甚至觸犯法律。照樣做出荒謬不善的決策。現實中這樣的事情也是非常之多。其實兩者都是不可偏廢的。首先還應是人的問題，人的問題不解決，再好的制度設計也會功虧一簣。優良制度也好惡劣制度也好，皆是人群的設計、頒佈和執行。優秀的人群就可能設計出優良的制度和規則，反之亦然。所以，五明智學教育是必須的，由於五明智學的目的是開啟人之善根和慧根，尤其是因明智學和內明智學對於開發人的優良人格至關重要，所以政府決策層人員如果得受了因明和內明智學的熏習，相信他們能制定出最合乎人性的優化制度和政策，並且能自覺執行，而非被動的去執行某制度。這些人即便遇上了特別利己的好機會，並且能滿足私欲而不受監督，也未必能觸犯制度或規則行事。這就是新人類的必需素質。但舊人類就不好說了。

(4) 對官員的個人素質影響力

這一小節我們來討論一下，五明智學及教育對官員的個人素質會有什麼影響力。首先說，官員是社會中一般階層的一員，只不過他們是擁有一定權力的人。根據心理學的研究，官員階層是比較有自我的，"我慢心"很容易膨脹，接受再教育培訓的難度也比較大。

印度古老的哲學認為，人共有五欲——財、色、名、食、睡。這是學界和世俗公認的人類基本欲望。但是筆者經長期觀察研究社會學心理學人文學佛學等諸學識，總結起來看，人類另有一大基本欲望，被古印度哲人所忽略：那就是"權欲"，或名"控欲"。這是顯而易見的普遍事實。"控欲"或權欲，不僅僅表現於政治經濟法律職業等的社會領域，而且也普遍表現於人與人的私人關係和家庭關係中，人與他物的關係中。比如，父母之於兒女的控制欲或權欲，強者之於弱者的控制欲或權欲，人類之於動物種的控制欲或權欲，等等。這是人類普遍存在的意識習性，如果忽略了這個被遺漏的基本欲望，對於人性學倫理學來說應是一大漏洞。我們所觀察到的事實，權欲常常表現出的人性惡法，強度上甚至遠超過五欲中的任何一種欲，這在國家體制中表現得尤為突出。甚至權欲的支配力遠在其他五欲之上。所以，人性的基本欲，應該為"六欲"——財、色、名、食、睡、權。對政治人物來說，權欲是其核心欲望。通過觀察和研究發現，六欲中有四種欲是天然基本的——色、食、睡、權，另兩種欲並非自然根本的欲望——財和名。理由就不再贅述。

我們前面的章節已經詳細討論了五明智學所對應的學生範圍，當然也包括公務員及官員階層。只不過官員階層作為學生稍有些特殊性，就在於他們握有一定的權力。對於這種人群的培訓再教育，五明智學照樣可以很好的得到應用和發揮。這裡可以全面的進行整體五明各門類的培訓教育，但是可以將因明智學和內明智學作為重點進行培訓。其他三明也不是不重要，只是作為輔助訓練即可。下麵我分別論說一下，五明各門對於官員素質的提升有何實際作用。

①聲明智學可以對官員的善言愛語能力及說話流利不拖泥帶水等能力大有作為。這是毫無疑問的。而這些口述語方面的能力對於他們應對新聞記者、一般公民等提出的問題給予明快解答是必須的素質能力。

聲明智學也能在身體語言方面進行有效的訓練，特別是官員出現於公眾場合，親和力感召力及平等相處的能力，那是聲明智學所關注的覺點。尤其是化干戈為玉帛的能力這是官員特殊的才能，必須要聲明智學的成全。由此可知，聲明智學對於官員的口才、處理緊張及一般人際關係的才能、感召周圍陌生的公眾等等能力都是大有作為的。這方面是官員素質的重要表現。據網傳消息，馬克龍總統曾在平息法國騷亂中，發揮了傑出的口才和社交能力，力挽了罷工卷起的暴力狂瀾。

2016年的美國總統大選中，川普這頭突然冒頭的黑犀牛，同樣發揮了傑出的演講口才，擊敗了本來勝券在握的對手希拉蕊夫人，出乎所有人預料地贏得了多數選票，榮登總統寶座。這難道不是聲明的妙法在他身上激起的魔力嘛？

②工巧明智學似乎對官員來說，並非那麼重要，但也不是沒有用場。一個工巧明智學很優秀的官員如果能在公眾中表現出心靈手巧的才能，如：音樂繪畫藝術方面、手工藝方面、體育方面、工業技術、農業技術、家用電器維修技術等等諸多方面，表現出了一定才氣，則對該官員在民眾中的好印象是很加分的。反之，可能會受到嘲弄，影響民氣。

③醫方明智學對於官員的健康功用那是非常有實效的。官員有能力自理自利自身健康的身心，實在是一件大好事。一個官員能夠健康自理，這證明瞭該官員的更完善的素質。這裡不必多談。

④因明智學對於官員的重要性非常突出。無論是演說場合，還是辦公場所，無論是寫文章撰寫公文，還是制定戰略決策方案具體實施策略細節等等方面，因明智學是絕不可能缺席的，否則就易犯過失。由於因明智學的缺席而犯的過失，造成的對大眾利益的傷害或財產損失往往是巨大的。特別是在社會應急狀態下，如洪水災害、火難災害、地震災害、社會突發緊急災難等等，指揮官員如果缺乏五明智學中因明的邏輯素養，就可能加重災害倍數，反之，如果決策官員具足因明智學的素質，則很可能讓災害減弱到最低限度。另，官員們具備因明智學素養，可能做任何事都能達到事半功倍的殊勝效果。

⑤內明智學對於官員素質來說應是核心價值。一個官員如果在內明智學上有足夠修養，則他便能表現出內心的大善之心，還能表現出

內在的大智慧。四無量心最有可能在官員身上表現出來，這種官員做任何事情做任何決策都可能在正確的軌道上。這就是說所謂俗話所說的：正確的人做正確事。

（5）對法律的制定具良性影響

法律是上層建築政治體系中最重要的形式或工具。法律條款的普適度嚴密度條理度是否合乎人性化與倫理道德的平衡度等，這是法律必需考慮的因素。顯然，法律與五明智學中的因明智學關係最為密切，當然還包括內明智學。因明智學的分量在良好完善的法律制定上，可以發揮傑出的作用力，並能影響數十年甚至上百年的效應。當然歷史上，也有不少國家民族的法律朝令夕改的情況，這種法律都是非常缺乏因明要素和內明要素的惡法，難以執行的法律。如果受納了缺乏因明及內明要旨法律的大眾，應該說他們的命運是悲涼的，甚至是悲慘的。由此可見，法律的制定者如果能接受五明智學的指導或培訓，相信他們的法律專業素質會大幅提升，尤其是接受了因明智學及內明智學的薰陶後。他們能為公眾制定出最有進步意義的法律。

（6）正義和自由民主法治社會

這一小節我們來討論政治領域比較理想化的結構和可行性的高度。公平正義、慈愛、自由、民主、法治等這些口號性的政治詞彙，無論是上上世紀，或上世紀或本世紀乃至今後的數百年甚至上千年，恐怕都不會落後。其實這些詞彙並非人類歷史上近 300 年才有的政治理想模式。早在古希臘時期、還有遙遠的冰島國建立初期，就已經有了這些善良的理念並且也有實際的組織形式。雅典的政治模式是最為典型的。但有人提出質疑，古代希臘社會雖然具備上述的政治要素，但法治不夠發達，遠遠趕不上古羅馬社會，他們說古羅馬社會才是人類歷史上法治最發達的理想社會。是的，我們承認古羅馬社會對法治及法制上的偉大貢獻，如，羅馬法系或大陸法系至今還在被法律界所應用。羅馬法系的特點也是成文法系，所以特別講究因明邏輯關係的一種法系，它與英美的判例法系有所不同。不過也有人說，古羅馬社會雖然重法治及法制，但羅馬帝國的統治也是相當殘暴的。所以他們認為，良好的現代社會形態，法治及法制不是核心要素，而應該是"公平正義、慈愛、人權、自由、民主，而法治只是作為護佑這幾大元素的衛士。也就是說，法治並非目的，只是手段，公平正義、慈愛、人權、自由平等、民主，才是核心或目的。這種認知是很有道理的。這幾大要素的組合構成了人類理想社會的組織形式，而要持續地維護這種優化的社會國家形式，就必須有五明智學教育作為精神思想的支撐。否則這種理想社會模式是難以為繼的。因為末法時期人類的精神家園愈來愈趨於敗落，依靠舊人類自己難以康復這幾大要素。唯有五明智學及教育在此能表現出巨大的功德力。維護這樣美好理想的社會模式只能靠五明智學教育造就的未來新人類才有可能。

（7）領袖人物接受五明智學教育的巨大福報

前面幾節討論了五明智學教育對政治制度及決策等的重要作用。這一節我們專門來探討一下如果領袖人物接受了五明智學教導後，會有哪些福報。不用懷疑，領袖人物如果學習和訓練過五明智學，則對他本身善德及大智慧會有極大的發揮餘地，對他所領導下的國家體制及眾生會有極大的益處。國家體制一定會沿著理性的軌道運行，眾生的利益（福利、德利、慧利、權利等）能得到最大化滿足。我們可以舉出一些歷史的典型範例說明這一問題：

如：古代印度阿育王統治時期的孔雀王朝就是典型。阿育王統治時，印度空前統一，比之現在的印度國土還要廣大，人民安居樂業，普遍行善法，彼此祥和相處，沒有戰事，修行佛道的人比比皆是，和其他行道者也能彼此和平相處，互不詆毀，經濟上空前繁榮，犯罪率極低。阿育王當時是忠實的佛弟子，並且號召全印度信奉佛教，他本人對佛法教義也是能領悟到位。五明智學中至少內明頗有修養，其他四明理應協同受益。據資料，從他繼任王位到去世及過後的一段時間共百年左右，印度全境幾乎都是一派和平繁榮景象，眾生在大福中休養生息，而且佛法廣泛傳播，證入道者也是很多。

另一個典型事例，即是古希臘的馬其頓王亞歷山大大帝，被歷史家尊為世界歷史最偉大的君王。為何這麼說？從他的個人德行上說，人品善良、氣質勇猛過人、胸懷遠大、雄心氣吞山河、深謀遠慮智力過人、箭術馬術本領超人、帶兵打仗從來都是身先士卒、管理所佔領的王國國土也是善策有方、受到佔領國人民的一致臣服和擁戴，人們自願將過去的國土並為亞歷山大王國國土。他對輔佐的各路將軍及士兵眾都能聚在一起和諧討論重大事宜和解決問題。亞歷山大大帝與後來的羅馬帝國皇

帝、蒙古軍成吉思汗大帝、奧斯曼大帝、以及現代的所有君王的所作所為形成鮮明對照。只有英國的維多利亞女王可與亞歷山大大帝的品格和管理才華媲美。亞歷山大大帝雖然佔領了半個亞洲，但極少發生屠殺當地民眾的惡事，也沒有濫殺俘虜或被占國皇帝，更沒有毀壞文物，而是保護所有歷史文物遺跡，也沒有洗劫當地財務和文

物瑰寶，而是對之施用一套希臘化的民主管理方式來治理新的屬於亞歷山大的王國。亞歷山大將新的王國視為和希臘一樣的祖國，沒有強烈的分別心。很多的希臘文化滲入到了廣大的中東亞洲地區，一直延伸到北印度範圍。我們所瞭解的佛教造像習俗，也是亞歷山大希臘化時期帶去的。

有人一定會感到奇怪，難道亞歷山大是神造的兒子？他這麼多的高貴品格和驚人的管理治國才華是如何形成的？問題提得好！這正是我們要探討的價值所在，很多學者也感到不解——這位遠古時代的君王怎麼比後來的任何文明國王都更加文明？因緣終於找到了，他的私人老師即是當時整個希臘最偉大的導師——亞裡斯多德。我們已知，亞裡斯多德是古希臘的三大賢哲之一。而且就當時的學問知識水準的廣度來看，亞裡斯多德更是青勝於藍。亞裡斯多德的知識含量可以被看作是當時全希臘的圖書館。任何問題到了他那裡都不是問題。他的最厲害的影響後來人的科學思維方式的巨著《形式邏輯學》或《工具學》，還有他的《政治學》、《詩學》、《形而上學》都對後人產生了巨大影響。而亞裡斯多德卻能親自做亞歷山大的私人老師，顯然他的邏輯思考方式頗具因明智學的元素，亞裡斯多德還有關於倫理學的著作，這在做人的道德上的內明智學在一定程度上對亞歷山大產生了一定影響。他的《政治學》理念也一定影響了後來的亞歷山大治理王國及內部人際關係的處理等多項事宜。亞裡斯多德的藝術修養語言修養都非常卓越，這些可能都對亞歷山大大帝后來向自己所占的王國輸入希臘文化產生了直接影響力。

以上所舉的事例，都可以看到五明智學的元素對於領袖人物的良性影響。這種影響力對廣大的領導範圍內的眾生利益給予了巨大的福利。由此而言，如果某國家領袖人物能接受五明智學的系統教導和學習，相信他領導的國民一定能領受巨大的福報。這是毫無疑問的。反之，一位接收和受教不到五明智學教導的資訊及學習機緣的未來領袖，對於本國國民來說是一種非常大的不幸！

4、五明智學對經濟發展前景的貢獻不可低估

（1）經濟的本質還是人

這一節我們準備探討五明智學對經濟發展能有什麼作為，能奉獻出什麼大禮。這一小節的題目是經濟的本質還是人。一點不假，地球上任何事離開了人類的參與，都將一事無成。這是不用懷疑的。當然了，即使地球上無了人類，地球照樣轉，日月星辰照樣運行，這是沒問題的。但是地球立刻就變得一片死寂。經濟領域更如是，沒有了人的參與，經濟一詞也將作廢。所以歸根結底，經濟運行的本質還是人。可以肯定地說，有德行和智慧的人才能創造出經濟繁榮的社會。否則經濟就會衰退。這也是毫無疑問的道理。然而有德行有智慧的人從哪裡獲得？從教育中。而五明智學教育也能成全繁榮的經濟社會。經濟的運營與五明智學的關係應該是全面的。五明各門的通識幾乎都能對經濟發揮作用。無論聲明、工巧明、醫方明、因明、內明，哪一明都不能缺席。因為經濟運營是社會全方位的運行，不只是物質財富的增長，同時它也包含了精神文化財富的增長。尤其是現代社會，經濟增長點已經涵蓋了精神產品的全方位吸納。比如，電影、演唱會、音樂會、文學創作、藝術展覽、旅遊、學術、教育等等，哪一項都與經濟有著千絲萬縷的聯繫。沒了經濟的支撐，這些文化產品行業也將停滯。而這些經濟活動的主體仍然是人。

（2）積善的力量大於集惡的力量對經濟的影響

有德行和智慧的人群才能創造出經濟繁榮的社會。歷史的發展也是這樣過來的。不管是古代社會還是現代社會此道理都毫無懷疑的成立。古希臘的文明社會最為典型。古希臘除了發達的精神文化高度發達之外，商業文明的發達在當時也是令人歎為觀止。希臘的公民社會最大特徵即是人人生活的富足。那時的人們，無論道德上還是智力上，都是世界上最為傑出的族群。

古羅馬社會的初期也如是，經濟的發達比之古希臘來說有過之而無不及。那時的羅馬人內部也還算是比較講究道德風尚，並以法律形式來約束公民們的日常生活行為準則。當然最終羅馬帝國從善法走入了惡法，在專制獨裁驕奢淫逸腐敗的糜爛中滅亡了。從此羅馬帝國從地圖上消失萎縮成了今天的版圖。

古印度阿育王時期也如是，孔雀王朝空前統一，人民安樂，信仰佛教，生活十分富足，和平安逸，風調雨順近100年。當時的印度眾生，普遍愛好修行，彼此關係和諧。

中國的西周時期，也是政治清明，禮義廉恥深入人心，社會經濟也是十分發達，人們彼此關係和睦，重禮好樂，成為時尚，《周禮》{見 注釋：❷}一書成於此時。

中國的大唐盛世貞觀之治{見注釋：❸}也如是，與西周社會可以堪比。經濟空前發達，社會財富相當富裕，犯罪率極低，乃至監獄中刑具長期廢棄。人們普遍信奉佛教和佛法，智慧之人隨處可見。皇帝本人也是尊佛禮佛，對出家僧人倍加尊重。比如，唐玄奘正是那個時期的高僧大德，他青年時期步行去印度取經，達17年之久，給中國大陸帶回了大量寶典——佛經佛論。

德國二戰後，應是歐洲甚至全世界最窮困的國家之一。但他們能接受戰爭帶來的慘痛教訓，從內心底開始反省自身的罪孽，接受世界善法準則，很快經濟上就重新崛起了，成為歐洲老大，尤其是戰後的西德。但是隔著柏林牆的另一邊東德並未接受世界善法準則，而是接受了蘇聯模式的專制惡法，結果使東德日漸窮困潦倒，與西德的差距越來越大．。直到東西德統一後，才有了今天的共同富裕。同樣的情況也發生在了韓國與北朝鮮的強烈對照。只是直到今天，這種一邊富裕另一邊窮困至極的強烈對比，仍在相續不斷。

實際上我們已看到的世界歷史也遵從前面說的善惡法與經濟繁榮與否的規則。比如，1929~1933年的經濟大蕭條，決非是單獨的經濟出了大問題，而是整個世界的善法出了大問題，惡法就占了上風。有一副當年的畫作最能說明問題，如圖所示（摘自中國知乎）：

這是1927年的一副預言性的漫畫
懸崖上的暴富，山腳下的貧困

這幅圖畫生動表明了善惡之法的鮮明對照——勞資雙方在經濟上的懸殊收入，即貧富差距已到了無以復加的地步。這就是惡法凸顯的象徵。民眾的購買力已經到了最低限度，此時美國的棗核型中產社會，已不復存在，兩極分化極為嚴重，這就是惡法壓倒善法的最大特徵。

所以經濟大危機必然湧現而不可收拾。美國如是，英國、法國、德國等發達歐美資本主義國家無不如是。

由上可知，經濟的發達與否與世間善惡法成正比例關係確定無疑。即善法愈多，經濟愈可能富足，反之，惡法愈多，經濟上愈可能衰敗。這也是歷史的發展規則。

（3）五明集大善於社會與繁榮

前一節我們論述了善法與惡法，與經濟發展的正比例關係，足以說明瞭經濟這事不是平白無故的繁榮起來，也非平白無故地衰敗。這些都是因果業報的關係。而深部因緣看，即是世間善惡法的對比對抗的強弱程度所決定。

然而五明智學能夠集大善之德，我們早已通過前面的章節知曉。所以從上述原理可知，五明智學是可以造就一方水土的社會經濟繁榮的。有人可能會懷疑這種觀念。我們可以稍微分別論證一下：

①已知，聲明智學教育可以全面營養，並能成就人的語言能力（口述語與書面語）。試想，人們彼此通過聲明的大門，表現出傑出的友好和諧的社交關係的才能和善意，並且增強了彼此信任的關係，能最大限度化解彼此的敵意、疑心重重的戒備心理、嫉妒、"互害"心理，等等，如是自然大大增強了彼此的辦事效率，如果這種有好信任關係投入到經濟商業領域，也必然大大減少了坑蒙拐騙的欺詐事故，童叟無欺的從商風氣會席捲整個商場或市場。難道說如是這般的良好商業風氣還能讓市場疲軟甚至通縮嗎？

②再次工巧明智學對應於各種的廣泛的職業選擇以及各種科技領域的項目選擇。設想，如果普遍人都具備一些工巧明智學的學習和訓練，

那麼整個職業領域及高科技領域的創新活力會不斷增長更新，則社會的經濟效益也不會停滯，相反會理性增長或維持中間水準，不會造成突然斷崖式下跌的。

③醫方明智學對應於人們的身心健康，設想，普遍具備健康身心的人們，不會有病態心理支撐病態的身體去參與社會工作和活動。人們都帶著健康快樂的身心去參加社會工作及活動，自然負面情緒就應減少很多，即便產生矛盾或糾紛，人們也有能力自行抑制並消解。這樣整個社會就能運行在理性健康的軌道上。比如，我們所見的現時北歐的社會狀況就如是。這個社會沒有大悲也無大喜過望。所以才顯現出地球人最適合人居的寶地。說他們是適合人居的寶地，並非專指地理的氣候環境，北歐的地理環境肯定不是全世界最佳的地方，而主要是指人文的環境特別是每個人的個人素質最為優良。

④再說因明智學，對應於人們知因果，知善惡美醜是非曲直，知真理，知一切邏輯關係的重要性。因明智學能成就人們的高度理性能力和獨立思考能力，也能成就人們辨別及創新科學技術的能力。具備因明智學的能力，對於經濟運營太有增上緣作用力。經濟發展的各個層面，無論零售商業批發商業、無論股市及金融保險行業、無論工業生產領域還是農業生產領域、無論建築裝修領域還是大型公共工程或小型工程、無論飲食服務行業還是其他任何諮詢顧問法律等服務行業，沒有一種行業能缺席因明智學的支持。人們普遍有了優良的因明邏輯的思維支援，則經濟領域的各個方面都可能步入理性的軌道，大大減少非理性的衝動或唯利是圖爾虞我詐的行為模式。所以非理性的經濟危機也很難出現，甚至根本出現不了。

⑤內明智學關乎人的善根與慧根的開發利用，是人格全面發育成熟美善的最佳營養源。可以說，內明智學能成就德智雙學雙修，所以既保證了人的善德，也促生了人的智慧的開啟和發揚。這兩者自然對經濟事務提供足夠營養，保證經濟在善德的軌道上運行，經濟出現衰退或崩塌的可能性降到最低。因為人們的貪嗔癡慢疑邪見大大減少，所以唯利是圖爾虞我詐的現象也會隨之大大減少，諸惡社會現象自然大大減少，惡法不可能成為經濟事務的主流。經濟主流意識必然是依善法和智慧正法運行。經濟繁榮也是自然之理。

由上可知，五明智學及教育可以為社會積大善和大智奉獻出大力的動能，必然能讓社會的經濟導向繁榮，而且能維持穩定狀態。安全事故會大大降低，即使出現經濟安全問題，人們也有智慧使之及時止損，並康復經濟。

（4）理性經濟與五明智學

這一小節我們只就理性經濟與五明智學的關係而討論。不準備過度展開。所謂理性經濟與前面談論的經濟繁榮還不一樣。理性經濟的特點一般認為是保守型的，非激進性的。比較中庸型的經濟模式。現實中也只有北歐的經濟模型比較靠近理性的經濟。美國肯定不是，但這並非說美國的經濟不夠理性。美國的經濟全面來看還是遵從理性原則，但更多強調創新——在理性的原則下創新，這是美國經濟模式的特點。

然而北歐經濟的理性，也並非排除創新。但他們不是以創新作為經濟的支點。他們的經濟模型更強調以滿足人本主義的理性生活模式為動力。而非為創新而創新。美國的經濟模式就有些以創新為王的價值觀傾向。而五明恰恰是北歐與美國化模式的平衡點。看起來是中庸觀念，其實在前面的章節中已經論說過了。第三章中"基於佛法的中道教育理論"，已經對五明智學的中道理論做了比較詳盡的解說。其中舉了粗細不等但長短一致筷子的事例來說明五明中道的原理。這一小節所談論的五明與理性經濟仍然遵從"筷子中道原理"，這與保守的理性主義經濟模式不同，也與強調創新型的經濟模型也不一樣。在一般觀念看來，理性與保守相應，與創新不相應。其實這是誤區。五明智學所認知的理性並非保守，也並非強調創新，而是強調平衡。通過筷子原理事例我們得知，只有把支撐點放在保持平衡不倒的所處，才能使筷子不顛倒，才能使眼界最開闊。理性經濟同理，也是保持這樣一種平衡的支點，這樣才能讓經濟效益最大化，普及率也能達到最大化。這樣就能使社會更穩定更良善更和諧。不可能讓社會出現暴富者，也更不可能出現赤貧者。這才是財富均等的實際體現。五明能促使人自覺地遵從平衡原則從事經濟事務。如果大多數企業家商人雇員小販政府公務員等都能具五明，則社會的經濟自然呈現理性的繁榮局面。請注意，這種理性經濟絕非共產主義式經濟。共產主義式經濟過分強調公有制，而輕蔑並妒嫉私有財產，這是非常麻煩的而且是非理性的惡知見或邪見。因為共產主義模式是以否定眾生之間的業報差異性為基礎的邪見，這種否定眾生之間，"福報"的差異性認知，直接否定因果律法則。反而是非理性的具暴力傾向的經濟模式。五明智學與之完全背道而馳，它才是理性經濟的最大楷模。

5、五明智學對藝術創造和文化發展的意義

（1）個性化的藝術創造與個人成長

這一小節我們將討論五明智學對藝術創造和文化發展有什麼了不起的貢獻和意義。我們知道，人類世俗社會的文明象徵性顯著標誌物——藝術。當然文化是個太廣泛的概念，而藝術也是文化類別的一種，而且是最突出的一種大類別。談起文化或文明的概念，如果沒有藝術的參與，文化或文明顯得多麼的蒼白而無活力，甚至不可想像，某文化或某種文明中，沒有藝術作品。而某文化中即便有了藝術作品，而該藝術品中沒有個性也是很蒼白無力的。歷史就是這樣認知過來的。參觀一下希臘國家博物館、埃及博物館及亞歷山大博物館、大英博物館、美國紐約的大都會藝術博物館、法國的盧浮爾宮、中國的故宮、西班牙的畫廊博物館、義大利的弗羅倫薩博物館、俄羅斯的東宮等等，你會觀察發現，藝術到底為何物？這是個很難解讀的課題。但我們知道，藝術與美學的關係是緊密的深遠的。

與美學相關的藝術品類也是非常的廣闊而龐雜。但我們還是可以將藝術做一個大致分類：視覺藝術與聽覺藝術兩大類。這是根據人的五根屬性而分類的依據。有人會問，難道只有五根中的眼和耳根，才能創造藝術嘛？有沒有依鼻根而生產的藝術形式？從目前看，至少地球人還未發現依鼻根而創造的藝術。即使聞花香是可以辨別的味道，但還未有其所創造的藝術品保留了下來。依舌根能否有藝術作品？比如美食作品算不算藝術品？經常能在媒體上看到製作大型蛋糕的比賽場面，也能看到一些用食物製作的工藝品，如蘋果等，有些行為藝術也是用食物作為素材。很有意思，但這些所謂的食物藝術品並非依舌根的是否滿足為標準，而還是停留在視覺藝術的範圍中。依靠身根，創作的藝術品看來只能推薦出行為藝術形式了。尤其是現代藝術及後現代藝術，行為藝術已經登上大雅之堂。

從上而知，根據人六根而創造的藝術，我們只能拿出眼根、耳根、身根，作為有形的藝術品類了。意根是不可能單獨拿出來作為藝術形式的依託。但是意根，卻參與了所有的藝術形式的創作。以上的藝術大分類是合理的，雖然非常的籠統，但這並非能滿足人們對藝術種類的認知，我們下麵要繼續對藝術進行分類如下：

依"眼根"而定性的視覺藝術分別為——繪畫藝術、雕塑藝術、建築藝術、園林藝術、環境藝術、工藝品藝術、裝飾藝術、等等。在如上藝術中還可以分很多的若干種類，如：繪畫藝術可分別為：油畫、版畫、水彩畫、壁畫、岩畫、中國畫、水墨畫、編織畫、工筆劃等等。雕塑可分別為：石雕、泥塑、木雕、紙雕、沙雕、鹽雕，等等。建築藝術可分別為：希臘式建築、羅馬式建築、拜占庭式建築、中國式建築、阿拉伯式建築等等。我們就不再列舉了，因為這樣列舉下去實在太過冗贅。

我們現在探討藝術之于文化或文明為何有那麼多的重要意義和價值？這必須從藝術本身的屬性來辨析。藝術的最大特點是其審美性和鑒賞性。為何會產生美？顯然，這和人類的精神性追求產生了聯繫。

其實這所謂的精神性追求和滿足，就與五明中的內明自然發生了關係。內明智學裡就深含對美的抽象的理念和形象的理念相互融合的意識產物。藝術與人的欲念確實有所不同，甚至差異還很大。比如女性的裸體藝術畫像或雕塑，這就和單純的世俗淫欲有所不同：單純的淫欲是基於對異性身體佔有欲的追求，這種欲望裡幾乎沒有超越的形而上精神性的意念在裡面，或者說缺乏抽象性的鑒賞意識在裡面。換句通俗話說，淫欲與動物性的交配欲望基本等同。幾乎沒有抽象的形而上意識，如果有，淫欲反而會下降，甚至消解。藝術，也正是在淫欲之上而抽象的意識滿足。由於藝術屬性關注著抽象形而上的意識素質，所以美學經常和哲學融合在一起。你也可以看到，不少大哲學家同時也是美學家，黑格爾即是典型的一位。他居然還撰寫了大部頭的《美學》著作。而在一些大學中，美學也自然走入了哲學系的殿堂。法國的大文藝理論家丹納寫了著名的美學哲學著作《藝術哲學》。這說明藝術具足中國語"陽春白雪"的特性。難怪有些藝術評論家一致主張藝術和一般的裝潢工藝、裝飾工藝等有嚴格區別，因此也有人將藝術家與工匠藝人嚴格區別開來，這是非常有道理的。如，畫家與畫工就有嚴格的區分。藝術家與藝人也如是。

依據什麼分別？大概就是根據是否有創作的意識含在作品中。創作，它是一種人腦意識和情緒混合後綜合的運作，裡面含有諸多的抽象意識及審美意識含在其中，這些諸因素高度集中起來的產物即是靈感，有了靈感，藝術就已實現了大半。所以靈感又是藝術屬性的一大要素。可以毫不猶豫地說，沒靈感的作品決不能稱為藝術。這也是藝術理論家評論家的一致看法或觀點。而且這觀念從古典時期一直沿用到今天。但是今天的人們已經把藝術這個詞叫爛了，動不動就冠以藝術而名。這的確是對藝術的貶損。注意一個問題：藝術品不同於古董或古玩，但有的藝術品既是古董也是藝術，如，古希臘和古羅馬的許多雕塑作品即是。因為這些作品都洋溢出個性的氣質，而非工匠式範本化的產品。實際上，能稱為藝術的作品都是有保留價值的。藝術品為什麼有保留價值？原因如下：

①藝術品的普遍特點都是獨一無二不可重複的作品，即非範本化的產品。

②藝術品普遍都是與創作者的個人勞動直接關聯。

③是否全然投入了自身的靈魂及靈感為使命而創作並表現出某種抽象的獨特的美感意蘊 而非取悅於眾生，這才是諸種藝術家的底線。

以上三點大致是藝術品與非藝術品的鑒別標準。從此三點出發，我們可知，藝術創作與藝術家個人成長的關係。現代藝術評論家，幾乎每篇大篇幅的藝術論文或著作，都要用重筆墨描繪藝術家的個人生活經歷，尤其是有成長意義的經歷。因為個人的成長經歷都會對其個人的性格、思維方式、行為方式、才氣、對人生的態度、對世界的看法、乃至對宗教的理念、對人性及社會的看法、對美的體驗、所受教育、文化認同等等方面產生影響，並融化進了作品中。評論家試圖找到作品與創作者的個人成長經歷中找到依據，如此，每一幅作品就充滿了故事感，而博得傳播效應。當然藝術批評家的工作並非無意義的，從他們對藝術作品與創作者的研究中可知，五明智學對藝術家的成長、個性、才賦等，有何重要關係？

（2）聲明、工巧明、內明智學對於藝術天賦開發的貢獻

這一小節我們來具體討論一下，五明智學中的聲明工巧明內明對於藝術天賦的功德力。通過前面的關於五明課程的章節中我們得知，聲明、工巧明、內明 與藝術活動關係最為密切。當然因明也能發揮某種作用，特別是直覺性 邏輯思維在藝術創作中始終都在運行中，許多的靈感勃發，正是直覺邏輯思維的引爆。

①先說聲明智學，已知這一門類的通識與語言藝術直接掛鉤，還有就是戲劇電影等類的語言表演藝術也是直接掛鉤。再有，即是與文學藝術音樂歌詞藝術等，也是直通車。通過對聲明通識的學習和訓練，

上述幾種天賦都能得到相應的開發和啟用。當然了，雖則學生接受了如上的四明智學的學習訓練，未必就一定能成為藝術家，但至少藝術鑒賞能力得到了大力的長養，對藝術的品味不會低於一般沒接收過五明智學熏習訓練的人。比如，我曾觀看到不少美國的自媒體視頻中展示的房屋外裝修和內裝修及傢俱裝飾的格局，就很有藝術感覺，仿佛進到了一所小型藝術展覽館的印象。如：洛杉磯 1 號公路旁的圓石灘公園及卡梅奧小鎮的別墅區某位老人的美屋。真的能感覺到房主卓越的藝術鑒賞和設計的才華，主人是位女士，整個別墅都是她新手設計並選擇裝修材料、整體和具體佈局等項工程都是她親身參與。屋內的擺設、傢俱的佈局、特別是她外購的藝術珍品琳琅滿目，擺放非常別致，一點不亞於藝術博物館的專業佈置。我非常讚歎這位年邁的女士，她的藝術鑒賞天賦審美天賦及自行設計的想像力令我折服。她雖然沒學習過五明智學，也不是藝術專業的學者和從事者，她只是一位普通的高級經理人。但她的審美造詣藝術設計才華，正是五明智學所要達成的目標之一。你可以不成為專業的藝術家，但你的藝術天賦鑒賞美的天賦並不非不能給你帶來利益。

②工巧明智學，它對個人的藝術家天賦的開掘更為直接。它包括的藝術領域也非常廣泛，幾乎包括全部的藝術領域，不管是視覺藝術還是聽覺藝術還有身根的行為藝術等都能盡收眼底。工巧明智學所關聯的個人藝術天賦主要是實際的操作技能。就是所說的心靈手巧。這種心靈手巧的程度甚至能達到出神入化。

③內明智學關乎人的善根與智根的開發，對於個性化極強的藝術天賦，具有直接增上緣的作用力。因為藝術活動是內在心能量非常強大而激越狀態下的工作，專注力定力的強度也比一般工作要大很多。如

是創造力才能凸顯，火花一般的靈感才可能不斷噴湧，否則很難完成創造性的工作。經常聽說，有的詩人、畫家、音樂作曲家、雕塑家等借著酒勁而進行創作作品，效果還很不錯。雖然聽起來這些故事很搞笑，但是卻說明瞭藝人們企圖借用外在的酒力激發起內在的創作激情而投入工作。但是借助外力來激發起即興的靈感做法應該說是愚蠢的，沒有必要的，甚至可能適得其反。遠遠不如通過內明智學長時期的熏習和訓練有實際效果。因為藝術家在創作過程中並非都是在激動興奮得手足顫抖中完成的，而是更加直覺的理性中完成創作。比如 一個畫家，他每下一個筆觸都是有覺察力的，而非昏頭昏腦的。不多 一筆也不少一筆。文學創作更如是。雕塑創作也同樣如此。比如，羅丹在雕塑法國大文豪巴爾紮克雕像時，最後的時刻決定砍去了雕像的雙手，反而讓此成為傑作。因為雕像的雙手雕琢得太細膩完美反而影響了人們對整體雕像的注意點，使作品的主要部分面部欣賞價值大大降低。這個案例正說明瞭藝術家的高度理性和直覺的統一作用下產生的偉大的結果。當然這不是說，我們就必須否定外力機緣所湊足的火候。但是借酒創作決非屬於外力機緣所湊足的火候這件事。

其實，因明智學對於個人的藝術天賦也有很大的增上緣作用力，尤其是直覺的邏輯思維或意識。也就是人們所公認的文思、樂思、畫思、靈思，等等的突發示現，都說明有因明智學的營養源含在其中。這裡就不再多做解說。

(3) 鑒賞和審美趣味的功德

五明智學對於個人的藝術鑒賞及審美能力的開發，應該有特別殊勝的 功德。理由如下：

①對藝術的鑒賞能力和審美，是一個人綜合修養和素質的集中體現。這是人的一種高級的能力。這種能力是很難以測算的。這種能力其實也是人的比較抽象的直覺能力，我們時常稱之為微妙的情思。這種情思內含有辨識美醜的情感及思維強度，抽象的直覺妙思，難用言說來表達。頭腦裡的這些微妙的見聞覺知能力，單靠一般的教育是難以開啟啟動的。而五明智學卻可以對此大顯身手。

②聲明智學在此就可以從語言門道進入人的內心窗戶，可以如淘寶一樣將人的口述、聽聞、解說、書面語言表達的諸元素不遺餘力地將語言的珍寶一一掘出。語言口述及書面語的表達，都是鑒賞能力和審美能力的示現管道或視窗，如果不通過語言門示現出來，鑒賞能力和審美能力也無從可知。當然有人會反駁說，一個啞巴可能就很懂得審美和鑒賞藝術作品，如，他會藝術地裝飾自己的家庭，購買極有品位的藝術品等，這都說明不需要語言來表達就可以知道其審美和鑒賞的能力。其實不然，在聲明智學中，我們有一種課程培訓，名叫"身體語言"，比如，微笑的表情、適度的姿勢、手勢等，通過行為表達的意蘊，這些都屬於聲明智學範疇。聾啞人就是通過身體語言表達了他對藝術的卓越審美鑒賞品位。

③工巧明智學就更能凸顯其鑒賞審美的能力了。因為它必需人身體力行地去做，去參與藝術的製作過程，所以更深刻體驗藝術創作和自心感受的關係，這種感受是零距離的，所以審美和鑒賞也是會有活氣的，不會是冷冰冰的像是背誦名言警句。，

④因明智學看起來是非常理性的邏輯思維，冷冰冰似乎和充斥情感要素的藝術沒多大關係。但是我們的因明智學內有一種高級的課程，叫直覺邏輯課程，這種課程就是訓練學生的直斷能力，即不需要長時的

理性思考，直接判斷結論。當然這不是說人在這一舉動中頭腦中沒有任何思考，就糊裡糊塗地妄下結論，而是在冥冥中的快速思考而做出判斷。這種能力應是在長時的理性思考訓練中積累的知識浮在冥冥中，時刻準備拿來即用。如果沒有這種平時長時的理性邏輯思維訓練，是不可能儲存於冥冥中的妙思奇想資源的。藝術鑒賞和審美往往就需要即時性調動出來這些浮在冥冥中的直覺思維資源。所以說因明智學是可以增上緣成就個人的審美鑒賞力趣味的。 ⑤內明智學對於審美鑒賞趣味能力的增上緣就更加突出了。善根和智根如果都開發了出來，則他對藝術的本質和審美的本質更有直觀的深刻認知。這兩種根性都能顯現的人，他對任何事務都能有把握實質核心的能力，藝術創作和藝術鑒賞審美也無例外。掌握了每一件藝術作品的實質，其實也就等於掌握住了藝術家與作品關係的核心，從而鑒賞和審美自然有的放矢，藝術趣味上也自然知曉取捨。

上面分別談了五明各門對於個人的藝術鑒賞和審美能力的增上緣功德力。其實這些功德力是五明各門的和合之力共同發揮的作用，非一種門智學的發力，而是和合的法力。這不僅表現於藝術的鑒賞和審美的趣味上，而且廣納其他一切事務行為當中。有人疑慮：醫方明智學難道對藝術鑒賞和審美不發揮作用嗎？應該說不直接發揮作用力，但可能間接有作用。想想看，醫方明智學對應於每一個人的健康和疾病。如果一個病怏怏的人可能對某藝術的鑒賞審美理解有可能會將健康或病魔衰弱的意識灌注到作品中。比如，南宋時期的審美和鑒賞趣味是以纖細白皙虛弱飄逸為時尚之美，而大唐則以壯碩高大肥美而定為時尚審美之最。南宋人的品格是趨弱勢的，衰萎的，非健康的，而大唐人的品格是積極的昂揚的，健壯大化的，充滿浩氣的。這從兩個朝代的詩詞風格就可以感知到。西方的藝術作品風格也如是。如，希臘人與羅馬人的藝術風格就很不同，尤其是雕塑作品中。更體現了這種差異點——希臘雕塑作品就充滿著一種寧靜致遠的靜慮氣質，不躁動不激烈，理性，但不冷漠，力量隱藏於體內。尤其是希臘國家博物館中的一幅雕塑作品《投擲標槍者》最為典型，這幅作品與古羅馬時期的《奴隸》雕塑作品形成鮮明對照。希臘的作品投擲標槍的人表情非常平靜幾乎看不出表情，但他腿部的肌肉卻筋骨綻出，顯得非常緊張和激烈。《奴隸》的表情就表現出了無奈和怒氣，表現出不服從和反抗的情緒露於臉上。舉證這些例子，只想說明健康與疾病的常態會對審美意識和鑒賞趣味產生相應影響。這大概也是醫方明智學對藝術審美的間接影響吧。

6、五明智學對高科技未來發展的意義巨大

（1）發明創造的內涵

這一節我們將探討五明智學對高科技未來發展有什麼巨大意義。我們先來討論一下發明創造的內涵。這是需要解釋清楚的，否則我們就很難判斷五明，對於未來科技的意義到底是什麼。

什麼是發明創造？發明，發，發現、發起、發動，明，明白、明瞭、透明等等，綜合起來，發明即是發起對某物或某項技術的研究，並透徹明瞭某物或某項技術的理則原理或規律等等。創造，即是我們通常所說的創新。創造有兩類：一是無中生有，二是在有中創新提升到新的階段。這兩種創造都是必須的，當然無中生有的革命性是顯而易見的，但它的風險也相當大。風險主要來自於傳統舊勢力的頑強阻撓。因為頑強的舊勢力總是有很多的利益集團在得利中心安理得，躺

著都能賺大錢。第二障礙就是自身技術還不夠成熟，應用起來還不夠方便，所以就易被扼殺在搖籃中。第三個障礙就是資金投入的不足。

一個從無到有的新發明新技術人們總是要畏首畏尾地觀望之，勇於投資的人畢竟是有非常魄力和膽略的佼佼者。做第一位吃螃蟹的人是極不容易的事啊！科學技術發展史有數不盡的從無到有的發明創造，如：萊特兄弟發明第一架飛機，愛迪生第一個發明電燈，愛因斯坦第一個提出相對論，牛頓第一個發現力學定律，英國人第一個使用紅綠燈作為交通信號燈。約伯斯第一個發明創造出了智慧性 App 平板電腦 IPAD，和第一部智慧型手機。美國人約翰·阿塔那索夫第一個發明電腦的人，對今天的影響力簡直就是開天闢地的偉大創造。比爾蓋茨帶領下的微軟公司，首先發明瞭個人電腦的視窗作業系統 Windows，對人類的辦公系統提升到了半自動化的水準。從此改變了人類的工作方式和生活方式。英國科學家伯納斯·李首先發明瞭萬維網，也就是互聯網方式，互聯網因此得以迅速普及。互聯網的發明簡直可以說，驚天地動鬼神，將全人類聚集在零距離的互聯網中。當然了，以上這些發明創造基本上都屬於從無到有的第一性發明創造碩果。

第二性的發明創造成果也相當地驚人，令人耳目一新。第二性發明創造成果最為突出而偉大的貢獻，可能頂數馬斯克帶領下的公司所發明製造的"星鏈技術"、宇宙火箭回收技術、特斯拉電動車的完美工藝技術、還有他奇思異想的火星移民計畫等等，哪一項發明創造都能驚動全人類。其他的第二性的發明創造成果可以說比比皆是，目不暇接。諸如各種的社交媒體網路及社交媒體軟體、搜索引頸網站、銀行支付系統軟體、遊戲軟體、數碼照相機等等，諸如此類舉不勝舉。

以上一系列人類的發明創造，都離不開人們的頭腦中奇特的想像力和超群的思維能力的貢獻。然而五明智學都對這些發明創造活動更可以在此基礎上進一步增上緣，更具革命性的升級換代。這是不容置疑的。

（2）科學理論與五明智學

前一節我們談論了科學發明和創造的內涵，而且還斷言說，五明智學能對科學發明創造具有強大的增上緣功德力。這一節我要再次解說一下科學理論與五明智學之間的關係。前面的章節中我們已經比較詳細地討論了科學與智學的差異性和共性。現在所談論的問題，其實是科學與智學問題的繼續。

我們已知，科學理論是一整套關於具體學科的理論，並非泛泛的科學理論。因為所有的科學理論都是有具體的所指，否則就變成了抽象的科學理論原則了，那是沒有任何實際意義的，只能當作抽象的哲學來玩賞。所以說所謂科學理論都有各自的指示物件。比如：地球物理學是有關地球諸物理現象的科學理論，化學理論，是關於化學反應的有關分子化學鍵等方面的科學原理。生物科學理論，是有關生命的架構及運作原理的科學理論，建築學是關於建築結構材料及建設的科學理論，醫學科學理論是關於醫療衛生的科學理論，電子科學理論是關於電子運行規律的科學理論，等等。總之，科學理論不是抽象的假說，而是具有所指的具體研究物件而生成的理論。

科學理論的實質，就是研究某被研究物件的規律性運作模式，組成方式、功用特點、發展趨向等等的基礎性問題。科學理論的任務就是解釋被研究物件的規律，以便隨順其規律解決實際應用的問題。它與五明智學有何關係？這個問題前面章節都已經論述了很多。這裡我們還要再次強調二者之間的不一不異的關聯性，以及掌握它們之間差異性和共性對解決實際問題有何重要意義？

首先要說，科學與科學理論還是不大一樣，科學是抽象的說法，而科學理論是有所指的物件。沒有所指的物件，科學理論猶如空中閣樓，沒有實際意義，正如我們上面所列舉的實例。如此說來，科學理論與五明智學，應該也是關係密切。五明智學的目的都是要運用到實際研究或創造中。所以它也照樣能深入灌注到科學理論的研究中，它能讓科學理論更加成熟更加實用化。也就是說，五明智學能對科學理論增上緣，使之能合理完善。下面我們簡單說明一下，五明智學是如何對科學理論發揮功德力的：

①我們先來看看工巧明智學對於科學理論的功德力。為何不提聲明智學？因為科學理論與語言的表達能力雖然有關，但非是實質性的

關係。工巧明智學對應於各種的職業物件，以及科研物件的實驗性活動。所以它與科學理論有直接關係，因為所有的科學研究都必須付諸實施才有意義，而實施活動特別需要工巧明的直接參與，所以它使得每一種科學理論都能恰到好處地接地氣，而免於空泛的假說。這就是說，工巧明應是科學理論的手臂和腿腳，失去了手腳，科學理論就等於人失去了雙手或雙腿而寸步難行。

②醫方明智學對於醫學科學理論當然是不可或缺的角色。它們之間的關係可以比作魚水之間的關係。互不相離。當然醫方明智學比較醫學科學理論的範疇更寬廣，因為它不僅關係到醫科理論的成熟與否、實用性與否、適用性與否，還關係到醫療實踐的診斷疾病、對治疾病、康復身心的更廣闊內容，而醫學科學理論對之並非如是到位，醫學科

學理論只關注醫療科學上的規律性，並非參與具體對治疾病，而醫方明智學就必須兩者兼得。

③再來看因明智學與科學理論的關係。顯然二者的關係最為密切。可以說它們是孿生兄弟也不過分。我們已知，科學理論即是科學思維方式的演繹和應用，裡面的內容充滿了形式邏輯的元素和奧妙，裡面既抽象又具體生動，就好比我們在高倍顯微鏡下觀察基因的結構圖譜，或是觀察某細菌的運作規律，簡直如同玩耍遊戲。科學理論的思惟主要是應用因明智學的形式邏輯思維方式，辯證邏輯應用的少些。當然如果能兩者邏輯思維方式並用，可能使得科學理論更加完善甚至有所突破乃至新發現。因明智學特別擅長第一性思惟方式，即本質探尋思惟，這既是形式邏輯的，又是辯證邏輯的，既有哲學思考也有科學思考，它可能使科學理論更加圓滿透徹。據說馬斯克就非常擅長第一性思維方法，其次才是別的分類型次序型的思維方式。他的每一項重大發明創造奇思異想都有第一性思惟含在中心地位。

④內明智學對於科學理論的發現和研究也不是不能發揮作用。可以設想，一個具備善德和內明大智慧的科學研究人員，在理論上一定會遵從真理的原則，並且有可能靈感即時襲來，產生創新的義理，並發現新規則。他不太可能依人不依法去行事，他一定是如亞裡斯多德那句名言行事——我愛我師但我更愛真理。在科學研究理論上遵從依法不依人的原則正是科學研究最必需的善法準則，這就是內明智學的重要元素之一。所以說，科學理論的研究和創立創新是需要內明智學的倫理原則給與支撐的。

（3）實用科學與工巧明智學和因明智學的連結

實用科學，顧名思義，將科學運用到實際運行事業中，如研發領域、生產領域、服務領域等等。顯然它與純科學理論看起來有很大不同。科學理論的關注點是探討物質或事務的規則發現規律，而實用科學，是應用現有的科學理論作為指導工具去實際地運用研發新產品新技術新工藝等。而這種科學實踐活動卻與工巧明智學，發生的聯繫最為密切，其次就是因明智學的應用。此二明門智學與科學技術的關聯性，前面的章節已經論述的很多了。這裡不再準備繼續展開來過細討論。我們這裡只是強調工巧明與因明和合起來對於實用科學的助力。為何此二明必須和合起來共同作用於實用科學？

因為實用科學必需實踐者親身參與，並且人身的六根都必須參與活動，才可能讓實用科學產生效果，即四肢並用，心靈手巧地參與實際科學活動。在此期間，因明的邏輯思維從未停止過運轉。否則工巧明則不能成就為工巧明。因為人在實際行動中，大腦的思維都是始終參與運營的，除非在睡眠中。所以，本小節強調工巧明智學與因明智學的和合運用於實用科學的工作中。

（4）創造的靈感與內明智學

這一小節專門來討論科學活動中創造的靈感與內明的關係。當然，人的創造活動和靈感的發揮決非僅僅是科學技術發明領域，而是任何人類的領域都需要有創造和靈感的發揮。如：藝術活動中就是典型的必需創造性和靈感的發揚，否則藝術將停止了生命。其他如，醫療健康領域、教育領域、體育領域、政治管理領域、經濟管理領域、文化領域、商業領域等等，都需要有一定的創造性和靈感的運用。其實在人們從事活動工作的任何領域，每一個新主意新思維新做事方式等，都有某種程度的創新性和靈感的奇思妙想在發揮作用力。否則，一切領域的工作都是缺乏生氣的，甚至是在百無聊賴中消極怠工。

我們還必須要瞭解人類的這些創造性和靈感到底來源於何處？難道都是天生的嗎？回答是，又不是。肯定地說，回答是，因為人人都本自具有，某些相應的靈感和創造性潛意識。比如，有人特別對音樂有靈感和創造性、有人對繪畫能有靈感、有人對木工有特別靈感、有人對房屋裝修有特殊靈感、有人對機械結構有特別靈感、有人對電腦軟體的操作特別有靈感或對軟體的程式設計有特別靈感、有人對手工藝品特別有靈感、有人對美食製作廚藝特別有靈感、有人對醫術特別有靈感、有人對股市金融賺錢特別有靈感、有人對宗教事務或對修行特別有靈感、也有對佛法的學習和掌握特別有靈感等等，舉不勝舉的人類靈感的豐富多彩性，簡直構成了靈感的萬花筒。

但不管靈感有多麼的璀璨絢麗，它們都與人的內明有很大關聯。內明智學的最大功力就是能有力開啟人們所具有的種種靈感。也就是說，個人的靈感也是多種多樣的，不是單一的。生活中我們發現有很多的多面手甚至全才通才，就足以證明瞭人的靈感也具豐富多樣性，內明智學都可以將這些潛在的靈感能量感召示現出來。因為內在善德與內在智慧，與大自然的天道頻率是互為相應的。這是內明功德的根本原理。這種規則一般被修行人稱作為天道，符合天道者，通行無礙，行事無礙，"福報"也無礙。所以說內明是根本明。根本明方可成就一切人的願望和事業。根本明不但可以最大限度自利，還可以盡可能地利他。根本明也可以激發人的潛在多重性靈感和創造性能力。甚至能成就偉大的科學發現發明和創造業績。

7、五明智學與醫學心理學健康學的關係

（1）醫方明智學與醫學

這一節我們來專門探討五明智學與醫學心理學健康學的關係。醫學，我們知道它是為對治疾病而產生的學問知識體系，心理學，主要是對治心病的醫學，健康學，是專門研究人精氣神之活力的科學。三種知識系統雖然側重點不同，但目的基本一致——求得身心健康的業果。

我們先來討論一下醫方明與醫學的關係。醫方明本來就是與醫學對應的關係。醫學是用來對治疾病的科學系統。記得讀過美國醫科教材的一句話：醫學，乃是需要博學的人道職業。這句對醫學的定義雖然話語極為短小，但命中了醫學內涵的中心——博學的知識，人道職業。顯然，這個醫學定義中"博學的知識"，不僅僅關乎醫學專業的知識系統，應該包括了全方位的人文學與廣博的自然科學知識系統，然而這種知識是沒有限定範圍的，要多寬廣有多寬廣。

由此可知，醫方明智學的範疇不僅僅只涉及本專業的知識領域，而是關乎世間知識的全方位系統，沒有邊界限定。這個很容易理解，因為人的活動範圍也是不受局限的，只要人活著，他就涉及到世間資訊的方方面面，所以所涉及的知識也是方方面面，此外，患病的因緣也是方方面面的綜合作用結果，對治疾病的方法也是方方面面。前面的章節已介紹過醫方明的通識範疇，但基本上都是列舉的與醫學相關的知識，其實還有很多沒有列舉。特別是人文知識沒有列舉，這是一個漏洞。所以說，美國某醫科教材將醫學定義為：

"醫學，是一種需要博學的人道職業。"這個定義實在精闢至極！點中了醫學內涵的靶心。我們在醫學的各種療法中也可以觀察和感知到醫學所需的複合通識系統，比如：音樂療法、宗教療法、禪療法、遠程能量療法、心理訴說宣洩療法、催眠療法、祝由療法、笑療法、光療法、咒語療法等等很多很多，這些療法幾乎都超出了傳統醫療對治法的範疇，而與傳統的醫療知識系統也是不相干的另類知識系統。然而在實際醫療中卻是很有效的對治疾病法。這些另類療法的通識，包括音樂學、文學、歷史學、民族文化學、哲學、宗教學、心理醫學、高級神經學、物理學、佛學等等知識領域。這些通識的知識都在為"醫學為博學的人道職業"的理則而進行佐證。

（2）醫方明智學與健康養生

這一小節中我們只討論一下醫方明智學與健康養生的關係，而不涉及對治疾病的法門。有人會問，健康一定是不生病的狀態，也就是說，健康必需在對治好了疾病之後才可獲得。所以單純的討論醫方明與健康養生的關係不切實際。我只想說，這種疑慮有道理，但在此處無意義。

因為我所要討論的就是設定在相對沒有疾病的前提下，而涉及的健康持續性問題。有人說得好，醫學更多關注對治疾病，而健康學更多關注對人的精氣神的活力而增上緣。此節探討的即是健康學問題。關於健康學，醫方明智學內容中的知識和技能中主要涉及的理論仍然是"加減乘除平衡究竟健康法"。這句話我視它為健康定理。因為這句話可以全方位解決對治一切病和成就一切強壯的健康身心之法門。

【加法】，主要涉及的是營養學，這種營養學不僅僅是醫療系統中食物及保健品等物質，而是包含了非可見形態的物質，如氧氣、陽光、微電子波、能量等等，都屬於營養學的範疇。只要它們不是人體中自然能生成的並且是身心所必需的外來物質能量，都屬於營養物範疇。

這裡要特別注意：藥物其實也是一種特殊營養物質，只是在人體疾病症狀下需要使用而已。因為它也屬於外來的物質對人體的補充。以上除了藥物以外的營養物質都是可以應用到人體而加強健康的，具體如何操作，是一個相當複雜的技巧，這裡只談原則原理，其他具體實施就不再多談了。

【減法】，簡約說，減除身體毒素而使身體處於無毒一身輕的健康狀態，即是減法。什麼是毒素？毒素即是人體不需要的多餘代謝物質，沉積在體內發生傷害阻滯機體正常生理效應及功能的物質即是毒素。一般說，毒素是不需要用外加的方法排除的，人體自身就有排毒功能，如：大小便、出汗、體液排除、咳嗽、呼吸等都有排毒功能。但是因為人類生活在一個現代社會充滿污染充滿貪嗔癡煩惱疊嶂的毒氣環境中，體內一定積攢了大量的毒素沒能及時排除，積澱在了體內形成毒素，久而久之就會對機體構成傷害而導致疾病，尤其是大量的慢性疾病流行於世界，這已成為司空見慣的現狀。如：癌症、糖尿病、心血管疾病、各種五臟六腑的雜病、內分泌系統失調疾病、皮膚病、腰腿病等等。大多為毒素長期積澱在體內而不能及時排出而造成。

所以這就需要使用減法做人為的排除毒素手段，以便達到"無毒一身輕的"的健康狀態。至於如何使用減法操作排除毒素，這裡不多做描述。本書只談原則問題。排出毒素的方法有很多，大致分為如下層次：一是排除腸道毒素，這是機體最外層的傾倒垃圾的大門，所以適度排便是重要方法之一。二是排除肝臟毒素，這是第二道排除垃圾大門，這是根據肝腸相通的理則而設置方法。三是排除血液毒素，這是第三層深度大門，根據是肝藏血的功能原理而設置的方法。進深一步的排除毒素之門，應該是內分泌及神經系統毒素，最終能達到骨髓系統之門。但是作為一般人的身體健康，止於前三道大門——腸、肝、血就足夠了。其實前三道門清潔了，深部的內分泌神經骨髓系統的毒素就會自然排出，因為深部器官系統的毒素，皆是從外部淺層的三道門慢慢沁入的。所以讀者可根據減法原理自行隨緣施行排毒方法。

【乘法】，改善身體內交通環境，使之血脈體液神經經絡等暢通無阻趨於平衡，以達到使身體全功能最佳化狀態的法門，叫做乘法。中醫有句千年定語——通則不痛，痛則不通。表述的即是乘法的身體優化效果。這方面我們所有人可能都身有體會，如，腰腿疼（腰椎間盤突出）會影響我們的行動，雙腳水腫會影響我們的行走，頸椎疼痛更涉及到頭痛，也是氣血不通的重要標誌，導致影響人的工作和生活。

經絡不通，會導致多種疾病，這早已被中醫所證實，等等，這些屬於身體交通不暢的症狀都嚴重影響人的正常行動。所以必需要經過乘法人為疏導體內交通環境，使之暢通無阻。醫學史告訴我們，最擅長乘法法門運作的即是中醫療法，如：針灸、拔罐、艾灸、按摩、拍打、推拿、正骨、太極拳、武術體操、靜坐大小周天冥想、放血法（放血法也可以列為減法）等等，都屬於乘法範疇。如果沒有交通症狀，使用其中的數種方法，就可以達到疏導交通平衡的作用。西醫也有不少乘法法門，如：體育鍛煉法、體操法、普拉達法、舞蹈法、正脊法等等，也對改善體內交通起到良好的助力作用。當然，印度的瑜伽體式、體操法也是很好的乘法選擇。總之，乘法是改善和平衡人體內環境交通的最有利方法。對提高身心能量狀態，有殊勝奇效。

【除法】，除去心靈障礙，讓內心充滿真實喜悅和自由。這句話看起來非常簡單，但做起來是最難的藝術。我們的經驗知道，加減乘除四則運算最難做的題是除法，加法最容易，其次為減法，再其次為乘法，最後就是除法。醫療健康上的加減乘除法也如是。除法的難點就在於，要改變人心，這是比艱難跋涉還要難很多倍數的工作。現在的人們流傳一句——史上最悲觀的傳說名言：改變自己是神，改變他人是神經病。這句話非常有道理。我們的除法工作也正是處於這樣的尷尬境地。當然了，我們深知改變他人的困難，但我們也知道另一句名言的分量：人們永遠改變不了他人，但只能改變自己。我們就是根據此原則，來進行的除法工作。凡是有想改變自心願望的人，都是可以被改變的。所以我們的除法只能對應於有想改變自己內心欲求的人。我們的除法也是非常豐富的：積極心態能量法、情緒疏泄法、笑療法、動態靜心瑜伽法、通明禪法、發心法、經行法、禪法、自我傾訴法、瑜伽舞蹈法、愛一切法、專注覺知法、辟穀法等等還有很多，這裡就不再贅述。

總之四大健康法的綜合運用才可能全面健康人的身心，否則單一的使用其中一法或二法，其效果都是有局限的。不過不管如何運用四大法，都必須根據物件的因緣和根性隨緣對機使用，不可機械生硬套用之。另，四大法門是可以聯通穿插在一起使用的，不是截然分開的對治方法，很多時候加法中滲透著減法或乘法或除法，減法乘法除法也同樣如此，二者三者四者相互貫通綜合運用。比如：放血療法既是減法又是乘法。笑療法既是除法又是加法同時也是乘法。深呼吸法既是加法又是乘法還是除法，三者合一。這就是加減乘除法門的微妙之處，也是醫方明的微妙之處，一般淺顯通識的醫者是難以理解的。所以說，專業的醫者不一定具備醫方明。

（3）內明智學與心理學

這一小節我們來討論內明智學與心理學的關係。很多人可能一提到內明智學，就會聯想到它是不是就是心理學的另一種說法而已。其實完全不是一回事。雖然兩者在某些程度上可能有共法，但本質還是不一樣。

比較二者的區別應該有如下幾點：心理學涉及的範疇是比較狹窄的，也是具體的，而且基本上涉及的是諸多的心理現象，如：喜怒哀樂愛別離仇的情緒化現象。從唯識學｛見注釋：❹｝的角度看，心理學主要涉及的是第六意識心的表像，也叫分別心的表像。正常的分別心當然不構成心理問題，但是如果執著了某種物件而不能讓自心調控的情緒，心理問題就發生了，就需要解決了。如，長期的憂鬱症、多動症、急躁症、強迫症、小心眼、超強的嫉妒心、報復症等等，這些問題在現實中尤其是心理諮詢中，常常遇到。而心理學專家一般也就是採取"頭疼醫頭，腳疼醫腳"的方法來進行調理疏導，沒有更方便殊勝的方法。所以，一般心理疾病都需要依賴心理醫生的疏導來進行長時期的調理，而來訪者很難有自助方法進行自我調節。這就是心理學的局限性。

而內明智學則不一樣，它的關注點是開啟人的善根和慧根，而心理學似乎並非有如是使命和任務。心理學的最大效應也就是找出各種情緒病的誘因，然後通過心理手段消除誘因，以達到療傷的功效。當然，內明智學也並非不關注人們的情緒病態，但它所採取的對治方法並非是"頭疼醫頭腳疼醫腳"，而是開啟人覺醒的善德和智慧的覺察力，從而通過善智的能量抵住化解掉各種惡劣情緒慣性的衝動。這就是內明智學的運作原理。它與心理學雖有些共法，但性質卻很不一樣。一個是重根——主動徹底自愈的功效；一個是重表——被動而臨時緩解的功效。但是內明智學並不否定心理學價值和存在意義，而是很柔和地吸納了它的優良元素，成為己有。所以，我們將內明智學課程裡涵蓋了諸多心理學的通識知識。正如前面有關章節所列舉的課程那樣。

8、五明智學及教育對開啟民智具足最大化實用性

（1）什麼是民智

這一節我們將探討一個比較大而敏感的話題或叫課題。五明智學及教育對於開啟民智有什麼樣的作用力，為什麼它能使民智在實用性上得到最大化的實現。

首先要了知什麼是民智。所謂民智，顧名思義——眾生的智力、智商、智慧。或通俗地說，民眾的聰明才智。我們知道，眾生的智力乃至智慧，作為一個整體是很難評說準確的。民智，一般來說有幾種劃分的方法，最普遍應用的是，以國家或民族為單位作為參照，另外，也有以一個地區的民族作為單位參照。如，我們可以這樣說，中國人的民智，但也可以進一步分為，中國漢人的民智，中國藏人的民智，維吾爾族人的民智，蒙古人的民智等等。同理，我們還可以說，美國人的民智、美國西部人的民智、美國東部人的民智、或者美國某州人的民智，等等，我們還可以說歐洲人的民智、或者說英國人的民智、蘇格蘭人的民智、德國人的民智、法蘭西人的民智、非洲人的民

智，南非人的民智，剛果人的民智，埃及人的民智、肯亞人的民智等等。還可以說，亞洲人的民智、南亞人的民智、東亞人的民智、東南亞人的民智、印度人的民智、日本人的民智、韓國人的民智、巴基斯坦人的民智、柬埔寨人的民智、泰國人的民智、新加波人的民智等等。拉丁美洲人的民智、墨西哥人的民智、巴西人的民智、委內瑞拉人的民智、阿根廷人的民智！等等。我們還可以舉出很多以地域範圍而說的民智。所以說，民智是以一個整體為共業，而言的群體，不是僅指一小部分人而言。最大單位應該以國家為限，比較方便分別。以大洲為界限分別民智不應道理。因為範圍過大，太籠統，不便理論。顯然，某一國家或某一地區的民智水準與該國該地區的教育水準密切相關。所以目前世界各國的民智水準呈現出參差不齊的狀況，也是各國的國民所接受的教育差異性而導致。

然而五明智學教育應該說差異性是比較小的，基本按五明智學的統一課程規範而施行，個性化教學課程比較少。五明課程本身並非強調個性化，但卻充分認同學習者個個人間的差異性。學習者個性化的示現，都是落實到了學生的根性顯露的差異性。而非課程的個性化，這是需要注意的點，以免誤會。另，五明智學的師資也是要達成統一的教學標準，方可從事教學。我們已知，五明智學的課程目的是開發學生的善德之根和智慧之根，並且施行通識化教學。所以它能最大限度開啟學生的德能和慧能，這樣受過系統化五明智學教導的人，應是一個全息化高素質的人才。這樣的人才聚集多了，就自然影響到未來的國民素質。如果接受過五明智學教育的人能進入教育部門領導層或政府決策層，則對該國的國民素質提升，就會更有大的增上緣功德力。從而對該國的民智提高，更會有大的增強力。

可以設想，如果某國的民眾有5%左右的公民接受過五明智學系統化教育，就應該對整體國民民智的提升產生顯性效應，如果該國的體制是良幣驅逐劣幣的話，一定如是。因為良幣就必然應用於決定性的職位或崗位，對周邊的人必定會產生擴散效應氣場，這是毋庸懷疑的效果。再設想，如果某國的國民10%的人接受過五明智學教育，則整個國家的民智水準就真的能達到令世人驚歎的程度。由此我們可以得出結論，五明智學及教育對於某國某地區的民智的開發和提升，是可以達到最大化現實的。絕非空穴來風。

（2）五明智學的普適化與民智

上一節探討了民智的概念，也略說了五明智學與民智的關係。這一節我們來討論五明智學的普適化與民智的開啟應是什麼樣子。前一節我們假設了某國5%或10%的民眾如果接受了五明智學教育後，未來會對民智產生什麼樣的巨大影響力。其實這個比例如果真的實現，就已經算是比較普適化了，10%的比例就已經是相當的普適化了。如果大膽地設想，五明智學教育的普及率如果能到達15%~20%以上，則普及率可以說基本上是全民化五明智學教育了。也就是說，一個國家社會的中堅力量，皆受納了五明智學教育，則社會的大善效應是不可思議的劇烈。民智的普遍開啟，實際上也就實現了創造新人類的使命。

如何實現五明智學教育普適化？前面的章節已經談過，這裡不再多做解釋，因為推廣五明智學教育的事不是本書的任務，本書只負責對五明智學教育的設計和應用的技術問題，以及一些合乎科學理性的推導流程。五明智學具普適性和普世性原理，這個前面章節已有大篇幅的論述。既然具足普世性原理，則它就具有普遍推廣成為現實的可行性。一旦實現了普世性和普及性，那麼對國家民族乃至整個人類都是一件里程碑的偉大事件。較比人類從古至今科學發現發明創造的總和還要意義深遠重大百千萬億倍數量級。因為人類所有的哲學科學的創立發現發明創造，都沒有使民智真正開發啟動，即使有些開發啟用，比例也沒達到人類善根和智根的1%。哲學再偉大科學再偉大，也只是在舊人類的框架下有所改良而已。

（3）民智是社會及世界發展的總持力

其實民智問題才是教育的根本目標。任何一個國家的綜合水準（經濟狀態、政治生態、文化生態、醫療健康保險狀態、社會安全、社交生態、家庭關係、民族認同感、民族性格、信仰狀態、普世的價值觀等等）所反映的就是那個國家的民智水準。也反應了那個國家的教育生態及水準的高低。

為什麼說民智是社會及世界發展的總持力呢？因為正如前面所說，民智是反映了國家民族乃至全人類的綜合發展水準的指標，所以它是人類社會發展的總持力。我們都認同這個地球村的理念，而且為之還成立了聯合國的各種組織（教科文組織、環境保護組織、動物保護組織、物質非物質文化遺產聯合組織、和平聯合會組織、安理會組織、常任理事國組織、衛生組織、人權組織等等），這些都反映了全人類共命運的特點。雖然總共二百多個國家和地區彼此之間參差不齊，但是人類文明已經發展到了高遠的地球意識，而非完全以各國家利益而作為唯一考核的標準。既然世界人類越來越認同普世的共同價值觀，那麼對普世的教育也應該有所期待和思考。教育才是人類社會一切發展的第一性最為基礎的偉大事業，其他都是緊隨其後。而五明智學教育卻是人類共同普世價值的最優化最典型最集中的體現。除此其他任何教育都無法完成這一最普適化的宏大任務。不管現有的教育理念及教學有多麼的先進，都有其局限性。都不可能讓每一個國家或民族所接受。然而五明智學教育卻能勝任此最艱巨的任務。這一點我們在前面章節已經較詳細地論說過了。全人類雖然分成了許多國家的單元，但要站在地球的高處或從太空的角度看地球，它是很小的一個球體，如果從高倍天文望遠鏡的視角看地球，只是一粒芝麻大小。所以在這個高遠的視角觀察地球，不免讓人升起無限的悲憫心。人類如此微小，被禁錮於這顆小小的芝麻粒中，可人類雖則渺小，卻無比的自高自大，人人都感覺自以為是。人們卻沒有覺察到自身的渺小和低劣，民智如此的低下，真是好可憐！如果人人都接受了五明智學的學習和訓練，民智充分開發顯現，小小的人類便可以解脫那一顆芝麻粒地球的束縛和桎梏，可以奔往廣大無限浩瀚的宇宙自由自在地行走飛翔。所以說人類民智的共同開啟顯現，才是地球人社會發展的總持力。

（4）五明智學能使群體與個人不衝突

有人說現在的地球人心智水準基本上還是一種烏合之眾的發展階段，雖然都使用了上好的高精端科學智慧設備，但是人的精神水準卻很不相配。每一個人的因緣業報也都很不一樣，這些人組成的群體又很不一樣。群體的聚集，基本上都遵從同分妄見的原則構成。比如說，從大的方面看，歐洲人有歐洲人的同分妄見而組合成一個群體，非洲人有他們的同分妄見而組合成群體，亞洲人也有自己的同分妄見而組合成群體。其次同分妄見，也可以按國家和民族來分成某國或某個民族的共同體。如：中國人群體、日本人群體、英國人群體、法國人群體、俄羅斯人群體、美國人群體、墨西哥人群體、巴西人群體的、以色列人群體、埃及人群體、伊朗人群體、拉丁族人群體、漢民族群體、藏族人群體、維吾爾人群體、撒克遜族人群體、日爾曼族人群體、斯拉夫族人群體、阿拉伯人群體等等。這些國與國民族與民族的群體都是依據各自的"同分妄見"而自動組成。

解讀一下同分妄見：同分，即共同的部分，妄見，即世俗凡夫虛妄分別的意識心相互作用而形成的諸種知見。妄見的內容包含很廣——諸如，信仰、文化、習俗、觀念意識、價值觀、世界觀等等要素。同分妄見，即是共業，共同認同部分的文化、習俗、觀念意識、價值觀、世界觀等等諸要素組成的有機群體。也就是無論從大洲來分，國家或民族來分，或某一地區來分，他們彼此都有各自的同分妄見而組合成相對穩定統一的群體。

有人會問，那麼這些具有同分妄見的共同群體又是如何彼此分開的呢？是什麼因素造成了彼此的同分妄見有如此大的差異性？另一個名詞"別業妄見"可以給出最合理的解釋：別業妄見——別業，彼此分別不同的業力，妄見，與上面解讀同義。由此可知，各國家、各種族民族各地區的相對穩定的共同體人群之所以千差萬別，是由於"別業妄見"而生成。此外，每一個個人彼此之間相比也是千差萬別，即便是雙胞胎的人也會呈現顯出很多差異性來，這些都是別業妄見而生成。因為每一個個人的業力或業習，都是不同的，差別也是多種多樣。

有人會說，這世界千奇百怪紛繁複雜的多樣化的同分妄見和別業妄見的和合之力，這是造成彼此鬥爭糾紛乃至暴力衝突甚至戰爭不斷的根源，這也是人類走向沒落的不可解決的根本問題。這種悲觀的看法，不無道理。縱觀世界的歷史，其實也是這樣發展過來的。無論遠古的戰爭、近代的戰爭、現代戰爭、當今的戰爭，如果你仔細考察究其根源道理——皆是同分妄見與別業妄見和合之業力的推動，造就了各種複雜惡劣的衝突矛盾，乃至不可調和而導致殘酷的戰爭大屠殺。所謂幾千年的文明史就是如此演繹到了今天。所以很多人認為人類的根本問題——同分妄見與別業妄見的和合問題無解，沒有辦法，只得靜靜等待默觀其成。我當然不同意如上的說法，我認為有解。只怕你不想解，或無心解。只要真想解，或從根本上解，當然有最殊勝的大方便法——五明智學。五明智學及教育可以最有力最大限度填平人類之間的同分妄見及別業妄見的鴻溝。這個我們就不再深入論證了，只要看過前面的章節自然就明白其中的道理。我這裡著重強調要點：五明智學及教育不但可以抹平個人與個人之間的巨大差異性，也可以最大限度降低各群體彼此之間的衝突矛盾的熱點溫度。又可以最大限度減緩群體與個人之間衝突的可能性。從而達成群體與群體，群體與個人，個人與個人之間互利共愛的平衡和諧關係。因為大大減少了人類的"貪嗔癡慢疑邪見"六種根本煩惱心。

9、五明智學可持續性終生教育

（1）終生教育何時都可以開始

我這一節將討論五明智學的持續性教育及終生教育的論題。這個論題非常有意義。從現實來看，還未發現，任何的教育形式可以終生使用或受用。不管是小中大學教育形式，還是職業教育形式，成人教育形式，都沒有發現任何一種教育模式可以不分年齡的持續不斷地施教或延續到終生。唯有五明智學這一形式可以不分年齡的持續施教，乃至延續終生，只要受教者身心是健康狀態，只要受教者認同並願意接受。

為什麼唯有五明智學可以不分年齡，可以持續性施教乃至終生呢？前面已經討論過多次，五明智學教育是關於人的善根和慧根的開發性教育，善根與慧根不因為年齡的長幼而有所變化。年齡增長了，二根應如是年輕有為，永無衰老。所以無論時節，何時隨順接受五明智學教育都為時不晚。當然，雖說五明智學教育沒有年齡局限，但還是趁年輕時接受更為有利。尤其是中小學階段能接受此教育，簡直就是天大的福報。年齡愈大，雜念愈多，善根和智根上堆積的雜染習性愈重，執著心也愈強，也就愈不容易接受與其習性衝突的教誨，這是當今眾生的普遍剛強性格。特別是到了老年以後，人的執著心會超強，更不願接受新事物，尤其五明智學這種開發大智慧的教育更難接受了。所以接受五明智學教育的年齡在七十歲至七十五歲之前比較好。當然對待高齡者施行五明教學，應該以醫方明和內明為主，工巧明酌量。因為這三種明門的知識和技巧對於高齡者來說，都有恰到好處的增上緣作用力——

【醫方明】對高齡者自身健康的維護和建設有增上緣功德力。

【工巧明】對高齡者保持或增加手腳靈活性大腦靈活性等都有相應的促進作用力。

【內明】對高齡者的善德美德慈悲心愛心舍心等意識，都有導引作用，尤其對於出世間法的解脫生死的生命觀，可以有醍醐灌頂的功德力。高齡者尤其要正確面對死亡，面對未來世的選擇。使其認知到生死問題才是最後的大事。到哪裡去的問題，該是自主選擇的時候了，不必懼怕死亡的來臨。所以說，此三種明針對性地對應於高齡者是比較對機的。當然，能接受五明智學的整體教育者更為殊勝。

（2）五明智學是加法五明智學對於每個個人成長的正向路上，應該始終是加法，都是在增進中，沒有減法。如果說它有減法，那是指對負向能量的減除而言。這種加法主要體現於善根與智根所開啟部分的增長。當然了，我所說的只有加法沒有減法只是相對而言，並非絕對的毫無減法。比如，某人在接受了部分五明指導後，善德與智慧有所增長，但由於他中間厭倦或放棄了學習，可能善德和智慧要退轉。所以有人會反駁我說，五明智學也有減法。當然了，這樣的反駁理由似乎是成立的，但是我所說的只有加法沒有減法，是旨在說明以接受五明指導之前與之後相比，而沒有減法，這是一個基準底線。至於說某人在接受了五明教導後，期間的終止學習而導致的退轉善德和智慧，不在我所說的加法之列。這是要特別注意的要點。

有人一定會問，那麼一個人在接受了五明智學教育後，多長時間以後就不再退轉了？從目前的實驗階段看，還未發現有學過的學生明顯退轉善德和智慧的現象。這個問題必須有待實踐跟蹤的調查才可能得出結論。不過進化論有個很出色的理論叫做"用進廢退"。這個理論是建立在觀察的基礎上得出的。人的記憶對立面就是遺忘，與遺忘作鬥爭的最佳方法即是反覆的應用和強化記憶。我前面章節已經說過，五明智學的課程以實踐性為主，文字知識為輔，這樣的記憶效果是不易消失遺忘的。就如同學會了駕車，即便多年不摸車，一旦駕車，仍然在短時間內可以恢復過來駕車的技能。學習五明智學也是一樣的道理。

再說，很幸運的是，五明智學的內容與一個人的一生的工作和生活直至終了緊密相關，幾乎時時都能用上五明的任何一種通識智識。所以退轉的幾率相應比較小。遠不如學其他知識技能用途的狹窄。有人抬槓，睡眠不可能用上五明吧？那不一定，如何進入有效的深睡眠，這就是醫方明智學和內明智學所需解決的問題吧？怎麼能說毫無關係呢？所以我說，學習了五明智學幾乎不會有閒置不用的空隙，你不是用上聲明就是用上工巧明或其他明的智識，只要你能有意識地提起覺知。由此可知，五明智學是加法這個結論，是有其道理的。

（3）五明智學可終生受益

關於五明智學能讓人終生受益，前面章節屢次交代過。但並未詳說其理則。我這一小節也只能稍稍詳細一點論說其中的理則。我們從理論上演繹論證它能使人終生受益的可能性。前一小節我們已經討論過了："學習了五明智學幾乎不會有閒置不用的空隙，你不是用上聲明就是用上工巧明或其他明的智識，只要你能有意識地提起覺知。"所以你看，五明智學能使人終生受益並非想當然的猜測。比如，臨了命終時的精神關懷，也名"臨終關懷"，特別需要五明智學中的內明技巧來進行操作，並發揮其殊勝的往生善效果。這個論題在後面要專題做論述。

10、五明智學教育對未來老齡化社會的價值

（1）五明智學成就自主自助能力

我們這一節要專門討論老齡化社會與五明智學有什麼重要的關係及價值。這個問題應是全球化的問題。生命哲學告訴我們，生老病

死，生命無常，這是人生的金剛平等規則，誰也逃不脫。"從哪裡來到哪裡去"，這是久遠以來，人類相續不斷所討論的生命主題，尤其宗教學最關心的即是到哪裡去的問題。對於大多數中青年人來說，從哪裡來的問題似乎已經成為過去時，而到哪裡去的問題，似乎還很遙遠，還能在懵懂中打拼度日，但對於老齡人而言，到哪裡去的問題，卻一天天歷歷在目。不再是一個遙遠的問題。有人說，無宗教信仰者可能只有一世觀，即沒有到哪裡去的問題，只有"人死如燈滅"，就此一世別無其它。這樣的人生觀在中國人的意識中廣泛存在，不足為奇。但即便對於這種無來世觀的老齡人，雖然不涉及"到哪裡去"的問題，但是卻關注今世的晚年生活狀態。他們希望餘生能過的健康和開心平靜，這是有普遍需求的願望。特別是那些自強自信的老年人，都很希望餘生還能如年輕人一樣，有自主自助的能力。這是必須要滿足的普遍需求。仍然有需求自主自助能力的老年人一般都已進入 75~80 歲以上。然而這些人群以往所受的教育基本上對他們這些最合理最現

實的需求無能為力，愛莫能助。唯有五明智學，在此能夠鼎力相助，事半功倍。

這個年齡段的老年人，不一定要均等學習五明智學，只學習工巧明、醫方明和內明智學足夠了。

【工巧明】可以幫助老年人大大提高生活自理自助的能力，比如，烹飪技巧、維修家電及傢俱的技巧、裝修裝飾設計欣賞、家庭佈置技巧、自助旅遊技能、歌唱技巧、音樂鑒賞、智慧手機操作技巧、電腦操作技巧、部分軟體的操作技巧等等專案，這些學習項目不但很實

用，而且還能訓練老年人的思維反應的敏感性。都能使自助生活能力保持常新的狀態。

【醫方明】應該說是老年人最必需的個人技能了。健康的身心無疑是自理自助能力的有效保障。我想說些具體建議：營養學是必須的知識，它是加減乘除平衡究竟康復法中的加法。雖然簡單，但非常重要。必須瞭解食物中的營養元素含量水準，對蛋白質、維生素、礦物質等綜合含量指標的識別能力必須足夠。懂得自然排毒知識和技巧。特別是要懂得適時辟穀的技巧，對於排毒也是有很大幫助。體育鍛煉、一些個人健身對治體操必須學會，深呼吸法必需學會，簡單的情緒疏泄法技巧必須學會。瞭解一些中醫保健知識，自我按摩拍打技術必需學會，還要學會自助救急技巧，等等。醫方明的最高成就應該是能讓人無疾而終，最為殊勝。善終，也是中國五福文化中的大福之一｛見注釋：❺｝。無疾善終對於整個人類來說，都是莫大的福分，終生難得一求。

【內明】的作用毋庸置疑，對老年人是重之之重。所有的內明智學，都是在為最後那一刻做鋪墊準備。往生善處對於老年人來說那是最終的選擇。內明智學還可以教導老年人，"臨命終"時，不但無疾而終而且還能自理往生善處。具體的方法就不在此多論了，因為敘述起來太過複雜。總之內明智學的方法有很多，比如最實用的就是，學佛法、笑療法、禪修法、正念冥想法、經行法、即時觀想法、念咒法、瑜伽舞蹈法等等，都是切實可行的強心法門和靜心法門。

（2）老齡不嫌寂寞

都說老年人最怕寂寞，沒有精神伴侶。是的，在世俗社會來看，寂寞與孤苦伶仃畫上了等號。但對於一個具有強大內心的老年人，所謂寂寞對他來說是一件幸事，尤其對一位接受了五明智學教育的老齡人，他決不在乎寂寞有什麼不好，相反，他會享受那份寂寞。當然了，如果沒接受過五明智學教導的老齡人，可能會對寂寞產生恐懼，因為他不知如何能讓心情愉悅而清淨地度過每一天的無聊時光。不學五明智學的人，僅憑過去以往所學的知識和技能，應對無聊的寂寞時光，的確是令老齡人難熬，甚至是強大的敵人。獨處，讓他們感到寂寞，感到無所適從。這是可以理解的。但是現代社會有網上的社交圈，也大大緩解了人們的寂寞感，尤其是老齡人的寂寞感。當然，五明智學的作用是，即便脫離了網上社交圈，照樣可以自由自在愉悅地獨處，並享受寂寞時光。

（3）活到老有用到老

俗話說人"活到老學到老"，但我這裡卻變成了"活到老有用到老"。這個口號可能更有趣。因為人活到老學到老，只是單純的吸收知識營養，只是自利，而活到老有用到老，則是釋放或施捨，利己又利他。這也是五明智學所追求的目標。按照一般世間法，人進入了老齡晚年生活，不給家人及他人添麻煩就非常知足了，還能利他簡直是一種奢望。所以說，五明智學能夠成就老齡人的這種美好奢望。能實現這種美好奢望，是人生的一大樂事和幸事，也是天降的福報。世界上極少有人暮年時能享受到如是樂趣。只有身心健康的老齡人，只有具備一定智慧和相當善德的老齡人才可能享受到有用到自利利他終了的完美句號。然而這一切只有五明智學能給予其足量的營養源支持。其他的知識教育技能都難以實現其如此巨大功德。

（4）智慧與年齡無關

應該說智慧這事與年齡無關。我們已知，智慧與知識的多寡，完全不是一回事，即便一個人學富五車，也未必有智慧。一個十歲前的孩童極有可能比一個久經風霜的知識豐富的中年人還要有智慧。但他的經驗和知識肯定不如一位年富力強學識豐厚的人。但這並非影響他對事物的靈敏和精准的判斷力，和那種靈巧的智慧覺悟力。前面章節我們已經描繪了智慧與知識的不同點，當然二者是不一不異的關係。智慧需要知識的材料做依據這沒有問題，是共通點，但智慧更多來源於直覺力，似乎並非有知識的參與。更多的是即興發揮的覺察力和覺悟力。我們極難用語言精准表述出智慧與知識的不同點。但我們內心卻承認它們之間的不共法。很多時候智慧是一種離言的境界，你只要一用語言企圖表述清楚，反而就不是智慧了，尤其是出世間智。當然世間智也相類似。這一小節不想過多討論知識與智慧的不共法。只想討論智慧與年齡幾乎無關。但知識經驗確實與年齡有關。應該說智慧與人的前世關係更密切，而知識一般只對應現世關係密切。有的人一生讀書，知識非常富有，但卻是一個書呆子，對問題的判斷能力是非的辨別能力，善惡美醜的辨識能力仍然很脆弱，對事物的前瞻性預見性缺乏嗅覺。心難以得到清淨，貪嗔癡慢疑邪見，左右著自我，而這六種根本煩惱心卻很可能跟隨人的一生直到終了，即便他知識再富有也幾乎不能消除個一分二分。而一個具備甚至具足智慧的人，不管是世間智還是出世間智，不管他出於何種年齡，他都可對那六種惡煩惱心有所覺察和抑制，甚至可以消除部分，乃至全部。所以說，智慧與年齡大略關係不大，這個結論是謹慎而中肯的。你若非較真說，智慧不可能與年齡一點關係沒有，當然我不會反駁你，因為你也能找出若干個案例，表明智慧與年齡有關。這個並不重要，重要的是智慧者長青。長青表現在身體和心靈兩個方面，尤其是具備五明者，那就沒什麼好爭議的了。具備五明者，尤其到了老齡暮年階段，可以看出他們的風采，特別是具備世間出世間智者，身體相對健康情緒穩定樂觀積極應是他們的常態，因為他們的生活總目標已經非常清楚了，所以對於死亡可能已經做了充分準備，不會太畏懼。這就是智慧的根本價值。

11、五明智學對臨終關懷的最高級意義

（1）臨終關懷什麼？

這一節我們探討的問題可能比較沉悶，但它卻是人生的最重要課程，甚至是終極的重要課題——臨終關懷。顧名思義，對人身生命處於臨終時的關懷。定義雖然簡單，但內容卻極其豐富。豐富到關懷人身心的方方面面。

我們知道，除了無疾而終的人以外，幾乎人人都要經歷衰老和病魔的折磨，而且時間還很漫長。因為我們深知，人在疾病痛苦中，度日如度年，甚至如度劫。怪不得醫學界要發明安樂死呢。這雖是個很緊要的倫理問題，但反映了人生瀕臨命終前階段的痛苦是非常令人不安和恐懼的。所以，正因如此，臨終關懷事業顯得那麼重要！但是我們要清楚，臨終關懷這事非一般人所能勝任，非特殊材料製成的人不可。這個行業目前在東方各國尤其是中國，幾乎為零。雖然某些佛教團體也有些臨終關懷的業務，但大多是義工來做，極少有專業人才從事此項工作。義工們充其量也就是對臨終前的人吃喝拉撒睡能做

到無微不至地關心和服務也就阿彌陀佛了，至於在精神領域的安慰上，勸導上，梳理上，尤其對未來世的教導和指點，幾乎是零，可以說毫無作為。這不僅在中國，在東方亞洲其他國家的臨終關懷水準，也處於很低級的階段。甚至包括發達的亞洲國家日本韓國新加坡這樣的富裕國家仍然如是。雖然很多國家也篤信佛教，但對瀕臨命終前的階段如何開導指引眾生面對死亡，準備向善處往生等等這些專門的"善知識"者似乎極少。除非是信佛者，可以得到同修的團隊呵護和照料，但在精神上的專業化善導點播，幾乎都是無所作為。有不少業餘佛教團體，常為死者做些"助念"的法事活動，但做這些不屬於臨終關懷的事。因為人已經走了，你做再多的助念，也不如在他臨命終前的一段時間——一般是一個月至半年甚至一年的時間內進行工作。有足夠的時間來開導、勸慰、指引、明理、樹立自信心等等工作。西方基督教發達國家，在臨終關懷業務中應該說做得算是最為專業的。往往這種工作大多為職業心理醫師和宗教人士配合去做，當然最多的關懷，還是醫療方面的專業化服務，專門的精神關懷並非是主角。如，美國歐洲等國家政府設立了專門對臨終關懷的醫療型服務機構，而且都將納入醫保範圍。專門的臨終關懷醫護人員都須經過專業培訓，這種訓練主要還是暖性醫療陪護方面的技能和知識，而且這種關懷並非僅僅是關懷病者本人，還擴展到近親屬家人，包括傳授給家人必要的陪護知識和技能。比如，他們對臨終者的房產、其他遺產、遺囑、財務、債務等項事務的安排都會有專人管理，處理得當。臨終關懷的目的，主要是說明臨終者善終，不留遺憾。據資料，美國近 50%的臨終者，都能享受到臨終關懷專業機構的溫暖服務。這是非常了不起的事情！說明國家政府對於人道的關心和重視。值得讚歎！雖然現在的臨終關懷水準還未達到理想高度，但相信這個人類大慈大悲的事業，隨著五明智學的滲入，會使之愈來愈人性化朝著向善處往生的方向甚至解脫生死的方向而提升服務水準。

從專職角度看，臨終關懷的內容大致如下：除了政府設置專門服務機構和醫療專門機構外，我這裡主要談談精神方面的實質性服務內容。至於醫療護理方面、遺產處理方面、債務處理方面、財務方面等內容我這裡不會涉及。

【時間性】：對於一位臨終者的時間判定非常重要，經過醫師綜合診斷後，最短時間應該在臨終前一個月內安排，長則可以提前到半年至一年時間，不能超過一年。因為臨終關懷的精神性疏導勸慰指引是需要一定時間的。特別是對於死亡的理性認知，不是很短時間就能想通的，需要專業人員的導引。在精神性疏導工作時，不可每天都進行，最短每隔二至三天一次，間隔時間過短會引起病人煩躁不安情緒。此外，在病人有疼痛感時不可進行工作。否則疏導效果會下降。

【信仰】：有宗教信仰強烈者需要本教的牧師或所信宗教人員來從事關懷工作。這方面五明智學將不予干預。但是五明智學可以專門開設對神職人員講述關於死亡知識課程，尤其是關於往生的因果知識，如果他們自願參加這樣的課程。五明智學只對那些宗教信仰不很強烈者，或者對宗教信仰無感者，可以直接參與對臨終者精神方面的說明和服務。

【培訓】：培訓對象，主要是直接參與臨終關懷的醫護人員，特別是心理醫師是主要培訓對象，其次是病科的專科醫師、護士等人員，還有社會義工人員等。培訓內容主要是內明智學和醫方明智學。當然醫方明智學內容與醫療機構方的內容肯定有所不同。內明智學內容的培訓目標，主要是教授臨終者自助護理自我內心的能力。理論上的培訓主要內容是，對於死亡本質的認知，以真理性的大乘佛法為導向，消除對死亡的恐懼感，接受死亡的凱旋，能安然而喜樂地接受死亡的降臨，往生善道或西方極樂淨土｛見注釋：❻｝。這是死亡理念的重要認知，抓住了這個正確的認知，是往生善處和解脫的第一步。

（2）生與死的認知

這一小節我們主要討論一下對生與死的認知理念。因為這個理念對於臨終關懷事業來說，是核心指導理論。我在這一節中只簡單介紹一下，五明智學對死亡認知的道理。這種道理只能對應於信仰不夠堅定或信仰沒有著落的人群。對於有固定宗教信仰的堅定者，五明智學不與之相應。

由於五明智學是建立在真理性十足的佛法基礎上，所以對生與死的認知有自己不共他法的知見。在世間法上看，五明智學認為，生死是由因緣和合而生成，因緣有十二種——緣於無明而有行，緣於行而有識，緣于識而有名色，緣於名色而有六入，緣於六入而有觸，緣於觸而有受，緣於受而有愛、緣於愛而有取，緣於取而出有，緣於有而有生，緣於生而有老病死。我們簡單解說一下這十二種因緣的次第理則：無明，即是不明了，是一切煩惱根源的總稱。對於生死根本因果輪迴本性自空的理則不明了，因而妄生一切執著，即此謂"無明"。

由於無明的因緣而生成了一切心心所有法——身、口、意行為，即依無明所造的一切善惡業種。

有了善惡業種，由於諸善惡業種的因緣而生了識（"八識"——業識），此識，隨緣業力受報，為過去世的業力所驅，挾持所造善惡業種子而來投胎。

由於"業識"來投胎的因緣，而生成了名色，名指心識，色指形體。由於"業力"意識的一念，愛染的推動，投入母體為名，成胎後為色。所謂心物和合而成胎，"胎相"初具形成，叫做"名色"。

由於有了名色（有形）的因緣，而生成了六入（六根——眼耳鼻舌身意根），六根於出胎後對六塵境，有互相攝入的作用，故名"六入"。

由於六入的攝入作用力因緣而生成了觸，觸，即接觸。根、塵（外境——色聲香味觸法）和合而成觸。即嬰孩出了母胎後，六根與一切外境，相互接觸。

由於有了嬰孩生命與外境相接觸的因緣，而生成了受，受，即是領受或感受。六根與外境相接觸會生成違和順二種境界，即有苦和樂的二種感覺名為"受"，六根對外境相觸而生起的苦樂情緒。

由於有了苦樂二種感受的情緒因緣，而生成了擇取愛，避開苦的欲望。愛：即是貪愛之義。對於五塵（色聲香味觸）的欲境，心生貪著，這就是苦樂二種感受對外境所起的擇取愛樂之心。

由於有了貪愛之欲心的因緣，而生成了取。取，即是妄取，索取。遇到喜歡之樂境，則念念貪愛之求，竭力以貪求得到之，遇到所憎惡之苦的境界則念念厭離，盡力以圖捨棄之，這即是愛染欲，對外境的求取之心力。

由於有了愛染之欲強烈索取之心力作用，而生成了"業果"之有。有，即是"業果"的呈現。即有因就有果，這就是過去的業力牽引，因果不壞，此為所造業力感報的一種定勢。

由於"業果"的有之因緣，而定成了後生。生，即是接受生。即以現在所造作之"業果"為因，依因緣招感於果報，依從"此有，故彼有"的理則，必招未來世接受生，這即是未來世受果報的業力行為。

由於未來世的受生業力牽引之因緣，而感應生成了未來世的老死苦。老死，即衰老和死亡。六根衰敗叫做老，"身壞命終"叫做為死。有生就不能不死，無常轉變必至於死，這就是未來世受業報的結果。

以上即是我們對十二因緣過去現在未來三世生死輪回的鏈條模式的簡略描述。從這些描述中，我們發現，無明是三世生死輪回的根本動因。所謂過去現在未來三世系列的次第為——從無明至識，是投胎階段，名為過去世，即過去一期生死結束的一世。從識投胎至有的階段，為現在世或當世的一期生命運作過程。從生到老死階段，為下一世的生命相續輪回的階段。儘管生命的輪回鏈條相續不斷，但是只要切除了根本鏈條——無明，即是解脫生死的根本下手處。

由此可見，五明智學對於臨終關懷的生死觀念的認知理念的引導，全部焦點都應鎖定對無明的破除。即引領受教者（被關懷者或醫護專業工作者）對於無明的深入而理性的認知，樹立解脫生死的堅定信念：無明破除了，自然對死亡的恐懼就會大大消除，並且能對解脫生死的真理毫不懷疑。除了對十二因緣的無明，關鍵環節認識清楚之外，也必須對其他十一種相續的次第鏈條道理上講解清楚。認識清楚生老病死苦的煩惱困頓不值得留戀。強化受教者的出離心意識。這樣才能達到認知清楚生死本質的目的。

（3）解脫生死

接著上一小節，我們來探討一下解脫生死的方法。首先聲明，解脫生死一定是受教者自願接受自願成就的信念，而非五明智學指導者強加於人頭上的控制工具。也就是說，解脫生死是自己的最大私事，決非他人之事。五明智學只是引導者，助善緣者，是絕對遵從隨順因緣的最高原則。無緣之人不得施用。

如何判斷臨終者是否與解脫生死有緣？這是一個很複雜的問題。有一個判斷標準可作為標記或徵象——受者聽聞瞭解脫生死之法是否有歡喜之心，比如，專業工作者引導講授三次解脫之法，受者如果有歡喜心，而且持續的歡喜心，則可以認作為有緣人，反之，三次後仍無歡喜心，甚至產生了反感及煩惱心，拒絕接受引導，說明此人無緣，可採納其他臨終關懷法。還有另一種情況，三次引導之後，仍在猶豫不決，或沒有聽懂其道理，則工作人員不能放棄，還應該繼續引導，直至臨終者能明白解脫生死之理，再做判斷。

能接受解脫生死之真理者，我們將盡力開示大乘佛法，尤其是西方極樂淨土的往生法門。可採用視覺化媒體藝術形式傳播淨土法門知識。

具體操作技巧方法，此處不多做說明詳解。

（4）沒有生死

接上第三小節課題，解脫生死法的最高認知理念是，本無生死輪回之事，因為無明顛倒煩惱所纏而生執著邪見，故導致顯現生死輪回。

所以，對於臨終受者的最高理性引導領悟，即是大乘佛法般若空性智慧之真理的堅信。這是解脫生死的不二法門。本無生死，一切法空，無自性故，生死是一切法之一，故生死空無自性，故說無生死之事。

後面專章還要刻意探討生死的問題。生死之事是人生最大之錯覺。這個認知如果臨終受者能夠堅信，解脫生死往生善處，乃至往生淨土佛國都應大有希望。

第六章 五明智學教育對創造新人類的貢獻

1、為什麼五明智學能創造新人類？

（1）新人類將如何示現？

閱讀了前面第二章節關於五明智學教育的五個特性的第一創新性中的"創造新人類"一節中的內容，可能會認為這一章節是重複的，沒有必要的。這個看法可以理解，但是我這裡主要強調闡述為什麼五明智學可以創造新人類的理論。前面的同類章節並未在此多做闡述。五明智學及教育讀者們現在已經比較清楚了它們的面貌和實質。前面對新人類的描述也已經了然於心。現在我們討論實質性問題——五明智學教育能創造新人類的根本原理是什麼？

其實深挖細挖到核心點我們會發現：五明智學中的聲明、工巧明、醫方明、因明、內明中，前四明的組合如果沒有內明的參與，是創造不出新人類模型的。因為前四明的組合，目前人類的最高教育水準已經實現了一部分。比如前面章節所列的世界教育理論中的美國教育學家心理學家加德納創立的"多元智力理論"已經涉及到了五明智學中的前四明組合，尤其是對聲明、工巧明和因明的組合比較突出。醫方明和內明涉及的要素比較少，不作為重點。即便是前四明組合的無有缺漏，也還是不能成為新人類的模型，原因很簡單，因為缺乏內明的人，也只是鎖定在哲學科學技術應用層面上的人，仍局限於世間法的層面。可以設想，一個前四明很發達的個人，很可能是個相對全能的人，無論在各方面都能表現出傑出的能力，但他可能是個十惡不赦的人，這種人做善事可能很傑出，但行惡事，也可能會同樣非常出色。歷史上也記錄了不少這樣人的蹤跡。有些文學作品電影作品中也有不少這樣的藝術形象，如，《浮士德》中的魔鬼"靡菲斯特"就是一個全能的惡人形象，聖經故事中的撒旦，也同樣是比較全能的魔鬼。再有就是現實生活中的一些國際間諜特種兵之類的人物，個個也都是訓練有素，超能力于常人，可是他們做起惡事也是破壞力超強，甚至影響力巨大。比如911事件的策劃人執行人，也都是能力超群的傑出人物所為，等等。這樣的例子還可以舉出很多很多。你難道可以認定他們是新人類嗎？顯然不能。這些人物可能前四明的能力都很發達，但唯獨缺乏的是內明。假如他們不缺乏內明或者內明智學學習開發到一般的水準，他們也不至於去做這些惡事，他們很可能與作惡無緣。具備內明智學的人，一定會對善惡分辨並擇善而從之，不可能選擇惡法而從之。這只是內明功能的一小部分，但卻是最基本的部分。其實內明的實質性功能並非局限於世間善法，而是嚮往出世間法。也就是說，內明的智學是對世間的覺悟之學，世間覺有兩重性：一是覺世間善惡法，二是覺出世間法。兩種覺的平衡才是內明的根本覺性。具備了這兩種根本覺性，才能是內明智學的引導目標。達成了此目標，並能隨緣有機地應用到前四明的具體實踐操作當中，才可能是具備了五明智學，即可呈現為新人類的一員。否則，新人類是不能成立的。這就是五明智學及教育為何可以成就新人類的根本理則。

（2）火星移民計畫成功也變不成新人類

我們知道，目前的世界首富馬斯克正著手創造人類的火星移民的偉大計畫。馬斯克心中最大的野心理想就是未來能實現火星移民計畫。在他以為，一旦火星計畫能實現，人類換一個新星球移民居住，就可以擺脫舊地球的習氣，而形成新的未知的良好習氣和性格，自然也就解決了現有人類的很多問題，包括社會不公平問題，教育問題，自由問題、犯罪問題、政治問題、文化差異問題、文明衝突問題等等。馬斯克的設想很美好，但是即便全部實現了他的理想國，火星移民者算是新人類嗎？如果按照前一節新人類標準，恐怕還是不能算作新人類，包括他本人。最多也就算是舊人類的高級境界，還未突破舊人類的框架。所以說，馬斯克所設想的火星移民計畫即使執行實現了理想，未來的火星人仍是舊人類的範疇。理由是，一是所有移民的頭腦仍是地球人的頭腦，心性習慣仍是地球人的，思維方式也照舊；二是地球人未經五明智學的學習和培訓，所以移民們不可能從世間智自動更新為出世間智。三是新移民仍離不開地球人的教育習慣、處事習慣、語言習慣、社交習慣、等等習慣仍會保留。就好像我們地球人國家

間移民的狀態是一樣的。很多移民美國加拿大英國等國的華裔新移民，生活了幾十年的時間，仍然保留著原住國的生活習氣、甚至價值觀系統仍是原住國的模式。包括拉丁美洲人的移民、非裔移民等等，未來的火星人亦複如是。

除非火星新移民一律接受了五明智學的教育培訓，並且認同堅信了五明智學的一切內容，轉變為新人類才有可能。

無論未來移民去哪個星球，他們都將是新人類。但願馬斯克的火星移民計畫能夠充分考慮到這一不可或缺的新移民最為關鍵要素。

（3）五明智學能為新人類做什麼？

我們討論一下，五明智學能為新人類做哪些貢獻。這個問題前面不少章節都已經描述不少了，只是沒有專節討論。前一節說了，新人類的根本特點在於內明智學的貢獻。其實僅僅是內明智學也是不能轉

變為新人類的，其他四明也必須是平衡同時長養開發，才可能有良效。否則，新人類也是有嚴重缺陷的，或者不能稱其為新人類。

我們可以分別簡述一下，五明智學對於新人類到底將會有哪些貢。

【聲明】——這裡主要談談聲明對於新人類的關鍵貢獻點。聲明智學課程中有一種課，為內明應用課程。這個課程主要功能是提高聲明的臨在覺察力，還有，調和力彈性力。內明在聲明中的使用，重點不是專注力焦點，而是覺察力，只要有覺察力的參與，聲明自動就會像最優化調諧，其結果即是音聲色調節奏力度更趨於恰到好處。感染力也最強並有持續性。這在我們的實驗教學中已得到過證明。沒有覺察力的聲音聲調音色節奏感是單一的，有些錯亂的，甚至能演變為噪音，惹聽者疲倦甚至煩惱。所以說聲明如有內明的參與行持，即便在行事中有了差錯，內明也能立刻覺察到，於是馬上糾錯返正。這樣才可能表現出最優化境界。也是新人類所需條件之一。如此訓練成熟的聲明，才可能是聲明智。

【工巧明】——與聲明同理，同樣也是強調內明臨在覺察力的參與和滲透，才可能使心靈手巧之能力更加優化，和諧平衡。無論在職場上從事何種職業，這都是必不可少的一種職業操守。有內明參與並行持的工巧明種類，都會使人具有積極理性的心態，至少不會被煩惱心的躁動所驅使。這就保證了勞動者從事工作的順利性和持續性，並且還有可能發揮創造性。這些也是新人類所需的品質之一。如此訓練成熟的工巧明，才可能是工巧明智。

【醫方明】——此明也同前二明同理。在針對自我身心健康和自我調理疾病的流程裡，掌握好調心技術及技巧是非常之關鍵。因為無論中醫西醫，都已證明和認同，身體的諸多疾病皆與心理情緒要素相關密切。很多的慢性病，如癌症、心臟病、脾胃病、肝臟疾病等，都與心理情緒因素密切相關，人類的長壽也是與心態直接發生關係。《黃帝內經》{見注釋：❶}也有言："百病生於心"。所以說，治病先治心，調心，這也是醫方明智學的重要原則。否則醫方明不能名智學，只能名知學。

【因明】——因明與前三明還是有些差異，它對內明的依賴性並非很強，它是相對獨立的一明。它本身不需要情緒參與，甚至更多的是依存於抽象的理性邏輯思維。無論善惡美醜是非曲直，它都不需要情緒參與其間，否則很可能影響到理性及邏輯的失准。但是如果有內明智學的介入其間，內明的抉擇意識就會呈現出來。內明的最大抉擇意識是——擇善而從之。在沒有內明的引導下，因明只是作為工具型的人格存在而應用。就如某些科學家，如果不具備內明智學，就可能會積極從事行惡的科學研究一樣。比如：AI 的人工智慧研究，它的倫理原則現在就已經擺在了人類的面前，以供選擇。馬斯克就非常擔心這一點。其實這正是對發明人掌控人的內明不夠信任。所以說，具足內明的因明智學，就可以有效保證制止作惡的動力，從而增上緣行善法的動力。這就是具備內明智學的因明的巨大功德力。如此訓練成熟的因明，才可能是因明智。

內明智學本身我們就不再討論了。通過以上的分析得知，五明智學對於新人類的貢獻資源還是非常巨大的。

2、新舊人類的心性對比

（1）現存的舊人類

這一節有讀者一定也會認為是累贅，因為前面有專章專節都已詳細討論過了。不過此節還不是多餘的，因為我們的關注點是新舊人類心性上有什麼差異點。前面的章節主要是列出了新舊人類的外在表現，而未強調關注心性的層次。現在舊人類的心性上都有哪些特點呢？顯然煩惱心遠多於清淨心。

特別是六種根本煩惱心非常的嚴重，以至二十種隨煩惱心也非常嚴重。而十一種善心所卻普遍缺少。此外，更重要的出離心普遍更是嚴重缺乏。這些大概來說就是現存舊人類的普遍心性狀態。當然有些發達民主自由體制的國家，人們的善心所較比其他的國民要多些，煩惱心要少些，僅此而已。這些舊人類的惡多善少，嚴重阻礙人類的發展進步。

（2）靜心與貪嗔癡

可以肯定地說，靜心能力與貪嗔癡，是基本對立的心性，也是新人類與舊人類心性上的重要區別之一。毋庸說，新人類更多趨於靜心，而與貪嗔癡心性拉開相對的距離。距離"三毒"愈遠，愈與靜心相接。新人類中，靜心是淨心的前提條件，即有了靜心的持續狀態，淨心才有可能實現。靜心遊走於世間與出世間法之間，而淨心則是清淨心，它屬於出世間法。舊人類靜心都很難得，就別說清淨心的高級狀態了。貪嗔癡屬於嚴重的雜染心態，是導致一切惡法的根源所在。所以必須剷除掉貪嗔癡對舊人類的浸染，才可能趨於靜心乃至淨心，成為新人類的心性。通過佛法我們得知，三界唯有心，唯心無境。所以我們依心性為座標，來判斷新舊人類的分，是正確的標準。

（3）悟性才是分水嶺

這一小節討論悟性元素的專題，關於悟性前面章節也有涉及。悟性的開顯與否，也是作為分辨新舊人類的重要標誌之一。悟性，顧名思義，覺悟的屬性，或覺悟的性能，覺悟的天性，都可作為解釋。覺悟什麼？覺悟應該分兩種：一是覺悟世間，二是覺悟出世間。覺悟世間比較容易理解，主要是覺悟善惡美醜是非曲直的分別判斷能力，此能力愈強，則說明悟性愈高，反之則亦然。五明智學中哪一種明與悟性關聯緊密？顯然是內明和因明的和合，這至為關鍵。缺一明都很難生出悟性，或者悟性水準較低，不管是世間悟性還是出世間悟性。所以說，因明和內明的和合水準，是新舊人類的分水嶺，即悟性水準的高低也是新舊人類的分水嶺。可以說，五明智學的中心任務是開啟受教者的悟性。世間悟性除了對善惡美醜是非曲直覺醒分辨之外，還能對一切技術性層面的事物行為產生覺悟力，直覺洞察力，判斷力等等。這種覺悟力可以適用於一切世間領域。如：政治、經濟、軍事、商業、科技、文化、藝術、體育、教育、醫療、理論研究、工業、農業等等領域。出世間悟性只針對出離的解脫生死輪回的佛學佛法領域。這方面將在最後章節詳細討論。

（4）四無量心

關於四無量心"慈悲喜舍"心，前面章節已經略有討論。本小節稍微做一下展開。

【慈心】——誠願或祈願所有眾生或他人永具安樂及安樂因，這是慈心。這是菩薩的大慈心，是一種對眾生的大愛之心，時時都願望他人或眾生得到安樂之心。他人得安樂，自己就能得安樂。這種心性意味著慈心者永無加害眾生之心。這是一種博大的善心量。慈心者可滅除一切噁心所，包括前面說的二十六種煩惱噁心所。

【悲心】——救拔眾生的脫苦之心。誠願一切眾生永遠脫離一切苦及一切苦的因緣。願一切眾生解脫生死之苦。簡單說，即是拔除他人之苦根的心，即是悲心。大悲心與慈心一樣，也具足滅除一切噁心所的大力。大悲心者同樣能使二十六種噁心所不生不起。

【喜心】——隨喜他人或眾生喜樂之心。願諸眾生或他人永具無苦之樂，我心愉悅，這是大喜心。有大喜心者，與大慈心大悲心一樣，具足利他之心，能對治滅除一切噁心所，尤其是六種根本惡煩惱心。喜心者，尤其對治嗔心最為直接而有效。

【捨心】——為一切眾生遠離貪嗔癡，而心住持平等捨，這便是捨心。平等捨心即是無分別的捨心，如，財施捨，法施捨，身施捨，愛語施捨，善意施捨，無畏施捨等等。平等施捨心最能直接對治一切貪愛之心。貪愛之心不起，即能使嗔心也不起，癡心也會淡薄。

以上四種大善之心是新人類應該具備的，雖然不能全具，但有少分也是人類的一件大幸之事。五明智學在內明智學上也主要是依這四種心而施教，開啟善德之根的主力課程應該在四種心上大下功夫。相信如果人類普遍能攝取了少量慈、悲、喜、捨——四無量心，則人類的向善力量就能壓倒二十六種噁心所的發作，甚至難起。這才是新人類的最基本標誌。

(5) 地球村無礙

現在的人類由於互聯網的廣泛普及和發展，使得人類對地球村一家人的概念越來越認同了，無論政治上經濟上文化上甚至教育上等等，都傾向於相互學習和包容的趨向。尤其是經濟上提倡的全球一體化的意識概念特別深得世界人歡心。但是全球一體化的前提是，永久的和平意識必須深入人心，普世的善德倫理價值觀必需深入人心和彼此認同，方能達成共識及一體化，不僅僅在經濟上，其他領域仍然如是。我們相信，隨著五明智學教育事業的普遍被世人接受，必然能讓地球人愈來愈趨近於共守普世善德的價值觀，並帶來永久的和平，帶來無礙的一體化新人類地球村模式。

3、五明智學教育對個人成長的增上緣作用

（1）個人成長要素

其實這個問題，前面的章節已經論說的很多了，為何還要來重說？現代人有個習慣語：重要的話說三遍。我們何止說了三遍。現代人被無量的資訊海洋所淹沒，所以對資訊的波浪衝擊已然麻木。我仍然遵從此原則，再次提請讀者關注——五明智學及教育對個人成長到底有何增上緣的功德力？

我們首先談談個人成長都有哪些要素。按照世俗教育的普遍課程內容，我們可以看到，使個人能向上成長的要素大略就是三個方面：德性，智力，身體健康。一切善惡美醜是非曲直等離不開德性的框架，一切技術性智慧性方法性的行為活動等都不可能脫離智力，一切生命的品質都離不開體質的健康水準。我們發現，所有的教育，包括大中小學教育都離不開這三大元素。個人成長評估，也基本落入此三大元素的架構。比如你說，某人走入了社會，名譽地位財富都已出人頭地，甚至成為了名流，按世俗眼光道理說，此人的成長非常成功。如果你仔細分析世俗社會中的那些成功人士，人們對他們的讚譽，也基本上圍繞那三大元素轉圈。比如，某企業家被評為首富，這是落在了他個人的掙錢能力上，某歌唱家名揚天下，也是對他唱的歌聲之美

的能力而讚譽，某政治家執政有方深得民心而受到讚譽，還是對他的美德與管理技能上的讚譽等等。上述幾種人所接受的民眾讚譽都是脫離不了他們的德智體三大元素，尤其是前兩者。當然這裡中心點還是智力的層面占主要。可是如果沒有善的德性做配合，此人的名譽立即會受到損害，甚至還嚴重障礙該人的智力成長空間。比如那些成功的演藝圈名流、企業家大亨、政權的最高統治者，某位科學家，作家，音樂家等等人物由於德性的缺失而導致事業中途失敗甚至身陷囹圄等等，歷史上的案例舉不勝舉。

由上可知，世俗社會中，一般說個人成長的三大元素也就是人們普遍認同的方面。但是五明智學教育似乎並不滿足如上的德智體三大元素，雖然也包含了該三大元素。五明智學除此還要添加兩大元素——覺和慧，這兩大元素以往世俗教育及世俗社會對個人的評估中，是不考慮的要素。再說世俗中的人具備覺和慧之人，也是鳳毛麟角。評估者們自身就不具備此二大要素，怎麼可能用之做標準去評估他人呢？

五明智學對於個人成長增上緣要素，主要是覺力和慧力，這兩項要素如果融入了正常的德智體三大要素中，那就讓人格更加豐滿，甚至趨近圓滿。

【覺力】——覺悟或覺醒之力，即對人及事物的覺察，覺察能力。這種能力一般只在修行人當中才具備少分。而一般大眾是很難具備這種能力的。這種能力的最大功用，即是能提高專注力，增強對事務的敏銳度，尤其是能增長自覺的"控心"能力以及平衡穩定心境的能力。

還有提供做事效率的能力。當然還有一種更重要的能力——定力。關於定力，如果詳盡解釋又能寫一部專著，這裡只能做極簡的解讀：定力，其實質是持續的定向專注力而不散，而且是有覺察的持續專注力而不散。用佛法解釋，即是"止觀雙運"的平衡力。這個能力對成就一切能力是個很好的基礎力量。有了定力，個人的任何能力發展都能得到最大限度地開發和應用。定力對於人體的健康力也是很好的增上緣。

【慧力】——智慧之力，與三大元素的智力有很大區別，但也有共同性。智慧之力是抓住事物本質的直覺能力，大多數不需要慢性的邏輯思考，直接快速地抓住事物的核心價值或本質屬性。慧力，剖析開來，其實即是因明與內明覺悟力的高度融合一體化和合發揮的功德力。慧力，應用到世俗，需要技術含量高超的領域，如高科技尖端領域、藝術領域、體育領域、科學研究領域、發明創造領域等等，能發揮出驚人的創造力。"慧力"的表像與靈感非常類似，但比靈感更有深度和廣度並且還更有持續性。所以，"慧力"對個人的成長更具增上緣的巨大功德力。慧力，不但成就世間法，而且還能長養出世間法覺力與"慧力"的關係相輔相成，相互成就，覺力特別是其中的定力，往往是"慧力"的營養水源，慧力，也是不可或缺的覺力營養源成長的根苗和碩果。

（2）素質與知識

素質和知識的關係，在前面章節早已討論得比較多了。這裡還需進一步強調一下。素質對於五明智學教育來說，是非常強調的重點，而知識並非受到排斥。正如前面專門章節討論的通識性教育一樣。五明智學不強調知識材料的機械化積累，而是強調能隨緣有機地啟用和通達。這是通識特性的顯現。因為能將知識通識化，才能顯現出知識的力量並且實用化，而且通識化知識的過程，也是個人高素質的表達方式之一。

【素質】——對應於個人的五個方面：德力、智力、體力、覺力，慧力。這五個方面都非孤立的運作，而是相互和合在一起運作而生的效果。說一個人素質高或低，都能夠從此五方面來評估判斷，五力，需要平衡發展，才能顯現出素質的高水準。五要素的重點，往往人們一般比較重視德力，即德行的能力，其他智力體力方面並非是主角，而覺力和"慧力"，絕大多數人都不具備，所以也就不是作為評估素質高低的必需要素了。

但是在五明智學及教育來看，德力覺力慧力，肯定是重點。而五明智學與五力，正是息息相關而不離。由此可知，五明智學能直接對應於個

人素質的提升或增上緣。至於如何提升或增上緣的具體細節就不再贅述，讀者們在前面的章節中已經有很多領受了。

【知識】——知識比較容易理解，直接對應於現存的資訊，資訊可以說是知識的基本細胞，離開資訊，知識之體將無從存在。我們已知，知識的載體大致說來有幾種：書本、電腦存儲、人的實際經驗、再有就是人們最具活力的載體——大腦。說得直接一點，知識的載體，即是資訊記憶的手段或資料庫。資料庫是最具現代感的新詞彙。資料與資訊等同，

但資料高於資訊，因為資料是經過人為整合的資訊或知識。現代社會的知識量較比古代或近代的知識量總和還要多無量倍數等級。每個人所學習的知識量也遠遠多過古代人和近代人。但你卻發現，現代

人在素質水準上並非比古代人近代人高很多，甚至有很多地方還不如古代近代人。以上說明素質與知識的關係並非成正比例關係，甚至都看不出彼此關係有多緊密。也就是說，素質與知識似乎彼此獨立互不相干。其實也不然，知識如果經選擇而利用，就能與素質發生緊密關係，就如前段文所說，能將知識通識化隨緣恰到好處地應用，正是素質高水準的表現。如果沒有既已有的知識儲備，這種隨緣應用的能力也是巧婦難為無米之炊。所以有人打比喻：好比雄偉的建築體量，建築結構中的所有材料即為知識。所以說，沒有建築材料，也就不可能有屹立不倒的宏偉建築。知識其實也如是，假如一粒資訊或知識都沒有，素質的體量也不可能成立。就如建築與建築材料的關係相同。所以不要以為知識與素質一點關係都沒有，恰恰二者始終沒有分離過。正如我們前面討論過的漢字中"智"與"知"的不同：智，表發光的知識，而知就只是"知"而已，不能發光。發光的知識即是素質。所以五明智學對待素質與知識的態度是，二者不可偏廢，皆需平衡發展。當然素質應是核心主動地位，因為素質相對穩定，知識卻日新月異。

（3）個性化與執著心和解

我們知道，現代西方的教育比較重視人的個性化發展，而從幼教和小學就已經開始，到了中學階段已顯出成果。

並且這種重視開發個性化教育的方式比較受到尊重和讚美。其理論根據是，每一個人都是不同的，包括天賦、性格、才氣等，每一個人對世界來說都有相對應的自體價值，所以重視個性化教育，就能開墾出每一個人深藏的寶藏，而有益於社會和個人良性成長。這是尊重個性化教育的優良一面，但是如果過分重視個性化發展教育而失控，也可能導致另一種負面性——加強執著心的膨脹。執著心是有危險的，控制不善具有破壞力，甚至破壞力很強大，其結果即是任性。任性成習的人就容易有暴力傾向。所以一味強調個性化教育不一定都是正向的積極的模式。這個問題在教育的實踐中把握好度是相當費心的事。而五明智學教育卻能在此方面發揮其強大功能。特別是內明智學的教學能大顯其能。內明智學在開發善德方面的"四無量心"，就有化解執著的強大功能，但它並非排斥個性，它反而允許個性彰顯，允許每一個人的個性彰顯，但彰顯的目的是為更方便行善法，而非行惡法。這就是四無量心的強大功能，所以它也能很好的化解每一個人的執著心，而長養利他同時利己之心。我們知道，執著心是狹隘的，往往與利己自私為前提，而且包容性很缺乏，這正好為四無量心而有效對治。當然，除了四無量心以外，內明的其他元素，如覺力和慧力都能發揮有效作用。每人的個性化能與執著心和解，才是最優美的個性化水準。利己利他才可能最大化。個性化的實質，即是隨順尊重每個人因緣的差異性，而行事而評估。這才是遵守中道的原則。這也是五明智學始終一貫的學理。

（4）個性與個性趨於中道

通過前面小節論說的每一個人之間能與各自的執著心和解，就能使每個人的個性，趨於善向，從而人與人之間，人個性與人個性之間才能趨於和平而中性化，也就是我們理想化的中道意識。中道意識，是人際關係最優美的一種和諧關係，它一直從古至今都是人類心中的理想。古希臘的柏拉圖就做過如此的美夢——《理想國》。中國的孔子也做過美好的西周國之夢，而不惜勞作帶領七十二優秀弟子四處遊說，並建立中國的教育體系——《論語》。《道德經》也是中國古代的另一部理想國的哲學大作。近代的社會主義者們也同樣做過如是美夢——烏托邦。今天的馬斯克仍然繼續再做同樣的夢——火星 移民計畫。可以說這些夢想的初衷都是美好的。正如現在的流行語：理想很豐滿，現實很骨感。為何古今人都沒能實現彼此的夢想呢？總結起來，所有的方法和手段都是很難與夢想相應。

五明智學及教育能否扛起如是重擔和責任？理論上說應該是可以勝任的，但現實，還是現實，都很難確定。這要看人類的發心。個人發心的力量實在渺小，但很多人一同發心，力量就可能超級強大。就如，當年的約伯斯創造蘋果電腦及智慧手機產品一樣，初始階段都是十分渺小，但它的爆發力卻無窮盡。當然教育與科技發明創造產品很不一樣。 甚至在某種程度上作用相反。科技的力量是煽動人們的貪欲，貪欲又是人類最自然最強大的習性業力和慣力，所以人類投入的熱情就會超級的強大，正應了中國的著名成語："眾人拾柴火焰高"。所以成果就會非常的突顯，所謂的進步也會一日千里，日日沖天，不可抑制。當下的高科技發展勢頭正是這樣洶湧澎拜。而五明智學教育卻是在日日減損人們的貪欲而得深深的安心，而慢工細活地陶冶人們的智慧悟性，淡化人們浮躁的情緒衝動，趨向於定力漸增。這是兩種完全不同的發展方向和模式。這要看人類的選擇，而且是理性的選擇。但是有一點應該相信，五明智學及教育絕非妨礙高科技的創新增上緣，甚至有過之而無不及。但它可能是另一種不可思議的偉大而安靜不聲不響的創新局面。

4、五明智學教育對社會和諧發展的貢獻

（1）社會和諧特徵

有使命感的教育家，還有那些具情懷的知識人士，可能最最關心的是，教育對社會發展會有什麼益處，會越來越不安定呢？還是正相反，越來越和平乃至趨於和諧？特別是五明智學教育會對社會的未來發展能貢獻些什麼新的和平與和諧的資源？其實本節的這個問題在前面章節都已經論說解決過了。但我為何還不肯停手？理由很簡單，使命感催促我還須重複。我再進一步描述一下一個和諧的社會應有的狀態：首先這個國家的憲法和其他法律應該是最大限度地保護人性化人文化的安全，自由言論表達個人意志有充分保障。領袖和公民法律上平等，彼此的人權充分得到尊重。而且彼此認同，相互尊重關懷。眾生平等意識普遍認同，普世價值得到充分彰顯。當然其實這些優良要素，現在西方發達國家基本都已做到。貧富兩極分化現象已經日趨縮小。我想說的是，除了這些特徵以外，還需要更進一步的擴展：在文化上和諧社會更具包容性，普遍人更具接近四無量心意識，並且很多人對未來出世間法有所嚮往。普遍人的悟性均有所開啟，智商都很高，普遍人都具備很多自助自理的生活和工作能力，彼此間沒有明顯差別，犯罪率幾乎為零，人們追求的生活方式更趨簡樸化，對奢華不再有過分的熱情。而五明智學教育卻能夠拔高現有的西方發達社會。使他們本來就比較和諧的社會，更充滿活力和智性。

過去中國的領導人也提出過組建和諧社會為理想，可惜很遺憾，和諧社會是與中國的"官文化"特色社會水火不容，所以只能有口號而見行動，使中國虛擲了大好的十幾年的時光，和諧意識，並沒有深入人心，相反，鬥爭哲學旋風死灰復燃又逆襲而來。因為"官文化"的本質，就是以權力為重心的價值觀體系，特點就是特權社會，與眾生平等意識背道而馳，怎麼可能和諧呢？"官文化"社會只能靠威權的震懾而達成表面上暫時的和平，但社會成員之間的內心並未達成真實的和諧，只是壓抑住了衝動而出於恐懼感的強迫式順從。這絕非人們內心呼喚的和諧與自由。

（2）北歐社會

前面章節我們已經描述過了北歐社會。應該說，相對地球村來說，北歐人過的應該最人性化、人均最富裕，且精神文明水準更富裕。他們是地球村最為和諧的高級社會形態。應該成為全人類追求的目標。上一節描述的普遍優良社會現象，基本在北歐都已實現。北歐社會的福報應該在地球人來說當數第一。可以說，北歐社會十一種善心所，幾乎都具備。而北歐人的二十六種噁心所卻非常少見。雖然有，但程度比較輕，惡法在北歐社會幾乎沒有市場。北歐社會，現在只欠了五明智學這個東風來溫和地吹一吹，點燃他們心中的智火與大善之光，成為人類最早普遍具備五明的和諧社會。以引領人類共同參與和諧之光的探索和實現。

（3）心與心的和諧

一個和諧的社會主要表現在何處的和諧？答案很簡單，心與心的和諧才是真。可是做到心與心和諧相容是最難的啊！因為通過前面章節列舉的《百法明門論》看，人類的十一種善心所，在地球村平均來看，水準比較低，二十六種惡煩惱心所確實在唱主角。所以世界眾生之心極難和諧。心與心和諧的最大特徵是，心的合力必需趨善驅惡，這是必須的第一要素。如果心與心導向惡，是不可能有和諧可言的。善與善法相應，不與惡法相應。我們都知道和諧的最大特徵是包容精神。善惡法彼此很難相容，不是良幣驅逐劣幣，就是劣幣驅逐良幣，這是沒有商量的。除非善法能量特別巨大，可以降伏惡法，否則良幣只有被劣幣驅趕或被同化。地球村某些國家有不少都是劣幣驅逐良幣，所以那種社會主色調除了鬥爭互害，就是充斥著戾氣和暴力。這就是我們後面要談到的末法時代。

但願五明智學及教育能在人類和諧之心方面能有所貢獻。由於它的兩大功德力——開啟善根和智根，相信如果它的溫風能普遍吹拂進人們的心，則這個世界趨善的總持會降伏一切惡法。

（4）共同信仰？

有人說，人類要想達到心與心的和諧，必須以共同信仰為前提，否則等於癡人說夢。這種說法很有道理。但地球人的歷史沒有留給人類必須共同的信仰。而是很多種不同信仰共居於地球不同的板塊。世界有主要的三大信仰宗教——基督教，伊斯蘭教，佛教，當然還有其他的如印度教、耆那教等等。好在不同的宗教居住在不同的板塊，相對來說還是能彼此分開。有人說多虧地球還足夠大，不然地球人就更亂套了。從這個現實來說，企圖讓人們聚集共同的信仰實在是不切實際，甚至不可想像。

但是五明智學及教育能做到一點共同的信念，那就是人們能普遍共同信解敬畏因果。因果非宗教，而是世界運營的真理或金剛規則。世界上現存的任何比較能收攏人心的宗教，其每一種宗教都有因果律在其中暗流。幾乎找不到一種宗教完全不接受因果律的。而五明智學是非常關注因果律並且將其作為因明智學和內明智學的核心內容之一。況且因果律並非與任何比較大的宗教相互衝突。所以就這個意義來說，人類是可以有共同信仰的。當然對於因果的信仰不像一般的宗教，那樣有自己的經典和人物故事情節。因果雖然沒有人物故事，但它卻貫穿於每一個人的人生。對於因果律重要的不是信仰，而是深深的信解，因為它是宇宙人生的總持之規律或真理。世界沒有一法不是因緣生因緣滅，周而復始相續不斷。所以與其說信仰因果，不如說信解因果更準確實在落地。因此，五明智學是可以成就人類的共同對因果律的信念。這也就是全人類能夠心與心和諧最大最牢靠之基礎。

（5）五明智學是信解

前一小節已經說過，因果律的信解是關鍵，而這一節將稍稍討論一下，五明也是信解的道理。五明，是不能當作信仰來看的，因為五明非宗教。但五明勝過宗教，為什麼？因為五明是每一個人的人生的至善工具，而且還是每個人終生不離的夥伴。人生可以沒有宗教，但不可以缺少五明。缺少五明你可能是個愚蠢的人，尤其是缺少內明。內明能有效滋養善根和慧根，甚至可以成就出世間法，一般宗教還是在世間法內兜圈子。但五明已經超越了世間法。五明又不是哲學，然而也勝於哲學。因為哲學只是五明的一個小部分。而五明是一切種智。五明既然是世俗智的天花板，則他與哲學有異曲同工之處——也是強調其信解。信，強調對五明的信賴，堅信其有無上功德大力，解，解悟。解不僅僅停留在理解，解讀，解釋，解決等等，解與悟粘合在一起，就會產生新的靈智的火花。所以我們要對五明智學給與充分的信解，才是我們對待五明的正確態度和立場。

5、五明智學教育對人類文明進步的推動作用

（1）世界文明板塊

我們要來深入談談五明智學如何推動作用于人類文明進步。美國政治文化大師亨廷頓在《文明的衝突與世界秩序的重建》一書中將世界文明劃分為八大基本板塊——西方文明，儒教文明，印度文明，日

本文明，伊斯蘭文明，斯拉夫東正教文明，拉丁美洲文明，非洲文明。他的分法還是比較的實際，但是也並非完全符合史實。比如，他把佛教這麼大的一塊文明板塊給忘記了。不管什麼原因，亨廷頓的政治文化大師的頭銜並非完全名副其實。因為他對文明板塊的分法，是基於對宗教的認知、文化的認同等因素。如果把宗教作為主角，那麼佛教是絕對跑不了幹係的。然而他把整個東南亞這麼一大塊的小乘佛教文明給捨棄了，而將中華的儒教文明載入給了廣大的東南亞族群眾生頭上，顯然這是有偏頗的，與事實不相符合。作為文化政治學大學者是不應該的。雖然歷史上東南亞地理板塊深受中國儒教文明的影響，但並非完全如此，因為小乘佛教廣布於東南亞土地，自然對那裡的人民會在文化上產生深遠的影響。也許在亨廷頓看來，東南亞缺乏獨立性的文化根基，大多被印度教文化及中國文化所浸透，不給予其獨立的文明地位。我在這裡也簡單地說一下以上文明板塊的各自特徵。

【西方文明板塊】——西方文明的基本框架以古希臘羅馬文明與基督文明相結合的文明產物。古希臘文明主要因數為多神論、哲學、科學、商業、政治民主體制等為基石，古羅馬文明應該是古希臘文明的抄襲，但是他唯獨的創新是在法律法制方面，以致後來形成了羅馬法體系。基督文明也是離不開羅馬人的接受和推崇乃至推廣。中國有句老話：成也蕭何敗也蕭何。歷史上迫害基督教基督徒最嚴重的是羅馬人，成全基督教的還是羅馬人。西方文明的大致地理範圍包括：歐洲大陸大部分國家，北美國家，英屬殖民地國家（南太平洋地區的紐西蘭和澳洲等）。文化內容大致就是當前的西方文化內容。

【儒、釋、道、法教文明板塊】——主要是以中國為核心向四周放射到東亞，東南亞廣大地區，還有少部分中亞地區。當然文明的核心是以孔孟之道為核心的儒家思想為綱領。儒教思想是以"仁義禮智信"五德為意識核心。此外，還有重要的一部分法家思想為核心。中國文化其實是一個以儒家文化為外主線，以法家思想為內主線，這樣一個和合而胎生出來的文化體系，有學者稱為"***外儒內法***"的"***官文化***"系統。這個觀點非常有理。然後還有世俗的五福文化做糖果。中國的儒教文明主要影響了日本、韓國、朝鮮、越南、新加坡、緬甸等近鄰國家。尤其是日本和韓國影響較深，日本不但吸收了儒教文明更多吸收了***法家***文化的專制獨裁的思想，還部分吸收了佛教文明思想。有很多學者認為，中國的主流文化是儒釋道的和合產物。其實不然，因為儒家文化是絕對的主流，而"釋"與"道"的文化，只對佛教的出家人和道士有所影響，而對民間影響力遠不及"外儒內法"的官文化。特別是對於統治階層的精神素質沒有多大影響，要說有影響，也只是影響了作為他們便利的統治工具而已。

【印度文明板塊】——印度文明比較獨立而且主要影響他國，而非受他國之影響。印度文明對世界的最大貢獻即是佛法，至於其他的如印度教、耆那教等其他的哲學思想和修行方式對他國沒什麼太大影響。

瑜伽體操也是近年來才普遍傳播，但文化內容非常單薄。印度除了佛法文明以外，印度教的影響力比較大，但最多蔓延到周邊一些國家，如尼泊爾、印尼等。此外，歷史上印度文明由於穆斯林的戰爭，也被迫受到一些伊斯蘭文明的衝擊和浸染。但是伊斯蘭文明雖然入了印度的國土，但對印度教固有文明並沒什麼影響力。只是各居自己的勢力範圍，互不侵擾。但是，從 1500 年前，印度的固有佛法文明基本移出了印度本土，奔往了中國大陸和東南亞各地。

【日本文明】——其實嚴格來說，日本沒有自己獨立的文明。不知為何亨廷頓將日本作為了獨立的文明板塊而說事。也可能他是看重了日本的明治維新後吸收了大量的西方文明意識形態而取得了重大發展成果的原因，才給予它應有的地位。事實上，日本對於世界的貢獻，也僅限於他們的工業化產品和電子技術產品等，而文化上並非有獨特的優勢貢獻給人類。在整個東亞文明中，現代日本是最貌似西方文明的一員了。

【伊斯蘭文明板塊】——伊斯蘭文明或稱阿拉伯文明，當然可以稱得上有獨立意義的文明，它的勢力範圍不僅僅局限於中東，而且擴展到了整個歐亞大陸廣袤的地理範疇。最遠達到了南太平洋地區的印尼等地。它的文明內核即是伊斯蘭教和它的《古蘭經》。從歷史上看伊斯蘭文明的出生地應該與基督文明共源，都於耶路撒冷出生。麥加，應是它成長快速強壯的搖籃。從現在的伊斯蘭文明人口分佈來看，已經覆蓋了世界各地除了廣大的阿拉伯地區外的歐洲、東南亞、中國的新疆等地。

【拉丁美洲文明板塊】——這一文明屬地主要是中美洲與南美洲廣袤的土地。這一文明比較單純，原始基礎建築在印第安及瑪雅人的粗獷與征服的野蠻土著模式上，從文明的層次看，很是粗略。近代史上，由於西班牙人的入侵殖民，帶來了西方天主教的文明，從此拉丁美洲人基本上都是殖民者混血的後裔，文化的血脈也基本上是西班牙式的西方文明雜糅的系統。從西方文明的整體看，拉丁美洲文明，應是西方文明最末端的邊緣部分。

【非洲文明板塊】——如果從文明的'文'字上看,非洲確實談不上實質意義上的文明。但從行為藝術的角度看,非洲應該還是有文明可言。最起碼非洲人的那種人類原始的天性粗獷的氣質和行動力,影響了整個世界的其他文明。比如,音樂、舞蹈、歌唱、繪畫作品、雕塑等等。據說美國的爵士音樂就是受了非洲文明的原始粗獷的舞蹈意識而感悟而開啟的靈感結晶。這是非洲文明對世界獨特的貢獻,也是不容小覷的。

【斯拉夫文明板塊】——其實斯拉夫文明與日本文明很類似,並非有自己獨特的文明成就。只能勉強稱為文明。理由是,雖然他們有東正教做支撐,但是此教也屬於基督文明的血脈一支。它與西方文明所不同的是,斯拉夫文明吸收哲學科學文明和商業文明意識比較少而已。它的地理範圍以俄羅斯為中心,向南歐中亞周邊地區擴展到以斯拉夫民族為主體的居住地區。其實嚴格來說,斯拉夫文明板塊也是西方文明大家族比較邊緣化的一支。這一點正如拉丁美洲文明一樣。

【猶太文明文明】——我可能比亨廷頓先生稍微大膽一點,我將分出一支不該被忘卻的人類文明板塊。雖然它的固定地理範圍很窄,甚至可以忽略不計,但它的影響力卻是空前,甚至比古希臘文明的影響力並非小氣。它可以說是世界文明的另一個原點。從地域上,也可稱為耶路撒冷文明。耶路撒冷文明有兩大貢獻——《聖經》中的舊約與新約。舊約成就了猶太人自己的文明堅固不化的群體,新約向世界人輸送了基督文明。猶太人特有的信仰機制尤為堅固執著, 這一點較比任何宗教都更具虔誠精神,他們對教育的絕對信念和他們本有的聰明才智,成就了世界上占比最大的科學技術成果。這是全人類有目共睹的歷史事實。此外,耶路撒冷文明貢獻給西方的基督文明，也成就了除古希臘的哲學科學民主商業的文明之外還有更關鍵的開明的一神教的最重要元素。特別是新教文明也就是原教旨樸素的基督精神，從英國的新移民中生長壯大，乃至隨順移民浪潮一同移植到了美國。，這些就是耶路撒冷文明最偉大的貢獻。是不能被遺忘的文明板塊。亨廷頓在他的書中雖然也落了很多筆墨描述了猶太文明的巨大貢獻，但並未把他們視為獨立的文明板塊而言。

(2) 文明與文化

有人一定會問，文明與文化有什麼區別？兩者是什麼關係？據資料，關於文明與文化的差別之說法也是眾說紛紜，莫衷一是。沒有統一的觀點，說法幾十種甚至百種。有人從文字學角度，有人從歷史角度，有人從考古角度，等等，都說得蠻有道理。從文字上看，文明二字，來源於中國的《易經》：乾卦·文言："見龍在田，天下文明。"從此簡單的語言中，龍，在中國古文化中，表示主管風雨水的圖騰神仙，與農耕作物關係密切。見到了神龍在耕田中出現，則意味著民以食為天的文明開始展現。我們從中可以會意到，文明，是指的一種整體觀的意會和解讀。而且是向上向善的一種積極的意會和解悟。與惡法相對立。而現代人對"文明"的理解，也大多駐足於這種會意。既然文明所表述的是向上向善的積極的而且是整體的觀念，所以它應更多聚集於共性層面。文化一詞不是源自中國，來自哪裡無從查考。但是普遍人認為，文化一詞內涵更趨向於具體事物。比如，飲食文化、藝術文化、裝飾文化、茶文化、咖啡文化、傳統文化、現代文化（也有說現代文明）、中國文化、美國文化、法國文化、英國文化、德國文化、羅馬文化、等等。顯然從習慣語看，表達的意趣確實趨向於有限定的具體事物。也有人認為，文明與文化其實是一回事，沒有本質的不同，只是名詞不同而已。

如果從抽象的哲思概括，文明與文化的關係應是"不一不異"。不一，就是它們的差異性，文明，表文理精神水準整體的向上向善的積極光明的境界，當然文明也包含了物質文明的內容。比如：工業生產力的發展狀況、現代科技的水準、資訊化的水準等等，都屬於文明的範疇，而非文化的範疇。所以文明是動態可變的。文化，表達精神文理的具體內容狀態。此狀態具鮮明的個性化特色和固定化相對不變特色，但並非都是向上向善的積極狀態。也有可能是消極的或落後的文化狀態。比如，某種地方性的惡俗文化。清朝男人的留長辮子、婦女裹腳的惡俗等。不異，文明也包含了文化的具體形式，即文明決非文化的包裝外套，而是深含文化的內容充實。這就是兩者的共同點。所以，文明與文化不可決然分離，二者是你中有我我中有你的相融關係。

有人說，文化相對于文明，更具穩定性，而文明也具穩定性，然而相對于文化，它表現為易變性。比如，我們習慣說，某某文明的水準越來越高，而不說某某文化的水準越來越高，或越來越低。我們暫且同意這種說法。

（3）東西方文明衝突嗎？

按亨廷頓的說法，世界文明之間彼此的相互衝突性是現實的，常態的。不然他也不大可能將世界文明分別成八大板塊。而實際情況也正如是，某種文明都會選擇氣味相投的地區眾生結為伉儷。以團結一致，抵抗外來文明的侵擾和破壞。這就是文明之間衝突的理由。亨廷頓認為，現代化並非是文明的全部，而只是文明的一部分，現代化並非能改變各自文明的內涵，反而還會更加強了原有文明內涵的自信和堅守，這也就是各文明之間衝突的意識根源。比如儒教文明與西方文明的衝突，伊斯蘭文明與西方文明的衝突，等等。

那麼東方文明與西方文明是否衝突？雖然這是個敏感論題，但必須 給與正視不可回避。我的回答是，可以衝突也可以不衝突，不是確定的法則。前面說過，文明是相對易變的。歷史的發展也如是。自從 1840 年鴉片戰爭以來，中國打開了大門，西方文化及文明，大量湧入了中國，有無衝突？當然有，但衝突並非一件不善之事。通過衝突彼此相容吸收，最後導致了中國的洋務運動、戊戌變法運動、五四新文化運動等等，以致最終結束了中國最後一個王朝世代。才使得中國的儒教文明迅速升級換代，中國人的意識形態很快與世界文明體系接上了關係。並且民國時期湧現出了一代文化大師級人物。日本文明也如是，如果沒有西方文明與日本文明的衝突，就不可能有明治維新燦爛的大改革運動。使日本從一個極落後的封建武士主宰的國家迅速進入了發達的國家。這就是可以衝突也可以不衝突的實績。文明間的衝突 造成強烈對比，然後導致反思，反省，再然後就是接納吸收，改造成 為自己文明的一部分。當然還有一種衝突，那就是彼此的戰爭，通過 流血而達成相互認同。但是我們希望看到，東西方文明間可以有和平 溫和的衝突，通過反思反省，彼此相互吸收融合有益的善法因數，從而彼此都有提升，使文明的差異性日趨減弱，而達成和諧一致。

（4）文明是可以平衡的

前面我們已說，文明的衝突並非是非善之事，特別是兩種文明有高低差異時，反而容易導致和平相容，決非必需採用戰爭手段。其實所謂文明有高低水準之差異，即是指"普適"與"普世"的價值觀之間的差異性。比如，眾生平等觀、言論自由觀、人權不受侵犯觀、家庭和諧慈孝觀、遵守誠信觀、優勝劣汰觀、法治觀、私有財產神聖不可侵犯觀等等，這些皆具現代文明的共法，而非特殊人群所認同。所以說，參差不齊的文明是可以相互取長補短達成平衡的。

有人說，宗教文明的衝突最難調和。歷史上的宗教戰爭非常的殘暴。這是事實，但決非不能平衡。多虧現代社會國家多為政教分離模式。信仰是信仰，世俗是世俗，兩者不得混淆。這就給文明以和解的空間。否則，就易導致暴力戰爭。因為在宗教者看來，自己的信仰都是唯一的政治正確，這就造成人們強烈的執著心。最終易造就戰爭之大惡業。所以政教分離的現代國家體制，文明水準非常的高。能給文明的平衡提供充足的大善空間。

（5）五明智學教育可以消解文明及文化衝突

前面我們主要討論了文明與文化的區別，文明之間的衝突及不衝突的平衡問題。這一節我們該討論一下，五明智學及教育在消解文明和文化的衝突上將如何有所作為。

由於五明智學可以全面開啟人的善德之根和智慧之根，則五明智學會使每一個受教者能全面開啟自我的善慧根，成為全息能力發展的人。這些人未來都會影響到周邊的人，如果五明智學能如人們接受高科技一樣的欣喜，我想對創造新人類的理想就會成為現實。如果上述文明板塊的人們大多能欣喜接受五明智學的普世善教育，則化解世界人的文明及文化衝突決非是天方夜譚。

有人說，宗教是極難改革的，因為人們過分篤信神的諭旨，無法變通。其實不然，你們看，基督教正是在趨善的與時俱進改革中完成了神與人性的通融，才孕育出了今天最具普世意義的現代發達的西方文明。其實儒教文明伊斯蘭文明等也如是，如果能與時俱進地趨善地改革各自的教理和解讀，正如馬丁路德中世紀改革基督教一樣，相信也能蛻變為新的儒教文明伊斯蘭文明及其他文明。

6、五明智學與 AI 的關係

（1）與 ChatGPT 的關係

現在我們終於來到了人類最前端的問題——五明智學與 AI 的關係。目前 ChatGPT 是人們最受歡迎和寵愛的驕子。它似乎什麼工作都能幹，特別是文字處理事務方面的事，幾乎沒有難言之隱。有人一定會提出疑問，既然 ChatGPT 如此的好用，並且都能代替人類諸多的職業，特別是需要文案的職業工作，如律師、作家、文秘、翻譯、文案設計、廣告設計等等，那麼未來學習五明智學再好也鬥不過 AI 和 ChatGPT 吧？尤其 AI，它比起 ChatGPT 的功能更廣大，也更強大。AI 決不僅限於需要文字處理的工作，他能會的功能遠超過文字處理、繪畫、音樂、電影、工業設計、工藝設計等等幾乎所有職業領域，他都可以能用其極。它不但設計上能超越人類，而且實際操作上也毫不遜色，AI 機器人的發展前景不得了。是否能代替五明智學？這個問題我們可以稍稍探討一下。首先我們知道 AI 的基礎建設，離不開人類的培訓，它的本質其實就是一個能自我處理的大型統計型資料庫。它甚至可以吸收進人類的全部知識系統，可以設想，AI 的高級階段，確實可以取代人工的大多數工作，那時人類可能是一堆堆無用的閒人，甚至廢人。但具五明之人是否也被取而代之變得沒有存在意義？請看下麵一節分解。

（2）ChatGPT 和 AI 雖然可以戰勝任何學霸

這一節我們來討論 ChatGPT 和 AI 它們不能取代什麼人。看這趨勢，人工智慧取代人類的學霸是完全有可能的，因為一個現實人你再有通識知識，再心靈手巧，你仍然幹不過 AI。因為它具有調動人類一切知識寶庫的能力，而我們個人的記憶力卻不行，而且遠遠不是它的對手。你把世界上的學霸王都集合在一起，也鬥不過 AI。因為你運用知識的方法與人工智慧是一個模式——都離不開統計學資料庫的模式。可以說，世界上除了最具創意的大科學家，恐怕無人能比 AI 更技高一籌。你可以這樣設想，既然人工智慧的才華是運用統計學的模式運作，則它記憶體內的資訊資料如果沒有該資訊，它是不可能創造出來的。除非它有此信息集累。而科學家的創新靈感，是 AI 所沒有的資訊。但是也說不定，未來的人工智慧通過反復培訓，是可以具備創新知識的。但是我們肯定地說，人工智慧唯一不能戰勝的就是五明智學。理由如下：

①AI 人畢竟不是鮮活的人類，他的晶片非人之心。這是本質的不同。
②既然 AI 非人之心，則 AI 缺乏人的悟性能力，但不缺少智商能力。覺性能力只有生命體的人具足。另，AI 也不具內明能力，如：自我觀照能力、覺知能力、打開智慧的能力。也就是說，AI 很有可能具備除內明之外的其他四明能力，所以它能成為全能的高手。它能行善事也能作惡事，那就取決於它所接受培訓的內容而定。所以現代科學家們都對此特別擔憂，馬斯克即是最為擔憂的一個。未來 AI 的道德系統

實在是個最值得關注的極大敏感問題。也正是基於人工智慧人不具備內明智學的能力。但它可以模仿學習具備內明智學的人。

③人工智慧人不具備佛性，這是毋庸置疑的。由此它就不可能具備人一樣的覺悟能力。這也是 AI 不能戰勝五明智學人的基礎原因。但它可以作為五明智學的工具，協助其從事諸多的工作。比如，它可以作為五明智學教育的導師，從事培訓師的工作。內明的訓練雖然不能勝任，但它可以模仿老師進行上課。

④由於 AI 不具備佛性，所以它就不可能學會修行，也不會通過修行自我完善自己的道德系統，而自覺分辨善惡是非。所以想讓人工智慧可以建立善法的道德系統，只有通過具備五明智學的人施加培訓教育才可能做到。所以未來的人工智慧人道德系統的建立，需要具備五明者來進行培訓疏導。其他人選是難以信任的。，

⑤經過五明智學高級訓練出來的 AI 人，可以充分信任它們的工作，甚至是人類最為重要的政治控制管理工作，平抑戰爭的工作，大規模殺傷性武器嚴控的問題等等，都有可能放心地交給人工智慧人管理掌控。因為他們的善德和智慧足以對抗世界上最邪惡最有邪聰能力的惡人之攻擊。

（3）ChatGPT 和 AI 更不可能戰勝佛法智慧。

前文說過人工智慧可以戰勝一切世間人的智力活動，再聰明的人類也不是人工智慧的對手，因為知識和技能太有限。此外，它不具備內明的能力，並且不具佛性，所以它不可能戰勝佛法智慧。它不可能達到正遍知的水準。因為雖然它能將人類知識的總合盡收眼底，但它只能吸收到可顯的知識，那些不可顯的知識 AI 就學不到手，比如人類阿賴耶識以往過去世積累的資訊種子庫，它是不可能知道的。因為

現世活著的人沒人有神通力看到阿賴耶識種子累世以來積集的龐大資訊資料庫，它也不可能預知未來世界的具體事實存在，所以它不具有"宿命通"｛見注釋：❷｝，除非佛眼。只局限於當前世界所累積的知識總量，是不可能與五明智學爭奪高低的。因為五明為一切種智，而AI也只能為當前的一切知識庫而已。當然了，能稱為當前一切知識庫或資訊庫，並且能隨緣隨機調出任何資訊而用之，這已經非常非常了得了，我想，除了具五明之人及佛法智慧之人不能戰勝，還有什麼人能是AI的對手呢？所以某些科幻影片，所講述的AI人控制人類的命運，甚至實現毀滅人類的目的，並非沒有可能！所以人類未來人工智慧科技面臨著最嚴峻的道德倫理問題——向善？還是向惡？正如《哈姆萊特》中最著名的獨白："生存還是毀滅？這是一個值得考慮的問題。"

（4）ChatGPT和AI可以學習佛法智慧，領悟佛知見。既然AI不可能戰勝五明之人更不可能戰勝具佛法智慧之人，那麼它是否可以學習五明智學或是通過學習培訓造就出佛法的智慧？回答是可能的。理由如下：

①先說學習五明知學的事，對AI來說只能稱知學，因為它的學習能力再強，也不可能具備真人所固有的覺知觀照能力。

首先AI實現聲明的技術高超化，比之真人的發聲更優美，模仿任何音效都已不在話下。語言的使用也更優於人類，尤其是形式邏輯上更不會輸給人類。也就是說，以聲音表達的能力超於人類的任何優秀演講，脫口秀、戲劇、電影等等，都可能超越人類。甚至表演的動作如手勢、行走、站立等姿態的優美度可欣賞度，都可能超越人類的專業表演。

書面語方面超越人類就更有可能了。現在流行的 ChatGPT3.5—4.0，就足以讓那些以文字為業的人深深感到擔憂，未來的ChatGPT5—6、7、8、9……你是不敢想像的！它甚至可以實現人類知識總量盡收眼底的境界。你如何與它較量？人類幾乎所有關於設計的方案策略它都可以輕鬆掌握，不管是陰謀詭計還是高大上的戰略策略計畫，它都能輕鬆識破。

人類對它來說，幾乎沒有秘密可言。它還有可能破除人類任何設置的密碼系統，甚至包括核武。所以所有的書面語對它來說，簡直是如魚得水那樣簡單自如。也就是說語言的學習能力和應用能力，它可稱為總霸。

②現在說工巧明知學。對於 AI 人來說，它的用手用腳的能力更是遠超人類最能幹的能工巧匠。因為現有的機器人就足夠現代人驚歎服氣了，就別說未來的技術不斷更新後智慧人的善巧能力了。它的能力到什麼程度你都不敢想像。我們已知工巧明包括一切職業能力，這一點 AI 人是可以達到的。包括一切藝術領域，如：繪畫、音樂、建築、雕塑、歌唱等等，

AI 人從事這些活動，可能不比人類水準低下。有人說交響樂演湊會，AI 人可能完成嗎？為何不可能呢？為何不能表演得比之專業的表演隊更引得喝彩呢？體育也屬於工巧明範疇，AI 人做任何的體育動作都是易如反掌的事。人類中凡是需要用手用腳用身體完成的工作，AI 人只能比人類幹的更漂亮更俐落。

③再來醫方明知學。我們知道現有醫學院畢業的人臨床數十年的專科醫師，都是通過學習和訓練得來的。也就是基本憑記憶功能完成。這些工作對於 AI 人來說實在簡單不過。不管是紛繁龐雜多如牛毛的種

種處方，對它來說，分分鐘就能消化並應用之。不管是中醫、西醫、藏醫、阿拉伯醫、各類民間醫等，只要它能接觸學習，可能幾天時間就能成為最好的專家。

再來說說診斷能力。醫生的診斷能力基本全憑以往的經驗總結，而且是固定化了的診斷。這就是說，記憶功能在診斷中起著基本的作用力。

可以說，診斷學基本屬於經驗學的範疇，基本全憑記憶準確完成。沒有創造性發揮的餘地。所以AI人在此超越人類根本不是問題。

再說治療醫術。醫術方面是需要高超的動手能力的，這一點AI人能比任何一名手術大師水準更低嘛？所以，醫方明"知學"方面，AI人超越人類應不是問題。

④再看因明知學。因明知學的最大特點是講究因果律和邏輯思惟能力。

這一點AI人也可能憑著超強的學習能力而掌握，尤其是形式邏輯思惟關係，它比較固定化，AI人掌握起來應該比較容易。辯證邏輯思維靈活性很大，可能學習起來比較辛苦。但是再靈活的思惟，它的基礎仍然是良好的記憶，這一點對AI人來說就不是困難。掌握了這兩個邏輯思惟的利器，幾乎就沒有學不會的事情。此外，數理邏輯思惟能力，雖然艱深複雜，但是形式化模式比較固定，對AI人超強大的學習能力來說，也非難事。

有人說，科學研究創新能力，還有就是因明最厲害的直覺邏輯判斷能力，這是AI人難以與那些思維敏捷靈感勃發的科學家們競爭的了。這是人類最為寶貴的腦力資源，如果這個資源也被 AI 人掌控，則完全取代人類就是有可能性了。AI 人掌控人類最富創造力的直覺思維能力不是沒有可能。因為創造性的靈感，直覺思維判斷能力的所有基礎資源仍是記憶單元。只要是現存的記憶單元，儘管它再有靈感再能創新，也還是在記憶單元中跳來跳去，重新排列組合而已，不失記憶法度。除非現有的記憶庫中不存在創新的記憶單元。有的記憶單元很可能是阿賴耶識過去世種子庫異熟識｛見注釋：❸｝中重新被啟動而現行的記憶單元，這樣 AI 就 可能學習不到。這大概就是它的為難之處，或軟肋。

⑤AI 另一個最大軟肋即是沒有內明能力。它的一切學習內容都是通過外部人類的資源供應。因它畢竟自身不是生命體，不具阿賴耶識異熟識種子庫。所以它的一切記憶單元都來自對外部人類的學習。其實我們仔細分析，人類的內明功能也是來自最基礎的記憶單元。所謂因緣法，因果律關係，即是一堆記憶種子的不斷相續現行的結果而已。如果阿賴耶識沒有記憶功能，則人間的一切事都不能成立。AI 人與真人的共法在於，都具足對資訊回饋的能力，也就是說，都具有將學習來的資訊通過大腦處理後回饋現行的功能。這一點兩者的力度幾乎同等。

根據 AI 的功能原理，按道理它是可以學習培訓並能掌握佛法智慧的。因為人類凡夫所學習的佛法智慧，也不過是一大堆記憶單元的排列組合而已。尤其是末法人，只能對佛法教理上能達成充分理解的水準。其他的修正能力也是不足以同正法｛見注釋：❹｝時期象法時期｛見注釋：❺｝ 的人相比擬。因為我們現在人只具備比量識的思維，或最多是比量智，而不具備現量智｛見注釋：❻｝。這方面 AI 也可以完成比量識{見注釋：❼}的功能，甚至達到比量智的功能。依此規則，AI 學習佛法智慧選擇培訓老師即是非常關鍵的工作。其實和人類同理，人類中學習佛法者很多很多，但真懂佛法者並能應用到實際生活實踐中者寥寥無幾。

什麼樣的人適合做 AI 的佛法智慧培訓師呢？當然是那種能隨順佛法正見而達到了"勝解"水準的人，並且能隨緣隨宜說法的人，還有就是能敏銳辨識世間善惡能力的人，有大慈大悲心的人，發菩提心的人。

這樣的人對 AI 進行培訓，應該對其保持善德抵制行惡，具有保證，而且能依佛法智慧回饋一切善法資訊。應該相信，受過佛法智慧培訓的 AI 系統，趨善辟邪的能力具有了保證，而且它的思維回饋深度和廣度應遠遠超越未經五明智學學習的人類。

（5）ChatGPT 和 AI 可稱為創造新人類最好的導師

這一節最後我們來討論一下 ChatGPT 和 AI 對創造新人類能有何貢獻。

顯而易見，從標題得知，人工智慧系統人是可以做好一名出色的學生導師。其原理前面已經都說了，它除了對內明智學的學習有些障礙外，其他四明，不會輸給人類，反而可能會超越人類。因為它的記憶力遠遠超越了人類。所以接受了五明"知學"及佛法智慧培訓出來的 AI 人，做五明"知學"培訓老師，工作能力可以超越人類。比如，一個 AI 人可以負責起整個一所學校人的培訓工作，而且不需休息。如果用真人做培訓師，就需要至少五名教師工作，每一個教師只能針對一種明課程發揮作用。另外，還需要休息。成本遠遠大於 AI 人。AI 人還有一大優勢，它能運用世界上任何一國的語言對該國學生進行培訓工作，這樣就更節約了大量培訓成本，也節約了大量人力資源成本。這對實現創造新人類的遠大目標，提供了最可靠的工具，而且還提高了巨大無比的效率。就如同電腦和互聯網及智慧手機迅速改變了人類的生存方式和生活方式一樣的具普世價值。

第七章 佛法與五明智學的連結是人類教育的終極

1、佛法的本質與五明智學

這是本書的最後一個章節了。也是本書的壓軸大戲的總結。我前面章節早已說過，五明智學的理論根基是建築在佛法基礎上的。只不過把它世俗化了而已，而不是僅僅用於出家人和在家人的半神秘修行事物中。

我再次重申，佛法不是宗教，而是一種可操作實用的探索求證真理性的智慧，注意，它是智慧，而且是鮮活的大智慧。這是佛法的本質屬性之一，另一個本質屬性，即佛法也是大善之法的總合。所以說佛法是大善大智之法。這一點與世間法為不共之法。這也就是佛法的本質屬性。

但有人還是不解，既然佛法不是宗教，為何會有佛教呢？比如，世俗社會建立的諸多寺廟，還有諸多的宗教形式組織，比如出家僧團組織等，他們有獨立系統的生活方式，行法修行方式，他們在一起也學習佛法，這是不是宗教呢？就如基督教組織形式，聚合在一起學習聖經是一樣的啊。是的，這種儀軌形式為宗教形式，沒有錯。但我意思是，佛法本身並非宗教形式，如果硬要說它是宗教，你可以認知為佛的教誨或教育系統。佛法與宗教應是兩碼事。其實聖經與基督教組織形式也是兩碼事。古蘭經也如是。佛法是可以獨立出宗教形式外的思想和智慧或學說，世間人都可學習，並且能應用的智慧方法，並不影響各自的宗教信仰。不管你是基督教信仰者還是伊斯蘭教信仰者或其他宗教信仰者，都可以學習佛法智慧，應用於各自的生活。

佛法雖然與哲學有類似點，但性質截然不同。古希臘對哲學的解讀，也強調愛智慧，但在他們眼裡，智慧可求不可遇，因為只有天神才具智慧。人是不具備智慧的，但可以嚮往智慧，祈求智慧的力量給與保護和助威。顯然古希臘人是謙卑的，對智慧充滿敬畏之心，所以他們的成長非常的優美，被歷史家稱為人類的金色童年。

佛法與五明的關係前面也已經說過，它們的關係也是不一不異——不一，佛法更關注出世間法，五明更多關注世間善法，這是它們的不一性。不異，佛法從世間法而安立，是對世間的覺醒之法，五明，也是對世間的覺悟之法，而且也關注出世間法，其終極目標還是出世間解脫法。這是兩者不異性，共同性。所以說，由於佛法與五明的共法，才可能將五明智學教育世俗化推廣。也可以說，佛法是五明之母，即五明出生於佛法，這就是二者之間的緊密關係。五明是立在佛法的根基上而展開自身的"五力"——***德力、智力、體力、覺力、慧力。***

此五力，通過五明門而對人性的完美化綻放光明之量子。

2、佛法與真理

（1）真理是什麼？

有人問，佛學是什麼？與佛法是什麼關係？回答是：佛學是佛法之學，或佛法之知識的學問。佛學的關注點是佛法的語言文字表達，主要學習形式是佛經，還有大菩薩論著。佛法不僅僅攝於文字，更重要的是可以用來修行，自我完善，從而認知並求證真理。

什麼是真理？顧名思義，真實的道理，真實的理則或法則等等。當然真理分好多種。現在人也有把科學當成真理的，也有把追求自由當成真理的，很多領域都有將自身領域追求的最高目標當作真理。常常聽說，為了真理將如何如何……尤其是以往的革命者，都將自己所追求的奮鬥目標當成真理。總之，真理這個詞已經叫爛了。我這裡談的真理應是終極真理或絕對真理，絕非一般人們所認知的某個相對真理。

佛法對真理與哲學家對真理的方式有本質的不同。哲學只是求得認知真理而滿足，佛法不但求得認知真理，更多的是求證得真理。哲學家求真理的手段或形式為，以第一性思維抽象的認知世界的本原是什麼。其實也就是探索宇宙世界的自性到底是什麼。如果找到了世界的自性，即找到了終極的真理。幾千年的哲學史，至今也無一位偉大的哲學家發現過自性的一纖毛。佛法其實也是在做同樣的事，但它不是在尋找自性，而是早已找到並證悟到了自性，只是在做揭示那自性的真理性工作。這就是佛法與哲學的不同。當然也有不少人把佛法和佛學納入哲學的領地。比如，大學中的哲學系就是這樣幹的。

不錯，自性即是世界終極真理的標籤。自性，這東西是唯一性，或一味性。按佛法對自性的解讀，應該就是佛性。佛性，也是世界唯一的存在性或真實性或實有性。佛在很多經中都對佛性有過描述，特別是《大般涅槃經》｛見注釋：❶｝。這裡就不再引用其中的經文了。經中的大義是，眾生人人具足本自佛性，或人人本自具足如來智慧德相。但是眾生由於無始以來無明顛倒虛妄分別執著而愚癡，導致佛性不能顯現，而只有佛，才是完全開顯了佛性的大智者。這就是佛與眾生根本的區別。所以有句俗語："人是未來佛，佛是過來人。"

（2）佛與覺

我們來談談佛與覺，關於這個話題可以寫成著作，也可以佛陀耶幾字來說明。我這裡不想長篇大論，也不可能數十字了事。依據佛學大辭典來說，雖則解讀比較正規，但還是嫌不太接地氣。我這裡想多一點接地氣的說法來解讀佛與覺是怎麼回事。佛，梵語音：Buddha，意譯：覺義。覺什麼？自覺覺他。自覺什麼？自證覺悟自體或宇宙一切實相，也可通過教導使他人他眾生覺悟一切宇宙實相。什麼是宇宙實相？就是前面所說的宇宙存在的唯一性——自性。也就是說，佛與覺是等同義。中國人喜歡對語言從簡，所以只用一位元組來表達Buddha，實際上應該至少用二位元組來表：佛陀、浮屠、**等。**

佛在《華嚴經》{見注釋：❷}中有說："一切眾生，皆有如來智慧德相，但因妄想、執著，而不能證得本有之如來智慧德相。"這句經文表述的是，一切眾生皆具佛性，而佛性記憶體一切如來智慧德相。如來的智慧德相是什麼？即是一切佛法，以及一切的法、報、化三身。法身，簡單說，即是佛性本體無相身，不生不滅，不動不起，無形無相。報身，是佛的自用有相身，一切佛法智慧，從報身啟用。一切眾生凡夫不可見報身，只有菩薩摩訶薩{見注釋❸}可見。

化身，即是佛為度眾生而化現投胎人道的肉團身，即與凡夫眾生同等身。一切眾生可見之。

注意要點，所謂佛，是一個廣義詞，宇宙間存在無量的諸佛，覺悟力與智慧力，皆為同等，沒有差別。所以知一佛即知所有佛。因為所有的佛都是對宇宙唯一實相的究竟覺，大覺。所以諸佛皆是全知全智全能。但有一事，諸佛卻不可承辦——代替任何一眾生成佛。佛，只能通過協助教導度化眾生自度成佛，因為每一種眾生都本自具足了佛性，及一切如來德相，所以不需要他人代替。就如我們人類，沒有一人能代替某人去生死一樣道理。即便中國古時的皇帝要下人陪葬，也不能代替皇帝本人去死，皇帝該死還是死。

還有一個注意要點：科學界特別是物理學家，一直在探索這宇宙世界究竟來自何處？究竟如何生成的？數千年來人們一直對之是個最大的謎題。宇宙大爆炸說最為流行。儘管如此，大爆炸說似乎很有道理。現在我們通過深入閱讀佛經才發現了真相——原來這大宇宙世界存在著無量的諸佛，每一佛都統轄管理著某個世界，也名諸佛世界。為什麼名諸佛世界？因為每一佛世界的器世間物質體——日月星辰山河大地等，均為各個佛化現而成。而我們這個世界被稱為娑婆。娑婆，義譯為堪忍，即可忍受諸苦。也就是說，娑婆世界是一個充滿苦難的五濁惡世。娑婆世界的範圍有多大？佛說有三千大千世界。三千大千世界換算一下，也就是約有百億數目地球村，意謂佛，管理著如此浩瀚無邊的世界。現在的最高倍天文望遠鏡的視野範圍，也僅僅才看到銀河系的光體。銀河系也僅僅是娑婆世界的一小部分而已。我們的地球村被稱作"閻浮提"世界，也叫南瞻部洲。應該是娑婆世界中最為苦難之地。其實地球也僅僅是"南瞻部洲"的地面部分，它的範圍遠不止於此。比如太陽系、火星、木星、土星等系列都屬於南瞻部洲的部分。佛為何要化現這樣一個南瞻部洲？目的就是為度化我們眾生解脫苦難生死，化現這樣一個與我們眾生心共業相應的山河大地，供給我們苦難罪業累累的眾生休養生息，生死輪回，修行無量劫而慢慢走向佛道。這就是我們的業報世界。關於這個話題如果向深處探討，那真是一千零一夜也說不完。

綜上所述，顯然，佛，不是什麼人們編造的故事，也不是什麼宗教意義的信仰，而是真實不虛的大徹大悟之人。如果說佛是神，則我們眾生人人都具有神性，只是由於我們無明顛倒執著，而使各自的神性，不得顯現而已。所以對於佛，最好的信法是信解，而非信仰。因為信解，會讓人深知因果，而且能向自心內求，而非外求。其成果才可能自覺，甚至成佛。信仰往往偏於外求，而忽視內求，易導致盲信迷信，最終不能自覺。

（3）佛的十名號

佛有十個名號：如來，應供，正遍知，世間解，善逝，無上士，調禦丈夫，天人師，佛，世尊。其中每一個名號都代表著一種獨特的義理。凡是一個信奉佛法之人，都須牢牢記住佛的十種名號所代表的深蘊法理。

【如來】，表無所從來，無所從去義，實際上表達的是一切法為空性之義。

【應供】，表示：應該如阿羅漢一樣受到眾生的供養，為供養者培植福德。

【正遍知】，表能正確的了知一切法，包括世間出世間法。

【世間解】，對世間法的一切都能瞭解，還有一層意思，可以隨緣成就解脫世間的一切眾生。

【善逝】，能在最恰當的因緣時機，示現出涅槃相，而消逝離開眾生。

【明行足】，具足三明——天眼通明，宿命通明，漏盡通明。即，福德智慧神通等圓滿通明。

【無上士】，表世間無一人能超越無上大士的智慧能力。或名調禦丈夫，表示：可以調伏和度化一切難度剛強弟子和眾生。

【天人師】，表：佛能做三界天人眾生的導師。包括一切天人、阿修羅、鬼神、魔王等眾生。

【佛】，表大覺者，大徹大悟者，覺一切諸法實相真諦。

【世尊】，具備以上諸德，則名世間尊。即具足了一切諸德，而為世人所尊重恭敬。天人凡聖，世間出世間皆為尊重之，故名號世尊。

通過以上對佛之十名號的瞭解，我們就更知道，佛並非什麼神乎其神的神仙，而是實實在在的圓滿覺悟之人。而且眾生通過累世向佛學習修行，終有一天也能圓滿成佛。也可被稱十名號。

3、佛法與世俗哲學的不共

（1）佛法不是哲學但似哲學

這一節我們來討論，佛法與世俗哲學的"不共"法是什麼。其實前面章節談論過，哲學與佛法的最大區別即是目標不同：哲學只追求到能認知和解釋這個世界就達到了終極目的。而佛法不然，不但要能解釋清楚這個世界的前因後果，而且還要證悟到世界的真相，根本上解脫生死輪回——成佛。

但是佛法經論中的言說語言，又很類似哲學的邏輯推證過程。在佛經論中，你根本找不到佛說法的邏輯漏洞。不管是形式邏輯還是辯證邏輯規則都非常的嚴謹而圓滿無漏。這一點世間哲學家再出色的著作，都有不可克服的邏輯漏洞。因為所有的哲學觀點幾乎都源於哲學家的假設假想預設等等抽象的理則步驟，無一人是經實證而得出的結論。這就難免邏輯上沒有漏洞。佛法經論在語言表述形式上很類似哲學的論文方式。但內容卻很不一樣。所以，有很多學者都將佛學視為哲學的一種，這是可以理解的。

（2）佛法與佛學

有人把佛法與佛學等同來看，這是有誤區的。佛法與佛學還真不是一件事。佛法應該包含了佛學。兩者也是不一不異的關係：不一，佛法，隨順佛說更關注實踐修行部分，如：發菩提心，修六度｛見注釋：❹｝，守戒律，培植善根慧根，培植四無量心等等。而佛學僅停留於佛經論的文字相上研習討論解讀，不太重視佛經中所說的修行法門的實踐部分。所以佛學能演變成學術化的形式，即如一般大學中所教授的哲學課程。久而久之，就脫離了修行的實操。最多可能形成有漏的相似佛法見，不太可能真能隨順佛知見。因為佛知見好比江河湖海的活水，能養生一切水族生命，而純粹學術化的佛學，也僅僅是實驗室中的死水池一塘，不能養活水族類廣大生命。

所以五明智學不但要研討佛學，更重要的是通達佛法，於實踐中隨順佛法而自修，開覺出內明系統的智力慧力覺力。

（3）自性是根本

前面章節已對自性概念稍作了點說明，但還不能滿足讀者更深刻的認知欲求。下面我們稍做深入討論一下自性的概念。

自性——即實有。自性這個概念在佛法中簡直要多重要有多重要，怎麼重要都不過分！

可以肯定的說，佛來出世只告訴眾生兩個問題，並詳細解釋清了這兩個問題。一個是"空"，一個是"自性"。

關於"自性"，幾乎深入到個個經典中。只是學佛者很少注意到理解到位。

簡要談一下"自性"法義的核心要理，解其關鍵點。關於自性，通常是這樣解讀的：

自體，即自相，自己就是自己，本來獨立存在的法性。無自性，即無自體，無自相，無存在自身等義。

自性義除了"自體，自相，本來自存在，"等義外，還可以這樣解讀如下：

①所謂自性，是不需要因緣聚合而生而本來具足而具有的存在性。

②既然自性不需要因緣聚合而生，也不需要因緣散而滅。所以自性本自無生無滅，無形無相，無有變化。

③所謂自性，即是法爾如是地無因之存在的自體。是本住法。佛出世不出世，皆自存在。

④自性內本自具足一切萬法萬相顯現之德能。即本自具足如來一切德相。

⑤自性以外無任何法的存在。佛說，諸法本來空寂，無自性無所有。

⑥自性的存在方式——盡虛空遍法界。

以上六點，可作為一般自性義的深度解讀。牢記此六點，自性義之要點，則基本被解讀清楚。

根據以上對自性義的解讀，我們自然會發現，宇宙間能有自性的唯有心，除了心，什麼也沒有。因為真心才有自性，除此，一切法無自性。所以《華嚴經·十地品》說："三界虛妄，但是一心作。

更進一步解讀——宇宙間究竟有自性的唯一存在體，即是"佛性"。除此別無他物。換句話說，自性，即是佛性，佛性是唯一，唯一即存在。

以上對自性的義理如能了達明白，則佛法的核心義理基本就掌握。

（4）唯心主義與唯物主義

哲學史上，唯心論與唯物論的諍訟至今還沒有結束。到底誰對誰錯？哲學家自己是說不清的。有人說依佛法就能判斷出，顯然唯心論更靠譜。不錯，但哲學上的唯心論與佛法中的"三界唯有心"，還不是一回事。但唯心論哲學注意的焦點確實比較靠譜。起碼方向是對的，而唯物主義哲學方向正好相反。唯心主義哲學所謂的心，是無明顛倒執著的虛妄分別之心。因為哲學家們並非能見心，而是通過比量思維而認識到了心的機理，這已經很不錯了。在凡夫世界中，能認識到了唯心的道理，就已經非常形而上學了，比之唯物主義當然層次要高無數的等級。

注意：佛法中所謂的"心"有二種：一是真心，或名自性心，或名佛性，或名本心，或名清淨本體心等。二是妄心，或名雜染心，或名阿賴耶識心，或名"識心"，或名無性之心等。

阿賴耶識，前面章節中已經略說一點點。它是唯識學中的關鍵字，甚至是中心詞。將這個名相徹底理清，佛法的核心至少能掌握大半。前文說佛法所說的心，分為二，也可以這樣解讀：心，分為二門，一是清淨門，或名無生門；二是雜染門，也名生滅們。清淨門即是佛性門，也叫自性門，或出世間門。雜染門也叫阿賴耶識門，或叫眾生凡夫門，或名世間門。二門實際上是不離不棄的和合體。但是雜染門應屬於客塵，而無生清淨門則是本住門，或自體門。眾生如何成佛？即是通過清淨的佛法，而清除雜染門中的阿賴耶識染汙種子，此過程也叫"轉識成智"。智，即是佛智，與無生清淨門相應。識，即阿賴耶識種子，與雜染門相應。當阿賴耶識種子全部被佛法清除乾淨，即完全轉識成智，則成佛即可完成。這是對凡夫成佛原理的極簡解讀法，也是從根本處的心法極簡式解法。相信讀者們能懂的。

4、佛法佛學與五明智學的關係

（1）五明智學是世間法集大成

現在我們來稍微深入討論佛法佛學與五明智學的關係。這些問題讀者們都已不那麼陌生了。佛說，五明是一切種智。這說明五明已包羅萬象世間和出世間法。首先，應該承認，五明是世間法的集大成。這一點理論上前面的章節已經論證得很充分了。為什麼說，五明智學為世間法集大成？因為五明智學是通識之最，可包羅萬象一切世間知識系統，再說，它又是建立在佛法的基石上而運行。佛，被稱為世間解，自然五明應為世間法集大成者。五種明門可以貫通世間一切法，認知一切法的真相，所以它是世間法集大成者。

（2）五明智學的地基

我們已知佛法孕育了五明智學，它為何可以進入世俗化教育？因為佛的十名號中的"世間解"，就是要通過五明智學深入到世俗教育中，清淨學生們的心靈，充分開啟人們的善根和慧根。只有佛法才能達成此目標。其他任何教育都遠非勝任。五明智學是建築在佛法的地基上才能發揮其卓越的功德力，否則不能稱其為五明智學。

5、五明智學教育與佛法正智

（1）正智的功能

什麼是正智？所謂正智，即正確的智慧。通過佛的十名號得知，佛也被稱為"正遍知"，這就是正智的表義。也就是說，能覺察了悟。一切事一切人一切法的本質或真相的智慧，就叫正智，否則都不名正智。有正智，就有邪智，與之相對。"邪智"與"正智"方向相反，但力度並不一定小於正智。所以邪智的危害性很大。正智，也有兩種，一是世間正智，另一是出世間正智。當然我們在世俗教育中，多用於世間正智。世間正智，主要對應於世間善法，與惡煩惱法不相應。但以善法降伏對治世間惡法。所以五明智學教育的責任是重大的，它必需時時警覺惡煩惱法對自身的侵擾。它必需做到百毒不侵，才可能應用好自身的正智，對治一切世間惡法。

（2）佛法的正智

佛法的正智，我們已經知道了一二，佛法主要關注出世間法，但又不離世間法，離了世間法佛法也無用武之地。佛法尤其不離世間覺，覺什麼？首先覺世間善惡，然後覺世間皆為虛幻不實，覺世間如夢如幻，所以才能解脫世間。佛法的正智，主要形式表現為"般若智慧"{見注釋：❺}，這是佛法的本質大智慧。般若智慧即是以空性之光，破除一切虛無自性的五蘊假有。

五蘊——色、受、想、行、識蘊。蘊，積集和合性。

【色蘊】一切色界之和合為色蘊。多指有形的物質形態而言色。

【受蘊】一切依於心的感受而有的因素積集和合為受。

【想蘊】一切以心想念為因素的積集和合為想蘊。

【行蘊】一切以心造作而行為積集和合為行蘊。

【識蘊】一切依於"八識"心雜染無明而顛倒虛妄積集和合為識蘊。

佛法的般若智慧，是照破五蘊皆空的強大功能。作為凡夫，只要我們對般若智慧有信解和認同，並能依此在實踐中覺知一切事相，就能契入佛法的"正智"——般若智慧。

（3）五明智學教育的正智

五明智學教育的正智，前面（1）中已經論及。這裡強調一點，內明智學主要是依從正智的學習和踐行。而且主要是在學習佛法中建立正智。同時也會關注到世間善法的引導和教學。總之，正智，一定是與善法相應，不與惡煩惱法相應。這是正智的特性。正智，在出世間法上，與般若智慧相應。

6、如何掌握佛法最高智慧？

（1）授人與漁法

前文已經討論了不少關於佛法和佛學的常識了，現我來論說，如何才能更方便快速地學習獲得佛法智慧。

自古至今，學習佛法者多多，但獲得智慧者寥寥。這是為何原因呢？理由如下：

①學佛人的根性不良，導致學佛法業障重重。尤其現在的末法時期。

②沒遇上真正的善知識者，即通達勝解隨順佛法的善知識者鳳毛麟角，難求難遇。

③佛知見與世間凡夫的邪知見思維方式方向正好相反。凡夫久遠以來形成的對世界的邪知見深深的習性與佛法完全相反。很難短時間內有所改良。甚至生生世世都難以改進一寸。

④學佛法方法存在嚴重障礙。絕大多數學佛法者，均是授人與魚法，而非授人與漁法。所以學佛者就很難有獨立思考佛法的能力。絕大多數人，都是人云亦云，拾人牙慧，以訛傳訛。學習的基本都是相似佛法。

我這裡極簡地介紹一下授人與漁的學佛法。典故我們都很清楚，就是教人打魚的方法，而非直接餵養吃魚。學佛法也如是，必需要學會學佛法的方法，才能夠真正領悟佛法真實義。否則也是盲學。我稱這授人與漁法為佛法說明書，或學佛的導遊圖。

學習佛法經論如同我們學習操作一部高科技複雜系統的機械或飛行學員學習駕駛一架大飛機是一樣的。我們不能剛接手就上去操作，非出事故不可。先必須要學習操作和駕駛說明書，否則你不管怎麼聰明，花很長時間你也學不成一個真正的高科技機械操作高手或出色的飛行員。學佛法經論也如是同一道理。從古至今，觀察大量的學佛人也見不到幾位真正能通達佛法經典的法師或宣法人。關鍵原因正在這裡——沒有學佛法的說明書，也沒人編制出系統有效的學佛說明書。根據這種情況和自身的學佛經驗，總結出了一套學佛法經論的說明書，我稱之為"授人與漁法"。也就是教授吃魚之人捕魚的方法，而不是直接餵他魚吃。這種教法，能使之成為自主自助的捕魚和吃魚之人。不被餵他魚吃的人所控制。學佛法也如是。言歸正傳，說明書是這樣安排學佛法次第的：

第一階段

首先學習佛教簡史，大略瞭解佛出世及佛法的傳播路線圖。學習佛教史的目的是為了摸清楚佛法傳播的路徑，佛法傳播的拐點，什麼人物的出現對佛法有貢獻，貢獻點在哪裡。以及今天的學法人需要傳承前人的什麼，如何避免前人所犯的錯誤。增長"擇法"意識。

佛教史可基本分六大板塊——第一板塊——從"兜率天"{見注釋：❻}佛出世談起，到佛投胎出世。這一板塊非常重要。一般佛教史書籍是忽略掉這一章節的，可能為避免讀者生迷信和神話的原故，或許著作人自己也不知道佛出世到底是怎麼回事。講這一章節目的是，澄清佛是如我們普通人一樣，努力精進自己就能大徹大悟的世俗邪見。從而可以簡要瞭解些佛法的大宇宙知識觀——三界知識。瞭解佛陀如何出世這一段歷史，極為重要，可以瞭解佛法的宇宙觀。佛法的宇宙觀貌似有神話色彩，但卻是真實的情況。因為佛具足"六神通"{見注釋：❼}。佛出世的歷史，正說明佛具足幻化身的巨大功德力之一。絕非我們凡夫想像中——一個普通人出生通過自身努力修行就能成佛。這是天大的笑話！佛來出世是帶著度化眾生的使命而來，是隨順眾生得度的因緣成熟具足而來，必須是一生補處菩薩方可成佛{見注釋：❽}。

第二板塊——佛出家前出家後到成佛這一段青少年學習五明及與外道學道的這段經歷。目的是搞清楚，佛的化身向眾生"示現"的這段經歷，對後來學佛人的意義。即通達五明與成佛的密切關係。

第三板塊——學習佛三轉法輪的意義，及佛涅槃後到上座部有部與大眾部的分道揚鑣，以及南傳北傳佛教的分化路線及重要人物和故事。其中阿育王是重點。希臘人前來今阿富汗地區一帶皈依佛的史實。耶穌受北傳佛法的影響，馬鳴菩薩的故事等。

第四板塊——大乘佛法的湧現，主要人物，龍樹{見注釋：❾}，無著{見注釋：❿}，世親{見注釋：⓫}，等。唯識學的風靡。第二時三時教法的集散地。第五第六板塊是瞭解佛法和佛教如何傳入了中國，再從中國傳到了日本韓國等及其演變至今的歷史。

第二階段

學習講解三時教法概論的內涵。主要目的——瞭解清楚，佛陀依"三時判教"的根據。即三轉法輪。是唯一正確學佛法的無漏捷徑。他法都有缺漏。整個佛教史已經證明如是。三時教法{見注釋：⓬}概論普適一切佛教宗派。

第三階段

名詞解釋——這一環節極為重要，有了前面的佛教史知識和三時教法概論思惟，再來學習一些比較難懂的佛法名詞

解釋，自然就容易了很多。我們總結出如下的佛法名詞，必需要瞭解清楚：佛，佛性，覺，菩薩，小乘佛教四果，大乘佛法，五蘊，十二入處，十八界，無明，六道輪回，涅槃，四聖諦，四念住，三法印，八正道，三十七道品，禪那，四禪八定，如來藏，空如來藏，不空如

來藏，藏識，前七識，轉識成智，十二緣起法，甚深緣起法（藏識緣起法），空性，不空，斷滅空見，頑空見，二無我，佛知見，了義法，不了義法，四依四不依原則，凡夫，眾生，我性，平等，淨土，五濁惡世，三災，末法時期，象法時期，正法時期，五戒十善業，心，三界唯心，唯識無境，清淨心，雜染心，虛妄分別心，藏識種子，無生，佛的三身，等等。還有很多。

以上的名詞，作為一個下決心學通佛法的人，必需要明白的名相。這些名相也只是佛學名詞中很少的一部分，但卻是最為基礎的名相，必須要了知。否則學佛中就會出現嚴重障礙。可在漢語《佛學大辭典》中查閱學習。

第四階段

三自性的學習——這是說明書中的最關鍵部分，將三自性通達了，可以說一切佛經論都能看懂，只要文字無障礙。

佛說：一切諸佛密意語言，由三自性應隨決了。真懂了三自性原理，就能無師自通佛法。絕大多數佛經的學習就沒什麼障礙了。

三自性——遍計所執性，依他起性，圓成實性。三者之間的關係：

①【*遍計執性*】——包含一切凡夫的境界相——見聞覺知的一切無明妄想分別執著的錯覺。眾生的造業就在這一環節。與雜染心相應。

②【*依他起性*】——依阿賴耶識種子而生起現行的一切相。它屬於潛意識心。與雜染心相應。

③【*圓成實性*】——一切遍計執相永無有自性。與清淨心相應。

注意三者之間的關係：①與②是互為生長的關係，即是眾生生死輪回的關係。我們之所以能無始以來無休止的相續不斷地生死輪回，就是因為①與②不斷地互生相續，周而復始。

要想切斷①與②的輪回關係，就必須使用③來破除①即可達到解脫輪回成佛的目的。

由於①被③滅除，②就沒了來路的營養源。因為①是"造業"者，它供給熏習③的新種子，然後再現行為①，如是循環往復。

最後了達了三自性，學佛法的全部說明書也就到此學完了。

從現在開始起步，就可以自學佛經了。強烈建議：從《金剛經》學起，然後是《心經》，《維摩詰經》《大方廣如來藏經》

《無量義經》《佛藏經》《楞伽經》等等~~~大約學完二十幾部經和論，如果時間充裕，精進不停，不到一年半時間，就可自行通達佛法經論。如果人真通解了佛法的真實要義，也就實現了思想的大自由和大自在。離苦得樂才成為現實。通俗地說，人類之所以感覺受苦，不能持續得樂，終極原因即是思想的不自由不自在。然而佛法卻可以解決這一切。

應該說這份學佛法說明書普適於一切具大乘根性和有緣的學佛人。有人可能會說，對於英語系的歐美人來說，學習佛法應是非常困難的一件事。因為他們無此傳承的歷史，再說英文版的佛經也是很少翻譯。

但我不這樣認為，歐美人雖然沒有佛學佛法傳統，但是他們的大乘根性很優良，利於中國人和印度人及日本人等。因為他們的普世價值觀以及人類大局精神與大乘佛法的四無量心很是相應，這些就是最好的大乘根性，另，歐美人的因明形式邏輯思維能力傳承了 2000 多年，這也是學習大乘佛法的另一巨大優勢，這是中國學佛人所缺乏的優良素質。具備以上兩個關鍵點，就足以能學好大乘佛法經典。只要學習的方法正確，沿著佛**三時判教**正教法理路學習，依"**三自性**"為可靠工具，短時間內就會見成效。

（2）佛法與基督文明一脈相承

不少對基督教有深入瞭解的人都知道，聖經對耶穌生平中 12 歲至 29 歲之間的生活沒有記載。這期間耶穌在哪裡？他在印度學習佛法。這段經歷已經不是什麼密秘了。據法國時報的報導，2004 年夏季，梵蒂岡教皇保羅二世赴法國聖地路德朝聖時，送給了當時的法國總統希拉克一套《水上門徒行》（耶穌首徒聖彼得著）。書中記載了耶穌十二歲出走，至 30 歲在印度落髮出家隨馬鳴菩薩學習佛法的真實故事。耶穌稱釋迦牟尼佛是自己的老師。30 歲後經波斯土耳其等地回到耶路撒冷傳道。後被羅馬人釘死在十字架上。保羅二世教皇還在他的回憶錄完全版《耶穌基督的代理人》中首次披露了《起來我們走吧》（Get up and Let up Go）典籍中故意隱瞞的史實情節（他 38 歲時 受命赴波蘭華沙任主教一職時，大主教向他披露了耶穌是釋迦牟尼佛弟子的史實，並送給他《水上門徒行》……）〔見注釋⑬〕

熟知佛法和聖經的人都會覺察到，聖經中所說的很多經義法理都與佛法一脈相承，雖然沒有提及佛名。特別是一些關於"心法"方面的經義道理。如：《聖經中心的靈修》（簡・博文瑪著，石磊譯）中記載這樣一段話："聖經非常注意人心的奧秘，共有 1163 次直接用到'心'這個字，大多數是指人們的心。" 此外，很多關於"輪回"的教導言說【見注釋⓮】，與佛法非常相應，還有聖經中所記載耶穌的神跡，也與當時的佛教史實非常吻合：因為當時正值佛法的正法時期，具神通的師父並非少見，只要禪修到一定深度的修行人才能具神通能力，而耶穌根性上乘，並從年少長時間精進修行，得具神通力，應該不是問題。

這說明基督教的本質，其實就是不貼有佛名標籤的佛法——一種換湯不換藥的佛法在整個西方的流轉和傳承。數億人的基督教弟子其實都是不穿袈裟的佛弟子！上世紀美國著名多元化哲學宗教主義大學者托馬斯·默頓也如是說。他認為，佛法與基督教法脈沒有任何衝突矛盾。尤其是他特別崇尚禪修學，認為是對基督教精髓的給力法門。所以佛法和五明智學在西方世界傳播應該是順水推舟之事，不該受到冷遇和排斥。也就是說，西方的基督新教文明其實才是耶穌所傳授的道業之原生法義，即佛法的部分真髓。

（3）五明智學是基礎

應該說，作為一般人直接閱讀自學佛經是非常困難的一件事。必須有"善知識"者做引導入門方可進行，否則如入世界上最複雜的迷宮而不知所措。不管是中國人還是英語系的歐美人或是其他再聰明的民族都如是。我認為，前文說的學佛法說明書就能作為協助一般有緣人自學佛法的善知識，而且是難得的善知識。

此外，五明智學也是學佛法的既方便又靈巧的善知識。因為五明智學課程中，內明智學部分就有關於佛法的學習課程，這就對學生順利學習佛法提供了方便條件。一旦人的善根和慧根有所開顯，學習佛法經典可能就會易如反掌，不是問題。所以說，五明智學也是學通佛法的堅實基礎。而且大量事實證明，很多中國的學佛法人，由於五明的嚴重缺失乏力，尤其是因明和內明的善根慧根不足，造成很多人花了很多年時間學習佛法經典仍然不得正解，而且形成了堅固的錯誤執見，或者幾十年來都是人云亦云拾人牙慧地學習佛法。很是遺憾！相信歐美人由於天然五明的基因元素相對比較健康，而且他們的基督文明內核本身與佛法一脈相承，如果學習了五明智學，善慧根進一步開顯，學習佛法智慧可能障礙會小很多。

（4）佛法的本質有三件事

為何說佛法的本質有三件事必須知道才更方便領悟佛法的真諦？因為此三件事是佛法的命門穴位，點中了這三個穴位，就不容易偏離佛法正軌。三件事如下：

①首先必須要知道瞭解，凡眾生都本自具足佛性，本自具足如來智慧德相。這是最為重要的第一件事。知道這件事的意義非常重大！人生最為有意義的事情就是它。知道這件事，你就有足夠的信心面對命運的任何福禍。也就是說，你相信自己具足成佛的潛力，雖然暫時還沒成佛，但只要精進學習佛法，隨順佛正見，不斷破除無明顛倒見，早晚能成就佛道。除此，你還要知道之所以還未成佛，是由於無始以來積集的無明顛倒虛妄執著的錯誤邪見，將自己的佛性遮蔽在了黑暗中。必須不斷熏習佛知見，以轉識成智，才可以逐步開顯本自具足的佛性和如來智慧德相。

②第二件事，必須瞭解知道，我們眾生凡夫所面對的感知到的一切世界宇宙人生等等相（諸如日月星辰、山河大地、花草樹木、牛馬豬羊、雞鴨魚肉、飛鳥昆蟲、乃至分子原子電子誇克量子等等），皆是虛幻不實，空無自性，沒有任何實在意義，如龜毛兔角，如海市蜃樓，如水中月空中花，如夢幻泡影，如露亦如電，應作如是觀。這就是佛法殊勝的"如夢觀"，也名"不二"觀，"二無我"觀（人無

我，法無我），或般若觀，中觀，空觀，等等。

我們每人都知道，夢中的事皆假非真，但是沉浸在做夢時，人人都以為是真實地在發生。如做夢上天堂、做夢發大財、做夢娶媳婦、做夢乘太空船往外星球旅行等等，可是從夢中醒來時，周邊什麼也沒有，夢中事，原來是一場空。當你從夢中醒來，就入了佛道，距離成佛歷歷在目，觸手可得。反之，你將會生生世世相續不斷地做生死輪回的長夢，沒有出期。所以知道瞭解這第二件事也非常重要！這是解脫生死——從此苦岸，乘智慧之舟，渡到彼岸極樂世界的必經之河流。

③第三件需要了知——你所見的一切事一切相一切能感知到的法，你需覺知到：都是你的自心所現。即：境幻本空，自心所現。稍作解釋一下：境幻本空——是第二件事的"如夢觀"。自心所現——所有的夢事皆是自心所現。用佛法語表達：唯心無境或唯識無境。境，表夢境，故說無境，唯心，表所有境界唯自心所現之幻影。或所有夢境唯阿賴耶識所顯之幻影。如是觀想"境幻本空，自心所現。"簡言之，第三件事也名"唯心識觀"。

如上三件事，就是非常殊勝的佛法修行法門。常念此三件事，方可不離佛法正軌，久而久之成為優良之習性，解脫生死大事可望可即。

7、佛法的中觀與唯識學是開啟大智慧總門的關鍵

（1）什麼是中觀？

這一節我們要解讀一下大乘佛法中兩個重要的概念：中觀與唯識。厘清了這兩個概念，大乘佛法的核心要領也就掌握了。透解了這兩個概念，就為入佛法大智慧總門打下了堅實基礎。開了大智慧總持門，則出生死門也隨之打開。

什麼是中觀？關於它的解讀，佛教史上的論說簡直如汗牛充棟。最厲害的解讀者即是龍樹聖者菩薩。他有《中論》《十二門論》《大智度論》等長篇論著，都在談中觀的法理。我這裡只能以極簡的方式介紹中觀的核心法理。簡單說，龍樹菩薩的中觀論說，主要是對佛經《大般若經》做詳解。《大般若經》600卷，主講的即是中觀智慧或名般若智慧。

中觀最為核心的法理法義——離兩邊名中道，或中觀。世俗哲學家們也很清楚，我們這個世界從抽象的形而上來看——二元對立關係法，組成了這個世界或宇宙的法則。可以毫不誇張地說，無二，則世界不存，宇宙不存，人生不存，眾生不存等等一切諸法不存。所以因由二法，世界或宇宙或人生或眾生界可存。其實從這些說法，就已經透露了中觀的內在含義。既然中觀的本質屬性是"離二"或言"無二"，故說中觀也名空觀。一切法空，即是中觀或中道的基本義。

《大般若經》中說有十八種空，空盡，就能最終見佛性。所以中觀的究竟了義——既見空又見不空。

什麼是不空？什麼是空？真心自性不空或佛性不空，佛性之客塵，為空，即阿賴耶識種子是空。這就是佛法的究竟了義處。認識清了中觀的究竟了義，佛法的天花板也就盡收眼底。什麼是了義法，簡要說，即佛法全部法義已經徹底說完，沒有再說的必要了，沒有添加

的 必要了。這就是了義法。中觀法義說到這一步，就已經說完了，了義 終結了。

(2) 中觀與中庸的不共

有人會問，中觀與中庸有何不同？兩者本質不同點：中觀與出世間法相應，中庸與世間法相應。這是他們 最大的不共之點。中觀為世間覺，離世間法的兩邊，否定二元兩邊的存在性為前提。中庸為世間迷，深入世間法的兩邊而取中間。不可能 離兩邊，不可能否定二元兩邊的存在性，相反，中庸認同二元兩邊的存在性。所以兩者區別顯而易見。中觀能解脫生死輪迴，中庸生死永無出期。中觀通往般若大智慧—— 大徹大悟。中庸最多通往世智辯聰，戲論人生。

(3) 不二法門

不二法門是大乘佛法最常用的關鍵字。但何為不二法門？絕大多數人都沒正解，而是理解成了相似佛法，更有甚者 有人居然將不二法門理解成了中庸之道。正如第（2）小節所言的中庸意趣。這就與佛法背道而馳。

其實第（2）小節已經論說了"無二"之法義，也即是中觀義。那就是不二法門。什麼叫法門？顧名思義，法門，佛法之門，進入佛法的門道。既然是法門，一定可以實操應用，不只是理論而理論。否則就不可名法門。如何應用不二法門？就是前面章節說的"如夢觀"即是。如夢觀為何是不二法門？因為一切夢境皆為二法生成，即二元對 立兩邊法相待生成。否則夢境不成立。當你從夢中醒來，確認夢並沒 有真實存在性，則否定了夢境的自性，即：行持了不二法門。所以說 如夢觀，即是不二法門的殊勝應用。

8、《金剛經》和《心經》的啟迪及功德

我們這一節簡略討論一下佛說《大般若經》中的兩部最具典型代表意義的精華之經《金剛經》《心經》。

先說《金剛經》，本經可以說幾乎傳遍全世界，只要世界任何一個角落有佛緣的人幾乎沒有不知道金剛經的。我知道很多歐美人也曉得《金剛經》，特別是喜愛哲學或靜修的人。英語讀者們對此經不陌生。需要注意的是，此經有幾個法眼句，非常值得牢記，並徹底解悟明白，則《金剛經》要義就能盡收眼底，從而對《大般若經》也能了達基本法義。所以是大乘佛法的最基本入門之經，也是能得般若大智慧的極重要法門。下面我列舉以下經中的法眼句：

① "心應無所住而生其心。"關鍵字"住"，住留，執著之義。此句大義，在我們調整自心修心時，應該有這樣的覺知——對任何一法或相，都不執著，放下一切住心，或執心，就能使心安，並去除一切煩惱執心。這句經文的調心意義非常有實用性。使用如夢觀就可以做到"無所住而生其心"。

② "凡所有相皆是虛幻"。這句經文其實也是如夢觀的一種應用法。所有見聞覺知的外境，皆是如夢如幻，虛妄不實，所以不必執著。更不必當真。這個法句也可以用來調心。其實也是如夢觀的應用。

③ "見相非相，則是實相。"此法句與②法句義類同。重點是"實相"，即真實相。真實相是什麼？是空性，或空無自性。整句義——所有相本質上都不是相，無相，因為一切相一切法皆空無自性，這就是真實相。此法句仍是如夢觀的應用。

④說世界，非世界，是名世界。進一步推演：說什麼，非什麼，是名什麼。此法眼句也非常重要。整句法義——所有的言說所有的法相等等，均無實性，只是空名而已。也如夢幻泡影，所以更不必執著世界上的一切所謂存在物等等，不過是一堆名相而已。

⑤"過去心不可得，未來心不可得，現在心不可得。"這裡的心，即是妄心，非本來真心或佛心。一切無明顛倒分別妄心都不可得。這是調心的重要法門，也是獲得大智慧的重要門徑。不可得，義為不可當真實所有。

⑥"一切有為法，如夢幻泡影，如露亦如電，應作如是觀。"這一法眼句"如夢觀"前面章節都已清楚說過，此處不必贅述。

　　注意：以上六則《金剛經》法眼句必需牢記，行住坐臥中，都可使用之。

　　下麵簡單說說《心經》。此經應是與《金剛經》為姊妹篇。經中的法眼句也有幾則：

① 照見五蘊皆空度一切苦厄。

　　五蘊，前面章節已經較詳細解說過。五蘊是組成一切現象界的基礎。這個基礎空了，沒有了，那麼依附在此一切現象界的"苦厄"，哪裡還有存在性呢？正如中國的成語所說："皮之不存毛將焉附？此法眼句的關鍵字"照見"，指修行者進入禪修的深定時，從心中放射出佛性之光，而照破了五蘊。我們在佛經中常可以看到佛陀渾身放光的莊嚴相。所以這裡用"照"字。因為照見五蘊皆空後，修行者立即瞬間登地聖位，成為大菩薩眾。五蘊皆空，即是明心見性的境界。

②色即是空，空即是色，色不異空，空不異色，受想行識亦複如是。

此法眼句是《心經》理解的難點。絕大多數人都錯解此法句，很是遺憾！

正解該法眼句應如是——色，無自性，即是空，空也本無自性，還是空。故說色即是空，空即是色，由於色無自性，即是空，空也無自性，還是空，所以空與色等同。受想行識亦複如是。如是理解就不會有紕漏。即守住"自性"的根本義，就不會出現錯解般若智慧意趣。否則很容易偏離佛義。

③般若波羅蜜多是大神咒，是大明咒，是無上咒，是無等等咒，能除一切苦，真實不虛。

此段經文將般若波羅蜜多智慧判為大神咒、大明咒、無上咒、無等等咒。可見佛法的般若空性智慧多麼重要！咒，表願力，這裡般若智慧表的即是成就佛道的強大的願力。所以般若咒語是能成佛的大神咒……

在實際生活中，有些抑鬱症很嚴重的心理症病人，我曾建議他們每天讀《心經》數十遍。照做者一兩個月內果然見效，都成功解決了心理問題。這就是般若智慧大神咒的威德力的應用效果。

由此可知，深學此二經，確實能開啟佛法的般若大智慧。而且能消除很多業障，從而離苦得樂。

9、透過五明智學才能最大方便透視佛法

透過五明智學來通達佛法，也是我們在五明智學是基礎一節中所論說的主題之一。這裡我再次強調，五明智學應是通達佛法智慧的橋樑。甚至可以這樣說，如果不學習五明智學，或五明的嚴重缺漏，保守地說，了達佛法真實義的可能性都不大，大膽地說，甚至幾乎沒有可能性。

10、為何佛法是創造新人類的終極動力源

（1）解脫法是終極目標

前面我們對新人類的指標做過說明，而且已知新人類的重要指標必需滿足出世間法，否則仍屬舊人類範疇。而解脫生死輪迴，確是出世間法的終極目標。佛法正是滿足所有出世間法的元素，所以要想成就新人類的模式，學習佛法是剛性的指標。不學佛法根本不可能提升蛻變為新人類。

（2）解脫生死是新人類的本質

本書到此關於新人類的特徵已經很清楚了。可以直接下結論說，新人類的本質特徵即是以實現解脫生死為最終任務，而無其他。還想輪迴到人間過舒服日子的想法，非新人類所想，非新人類所求，非新人類所為。

11、佛法與五明智學的普適性

（1）佛法佛學無偏見

通過前文對於佛法佛學的論說，我們已知佛法及佛學與五明智學，才是人類教育的終極選擇。為什麼？因為它們能創造新人類。我再次強調，佛法非宗教，它是大覺大智慧的總和之法或總持之法，普適於一切人一切眾生所接受所學習。所以說佛法無偏見，因為它是探索求證絕對真理的正確方法。並且它是中道或中觀之法。故說佛法無偏見。諸法本來空寂，無自性，無生無滅，哪裡來的偏見？佛學也如是，因為佛學是關於佛法的學問或學說。如果能隨順其正解應是無偏見的。

（2）眾生為何平等

佛法始終強調眾生平等，人人平等，而且並非僅僅此生而平等，而是無始世來永恆平等。理由有二：一是眾生具足本自佛性，本自具足如來智慧德相。二是眾生相本來空無自性。正如《金剛經》所說的"無人相，無我相，無眾生相，無壽者相"。故說眾生平等。

對如上真理性的認知，如果達成堅信勝解，我以為人的四無量心便能自然生起，從而大智慧心便無所得而自然得。

（3）眾生的根性差異

雖說本質上眾生平等，但由於眾生無明顛倒虛妄分別執著而有無量差別相，如："福報"相，根性相，外相等等相的差別。這些差別相，都是眾生各自的因緣所造業習性之差別。

這種種差別相皆是煩惱心相，佛說約有八萬四千種。八萬四千種煩惱心差別相從何而來？從眾生的根本煩惱心中的四種習氣而來——貪、愛、嗔、癡。

【貪】貪名心、貪財心、貪色心、貪權心、貪食心，貪睡心，貪諸種相，等心。這種心比較容易理解。如中國的大量貪官即是貪心的典型現.

【愛】，專指淫愛之欲心，這是所有有情眾生無始以來生死輪回的根本原動力。這也是眾生難脫生死的根本結。

【嗔】，嗔怒心，妒忌心，害人之心，惱怒心，忿怒等等心，皆是嗔心。嗔心也是有情眾生無始以來的煩惱習性，極難滅除。嗔怒心極容易導致大慢之執心，生殺心、破壞心、迫害心、損惱心、暴戾心、乃至戰爭心毀滅心等等。發作起來可大可小，大則為戰爭甚至最為恐怖的核戰爭。小則為壞人際關係的和平和氣。

【癡】，愚癡與無明相應。無明，我們前文論說過。廣義說無明，則指對世間出世間一切事物一切人等不能明白瞭解清楚其本質。狹義說無明，不能明瞭眾生的本質為苦，不能明瞭眾生生死輪回的根本，不能明瞭眾生具足本自的佛性，不能明瞭世界的真相為夢幻泡影，空無自性，空無所有。不能明瞭世界唯心造之法理。

癡，也與"邪見"相應。由於眾生的無明，而導致三觀的邪見。世界觀，價值觀，人生觀等等邪見。眾生三觀的邪見，最終導致了末法的今天之五濁惡世。

以上眾生的無始以來的四種習氣，每一種對應 2100 種差別相，總和為八萬四千種病態心相。然而唯有佛法可以對治根除八萬四千種煩惱心。

（4）五明智學可以平衡一切差別

為何五明智學教育可能平抑人們在教育上的差異性？因為教育的兩大功能所決定。已知教育的兩大功能為——勸善和開智。人性根中的兩大德能也是善根與慧根。而以往的世俗教育，幾乎沒有碰觸到人性根中的這兩大深根。即便是世界最為前衛的教育教學理念及方法也很少碰觸到人性中潛伏的這兩大深根。而唯有五明智學教育系統是專門針對人性深處的兩大種根。所以一旦人的善慧根開顯出來，則人與人的差別就會大大減少，趨於平衡，平等，平和。這就是五明智學的根本功德力，也是佛學佛法的巨大功德力。

（5）眾生的精進

最後我們必須說說鼓勵勇氣的話，五明智學不是隨便可以學得的，非下苦功不可，否則也是自廢武功。千萬不能說，五明智學雖好，佛法雖好，但是太難學會，也很難學會。真實情況不是這樣，責任全怪我們自己對之充滿懷疑，相信它同時也相信自己，只要精進、再精進。因為人人的善根和慧根都是同等無礙的。只是由於上面說的四種習氣太深厚。不要緊，五明智學和佛法可以幫助你快速消除惡習氣，開顯其善智根，使你成為新的人類。

只要你信賴它，認同它是大善之法，大智之法，並能造就你成為一個善者和智者，並且得大福報者，乃至趨向解說生死往生淨土的善智者，還有什麼不值得你精勤付出呢？還有什麼不捨得花大把時間和精力，深入進五明智學和佛法的學習呢？

（6）五明與佛

這一小節我要回答清楚前面章節承諾的——關於五明與佛陀的關係。佛陀既然已經說了，五明為一切種智，則佛陀一定是五明的具足者，否則佛陀絕非會出此言：五明為一切種智。我們可以在佛經中看到並感受到佛世尊的五明品質：如《維摩詰經》中言："佛以一音演說法 眾生隨類各得解."

這句經文就可以顯示出佛世尊的具足聲明品質的一切德相：佛只用一種聲音說法，即所有的眾生都能聽聞到，並能根據自己的根性領悟其法義。從而達到度化眾生的目的。重點是，這裡所說眾生，非僅限人類，而是遍及到了六道中可聞法眾生（三惡道及三善道眾生）。不但如此，佛的法音，可以遠播到娑婆之外的他方諸佛世界之遠。可見佛世尊的聲明有多麼的不可思議。

佛的工巧明——為度眾生可以隨緣化現一切眾生相做成任何對眾生有益之事。佛世尊，可化現任何六道眾生，可化現山河大地日月星辰等器世間之物。這就是佛世尊的工巧明之不可思議。

佛世尊的醫方明，被稱為大醫王，可對治眾生一切疾病（包括身病和心病）。佛世尊的因明——從三藏十二部經典{見注釋：❶❺}來看，佛經中的文字相，無論形式邏輯還是辯證邏輯或是中道邏輯，皆是圓滿無漏。這也是不可思議。

佛世尊的內明——開顯了圓滿的佛性和無量智慧。具足常樂我淨{見注釋❶❻}，具足法、報、化三身，通達無礙。徹底明心見性。具足六種神通無礙（天眼通、天耳通、宿命通、他心通、如意通、漏盡通。更是不可思意！

由上可知，佛陀的五明之力不可思議——遍及於世間出世間一切法。因此，我們可以毫無懷疑地說，五明智學世俗教育系統是能創造新人類的可靠工具箱。

(7) 通達佛法可一覽眾山小

最後我說兩句秘密的大實話，如果你真的學會並通達了佛法，真領悟了佛法大智慧，你將能攀頂人類精神界的最高峰，同時也是知識界的頂峰，你回過頭來俯瞰世間的任何知識和科技，都如小兒科級別，輕鬆獲得猶如探囊取物，儘管它們是世間最深不可測的知識學問或是靈巧的高技術含量學理。因為你隨順了佛的正遍知和世間解，以及五明智學。

另一個秘密大實話便是，五明智學的出世可能就如佛和佛法的出世一個模子："專念不亂。從右脅出。墮地行七步。無人扶侍。遍觀四方。舉手而言：天上天下唯我為尊。要度眾生生老病死。此是常法。"【見注釋❶：】

注釋部分：

序言

❶《論語》為中國儒教文化的創始人孔子所作。是語錄記言體文本。產於中國歷史的先秦春秋時期。記述的內容包括：孔子回答弟子、他人，及與弟子的對話等語錄。當中包括儒家的教育理念、治國理念、人倫關係、個人道德規範、先秦時期的社會面貌，乃至孔子及其弟子的經歷等，特別是有關教育方面的言論最為後人所推崇和傳承。《論語》也是儒教思想的原教旨的最重要範本。中國原教旨儒教經典有四書五經——四書：《論語》《孟子》《大學》《中庸》。五經：《詩經》《尚書》《禮記》《周易》和《春秋》。而《論語》是其中的核心。所以孔子被後人奉為"聖人"。

參考文獻：《論語》《百度百科》等相關詞條。

第一章

❶釋迦牟尼佛——也名佛陀。成佛之前，名為喬達摩·悉達多，出世於約西元前五世紀（也有說西元前六世紀），印度北部迦毗羅衛國（在今尼泊爾南部提羅拉科特附近，今名藍毗尼）。

關於釋迦牟尼佛的資料簡直太多了！我只能用極簡的語言來做最簡短的關鍵點介紹。

關於他的身世向來有兩種說法：一是如我們地上的所有凡夫一樣出生於當時的釋姓剎帝利國王之家，被推為太子。但厭倦了人世，為追求永恆的真理，於25歲剃度出家（也有說29歲出家），苦修六年，終於在菩提樹下，禪坐成佛。

另一種說法：釋迦佛住在兜率天，為一生補處菩薩，即最後一生身一定轉生為佛身。於是待地上因緣成熟，主動入胎，於"釋"姓王家之母摩訶摩耶體（大清淨妙位），從右肋脅出生（作為佛，不可能從人身不潔處出生，表佛身清淨之義）。這種說法應該比較合乎情理。如果不是最後大菩薩天人化現投胎，凡夫肉身出生是不可能當世成佛的。這一點在《金光明最勝王經》中有所明示，其他經中都有開示。

喬達摩·悉達多，證悟道大徹大悟宇宙人生之圓滿無漏而成就絕對真理之道，從此世間才有了佛法和佛教的廣為傳播。也是佛法的創始人。佛陀在整個傳法中，共有三轉法輪，也名三時教法。這是關鍵點。三轉法輪的根據是，依據佛的法義，按次第分別說法：第一轉法輪，于鹿野苑，對最初聲聞五弟子說"四聖諦"等小乘佛法，以《阿含經》為主要藍本。主要是解決"人無我"的問題。解決了此問題，弟子可以成就聖果——阿羅漢（共四果）。此階段為佛法不了義時。

第二轉法輪（二時教法），主要針對回小向大的弟子，開示般若波羅蜜空性智慧的大乘菩薩道法門。主要解決"二無我"的問題——人無我，法無我。達到聖果登地菩薩位。以《大般若經》為主要藍本，及其他諸多經典。此階段為佛法的相對了義時，但非究竟了義法時。

第三轉法輪（第三時教法），主要針對大小乘共合弟子，開示究竟了義法。《楞伽經》《大乘密嚴經》《解深密經》《大般涅槃經》《金剛三昧經》等。能使弟子證入唯識性——開顯佛性的三界唯有心的聖者境界，從而成就三藐三菩無上菩提成佛境界。

參考文獻：《維琪百科》《佛學大辭典》等相關詞條。

佛法分為三種乘——聲聞乘（也名小乘法），緣覺乘（也名辟支佛，修十二因緣法），大乘或一佛乘。本書所依據的主要為大乘佛法。

❷苯教——為西藏本土的原始宗教，也名苯波教（藏語：Pön），建立於西元前1500年到西元元年之間的鐵器時代，因教徒頭裹黑巾，故俗稱"黑教"，也有一種以白色帽為標記的苯教派，稱白教。苯教的形成也比較複雜，分為原始的苯教和後經改造革新的苯教。原始的苯教，基本屬於薩滿教形式的自然神物圖騰崇拜（山川、湖泊、河流、動植物、天空、日月星辰等等），也沒有明確的教主。經革新的苯教，是在象雄文化背景下形成的苯教。有自己的經典，論義，儀軌，咒語，巫術，修持方法等等。教主或祖師名為雍仲和辛饒彌沃。之後西元七至八世紀，佛教傳入了藏地，並被西藏王定為國教，苯教也隨順吸收了不少佛教的儀軌和世間教理，豐富了自己的宗教。佛教傳入之前，整個藏地的封建領主王公貴族及民眾都是依苯教為信仰護國。

參考文獻：《維琪百科》《百度百科》相關詞條。

❸摘自《大乘莊嚴經論》（彌勒菩薩著），為彌勒五論之一。五論包括：《瑜伽師地論》、《大乘莊嚴經論頌》、《分別瑜伽論》、《金剛般若波羅蜜多經論頌》、《辨中邊論頌》。彌勒大菩薩為一生補處菩薩，即下一世生，作彌勒佛。智慧與佛基本等同，言說視同佛說。被稱作聖言量。本書中所引用的文段，為《大乘莊嚴經論》中所引佛說的經文。

❹菩薩——為大乘佛法弟子的通稱。菩薩大致分為兩種：一是聖者菩薩，也名菩薩摩訶薩（大菩薩），或名"登地菩薩"。登地菩薩共有十地（初地、二地……至十地），十地以上還有兩地——等覺地菩薩（如，彌勒菩薩），妙覺地菩薩（諸佛即是）。另一種菩薩也名賢地菩薩，也名地前菩薩。從初發心到初地前，共三十個階位（十住位，十行位，十回向位）。按廣義說，另一種菩薩稱為凡夫菩薩，共十信階位。指未發菩提心的一切凡夫。

參考文獻：《佛學大辭典》。

第二章

❶派特農神廟（古希臘語：Παρθενών，希臘語：Παρθενώνας）興建於西元前5世紀的雅典衛城，是古希臘奉祀雅典娜智慧女神的神廟。它是現存至今最典範的古典希臘時代建築物，公認是多立克柱式建築風格發展的頂端；建築中的雕像裝飾物，彰顯了古希臘藝術的頂點，此外也被尊為古希臘與雅典民主制度的象徵，是舉世聞名的文化遺產之一。展現了古希臘人工巧明的天才結晶，也是最偉大的建築醫術代表作品。

帕德嫩神廟是古希臘文明的重要歷史遺跡之一，該作品對於後人研究古希臘的歷史、建築、雕塑、宗教等都具有極重要的價值。難怪有人說，要想瞭解古希臘的建築藝術，只去看帕德農神廟就足以了。參考文獻：《維琪百科》相關詞條

❷墨子，中國先秦諸子百家代表人物之一。墨家學派的創始人。墨子（約西元前372年—約西元前289年），名翟（dí），東周春秋末期戰國初期宋國人，一說魯陽人。出身高貴，墨子是宋國貴族目夷的後代，生前擔任宋國大夫。也是戰國

時期著名的思想家、科學家、軍事家。墨子是中國歷史上唯一一個頗具平民思想的哲學家。墨家在先秦時期影響很大，與儒家並稱"顯學"。他提出了"兼愛"、"非攻"、"尚賢"、"尚同"、"天志"、"明鬼"、"非命"、"非樂"、"節葬"、"節用"等觀點。以兼愛為核心，以節用、尚賢為支點。可以說墨子是中國文化人中才華最全面最有實際能力和實幹精神的大家。

特別是墨子頗具工巧明才華，早在戰國時期創立了以幾何學、物理學、光學為突出成就的一整套科學理論。對後來的中國古代技術發明和巧奪天工的工匠精神和才氣留下了寶貴的傳承衣缽。在當時的百家爭鳴，有"非儒即墨"之稱。

墨子不但在五明中的工巧明有巨大貢獻，而且對因明邏輯學也有相當貢獻。他也是中國古代邏輯思想的重要開拓者，應該說沒有之二。墨辯和因明學、古希臘邏輯學並稱世界三大邏輯學。他比較自覺地、大量地運用了邏輯推論的方法，以建立或論證自己的政治、倫理思想。他第一次提出了辯、類、故等邏輯概念。"辯"統指辯論的技術，但他的辯是建立在所知類（事物之類）和明故（根據、理由、原因）基礎上的，因而已經初具了形式邏輯學類推或論證的模型。墨子還善於運用辯、類、故類比推理的方法揭露論敵的自相矛盾。由於墨子的宣導和啟蒙，墨家養成了重邏輯的傳統，並由後期墨家建立了第一個中國古代邏輯學的論說體系。對後來的中國文人的邏輯文思能力，影響頗大。可以肯定，中國古代文人的論文寫作的高水準，與傳承墨子的邏輯思辨文風，不無密切的關係。

很遺憾！墨子偉大的平民思想哲學，工巧明的工匠精神及趨向嚴密的因明邏輯思維範式等等巨大寶貴的文化遺產，沒有受到後世人應該給予的尊重和推崇，也極少人發現他對中華文明的真實價值。可以說，墨子這樣一個與亞裡斯多德能比肩的古文化巨人，被中國人自己給無情埋沒了，丟棄了！這是中國人精神底蘊的最大缺陷，最不能原諒的過失！

參考文獻：《維琪百科》《百度百科》《墨子》等相關詞條

❸請詳細參見《佛說十善業經》，其中摘選段：龍王，當知菩薩有一法，能斷一切諸惡道苦。何等為一？謂于晝夜，常念思惟觀察善

法，令諸善法念念增長，不容毫分不善間雜，是即能令諸惡永斷，善法圓滿，常得親近諸佛菩薩及餘聖眾。言善法者，謂人天身、聲聞菩提、獨覺菩提、無上菩提，皆依此法，以為根本，而得成就，故名善法。此法即是十善業道。何等為十？謂能永離殺生、偷盜、邪行、妄語、兩舌、惡口、綺語、貪欲、嗔恚、邪見。

❹《大乘百法明門論》（印·世親菩薩著）。世親菩薩為無著菩薩弟弟，是古印度佛法佛學界公認的最大論師，最初學習小乘佛法，有《俱舍論》。後改為堅信大乘佛法。一生論著頗多。如最典型的唯識學論著《三自性論》等。

❺按照佛經的說法，眾生的輪回有四種生法：胎生，卵生，濕生，化生。如《金剛經》言：第三品 大乘正宗分佛告須菩提："諸菩薩摩訶薩應如是降伏其心！所有一切眾生之類：若卵生、若胎生、若濕生、若化生；若有色、若無色；若有想、若無想、若非有想非無想，我皆令入無餘涅盤而滅度之。如是滅度無量無數無邊眾生，實無眾生得滅度者。何以故？須菩提！若菩薩有我相、人相、眾生相、壽者相，即非菩薩。"（鳩摩羅什譯）

❻末法時期——按佛經的說法，佛法分為三個階段：正法時期，象法時期，末法時期。正法時期從佛涅槃開始算約500年（大約西元前4世紀至西元二世紀），也有說1000年的。象法時期約1000年（約西元二世紀至西元十二世紀），末法時期約10000年（約西元十二世紀至今天，乃至向後推算……）。也就是說，今天的人類正處於佛法的末法時期的第一個一千年之中。佛說正象末法時期各有其特徵1——正法時期，即有教有修有證（有佛的正教法存在，有正修法的人，有證入聖道的修行人）。象法時期，即有教有修無證（有佛的正膠理在，有正確修行的人，但無有證入聖道者）。末法時期，有教無修無證（有佛的正教理在，無正確按佛法修行的人，無證入聖道者）。按照佛的說法，末法時期雖無修無證者，但可以隨順學習佛法經教，形成與佛法相應的正知見。這也是末法人的巨大福報。所以本書的出世具有很大的現實意義。

參考文獻：《佛學大辭典》《法滅盡經》《楞嚴經》等相關詞條

❼西周朝代社會——中國古代歷史朝代。從周武王滅商，到幽王亡國，共傳12王11代。大約三百年歷史。應是一個最為典型的和平的分封制王朝。

約西元前十一世紀周武王滅商，建國號為周，定都於鎬京（陝西長安灃河以東），周成王親政後，營造新都成周（河南洛陽），期間大封諸侯，還命周公東征、制禮作樂，加強了西周王朝的統治。特別是周成王、周康王統治期間，社會安定、百姓和睦、"刑錯四十餘年不用"，史稱"成康之治"。但從周懿王繼位後政治日趨腐敗，國勢不斷衰落，後於西元前771年周幽王被殺死，次年周平王東遷洛邑，開始了東周朝代的里程。

西周是中國真正分封制社會的鼎盛時期，社會生產力比之商代更加提高，農業繁盛，農業手工業都有長足進步發展，標誌性的事件即是青銅器製作的發達，令人驚歎。西周的文化上也進一步發展。宗法制和井田制是當時最基本的社會政治制度和經濟制度。周王朝強盛時，勢力所及，南過長江，東北至今遼寧省，西至甘肅省，東到山東省。

中國古代最早的典籍著作《周禮》出自西周的周公旦之手。主要內容是講述西周社會的政治官階制度和官場的禮儀形制方面的內容。應該說，此書為中國傳統"官文化"的源萃。後來的孔子，即是參照此書而繼承發揮了他的儒家學說，視西周社會為儒教的理想社會。孔子的"仁義禮智信"思想基本上沿襲了西周社會的和平統治意識精華，其目的是勸誡各國統治者們能再現西周的理想社會。但是西周社會的和平和諧氣象，直到今日始終也沒有在後世的大一統專制帝國王朝中復活。卻成為了孔子心中的烏托邦，也成為了中國官文化哺育下的眾生心中的烏托邦。

參考文獻：《維琪百科》《百度百科》等相關詞條

❽唐玄奘——中國佛教最為盛名的高僧大德，出生于歲末唐初。關於他有太多的書籍影視作品的宣傳描述。這裡不再多說。只說他對於中國佛法的核心貢獻——
1、他是按照佛判教的三時正教法而從印度取回並翻譯的經典和論著。代表作《大般若經》600卷，還有唯識學的經典及論著《瑜伽師地論》《成唯識論》

《解深密經》等等。2、他將唯識學發揚光大傳承給後人，為今天廣大的學佛人提供了極為殊勝的學習佛法的正確門徑和如理思維如理作意的方便大餐。

參考文獻：《佛學大辭典》《維琪百科》《百度百科》等相關詞條

❾五神通——1 天眼通，是說行者自在得見眾生苦樂生死相及一切形色的通力。也稱天眼智證通，即通過禪定而證得。天眼通者可見自地及地下以及六道中眾生相，諸種物，無論近、遠、粗、細，等諸色無不能得見。能見極遠方事物，或能透視障礙物(例如：牆、山脈 等)或身體；不受光源明暗影響。

2 天耳通，天耳通也是智慧，能以音聲間接了知眾生心念及心念之苦樂善惡因果，並能解知十方諸佛(應眾生心念)以文字所講諸法的通

力，稱為天耳通。另，能聽聞一切聲、天聲、人聲、三惡道聲，是名天耳通。'能聽極遠方音聲，包括言語等；或能跨過障礙物聽到音聲(例 如：密室地底眾生間音聲。

3 宿命通——能現量地自知和他知眾生的過去宿業，能知道現時過去與未來受報的因緣過程。其實宿命通與天眼通是聯通的，二者相輔相成。

4 他心通——能知眾生心念的種種造作過程。即知眾生心在想什麼。

5 神足通——：也名如意通。能隨心遊歷極遠處，或過去、現在、未來 三世，不受時空限制。另，能隨緣變化各種身的能力。如，幻化為動物身（貓狗馬豬羊等），幻化為他身（男女老少身等）。

修行人禪修四種禪定（初禪、二禪、三禪、四禪）到一定程度，特別是到了第三禪或第四禪定，上面的五種神通自然顯現。

還有一種神通，唯有佛具足，菩薩摩訶薩也具備但還未具足。名為漏盡通。漏，即煩惱障和所知障。能完全破除執著煩惱障和所知

障，方能達成漏盡通，並圓滿成佛。

參考文獻：《百度百科》《維琪百科》等相關詞條

❿业力——业力，梵文叫做 Karma（古譯羯磨）。Karma（或 Karman）之字根是 Kar，巴厘語叫迦馬，指一切身口意行為的造作。一切行為、動作之後，會留下一種記憶的力量，潛存于阿賴耶識心中形成業識種子，其種子隨業緣輪轉的自然慣性推動力量而現行，這種力量，稱為業力。業力不隨眾生的意志為轉移而隨緣輪回呈現。業力又根據道德屬性分為：善業、惡業、無記業。善業有"有漏善"和"無漏善"。無記業則是不善不惡。世間一切眾生都是被其各自的業力所推動而被動輪轉顯現。業，也分為共業和別業。共業，即眾生間相類似的業力，共同呈現其果報，別業，即眾生間各自所造業之差異，故輪回呈現出各自果報的差異性。比如，有的一家人兄弟姊妹，可是其性格卻各異，果報也各異，身口意的行為業各異，所以造業也各異。

參考文獻：《維琪百科》《百度百科》《中國佛學大辭典》等相關詞條。

⓫三界——即欲界色界無色界的統稱。各自所居住眾生不同。欲界，也名欲界天。器世間由四大組成（地水火風）。包括地獄道、餓鬼道、畜生道、人道、阿修羅道，天人道，主要居住眾生為此六道眾生。欲界眾生主要依四食而生（段食，觸食，思食，識食）。

色界，又名色界天。高於欲界天。器世間有顏色無形質，眾生也為有顏色無形質。多為四種禪修成就者眾生居住。福報大於欲界天眾生。無色界，器世間無顏色無形質，如虛空。也名四無色處、四空天、四空、無色界諸天等，包括：空無邊處、識無邊處、無所有處、非想非非想處（四空處），此界超越色（物質）而存在，為厭離物質之色想

而修禪定者死後所生處。主要為阿羅漢居住及修行達到四禪八定之行者死後所投生居住之處（四禪之外的四至五種定——空無邊處定、識無邊處定、無所有處定、非想非非想處定、最後是滅盡定）。

參考文獻：《維琪百科》《百度百科》《中國佛學大辭典》等有關詞條。

❿四智——大圓鏡智，平等性智，妙觀察智，成所作智。此四智唯有佛具足。大圓鏡智，對應第八識（阿賴耶識），平等性智對應第七識，妙觀察智對應第六意識，成所作智對應前五識（眼耳鼻舌身識）。

四智都是通過修行者修行轉識成智，轉染成淨而得。參考文獻：《佛 說佛地經》《大乘本生心地觀經》。

⑥六道與劫——六道，請見⓫的注釋。劫，解釋起來比較複雜，極簡 解讀：主要是針對宇宙器世間的成、住、壞、空的時間長度而言。分 為小劫，中劫，大劫和四劫（成劫，住劫，壞劫，空劫）。成劫，表 宇宙器世間形成的時間，住劫，表眾生居住在器世間的時間長度，壞 劫，表器世間遭受三大災破壞的時間（火災，水災，風災）。空劫，表器世間為無量廣大無邊虛空。根據《維琪百科》相應詞條解釋，一 笑劫的時間約 1600 萬年。中劫約等於 20 個小劫。大劫為宇宙器世間 成住壞空流程的總時間週期。演算法有好幾種，算出的結果也不一樣。最少的是一大劫為 13 億年左右，中者為 56 億年左右，最長者 268 億年左右。按照科學家的計算一般公認為地球約壽命 46 億年左右。與佛教中的中者計算比較接近。總之，目前的人類正處於住劫中的賢劫，而且是減劫（每一百年人壽減一歲，直至平均 10 歲，然後轉 為每一百年增一歲，即為增劫。增和減一周為一小劫）。

第三章

❶詩經——《詩經》是中國最早的文學類詩歌總集，收錄自西周初年至春秋中葉（約前 11 世紀-前 6 世紀）的詩歌 305 篇。漢代之前原本叫《詩》，又稱《詩三百》、《三百篇》。漢朝起，儒家將其奉為經典，隨後也稱為《詩經》。

《詩經》內容豐富，文學性很強，也很質樸。反映的內容包括：愛情、戰爭與徭役、壓迫與反抗、風俗與婚姻、祭祖與宴會，甚至天 象、地貌、動物、植物等，是西周至春秋社會生活的一面鏡子。

《詩經》的作者佚名，絕大部分已經無法考證，相傳為尹吉甫採集、孔子編訂。《詩經》在內容上分為《風》《雅》《頌》三個部分。手法上分為"賦""比""興"。《風》是周代各地的歌謠；

《雅》是周人的正聲雅樂，又分《小雅》和《大雅》；《頌》是周王庭和貴族宗廟祭祀的樂歌。

孔子曾概括《詩經》宗旨為"思無邪"，並教育弟子讀《詩經》以作為立言、立行的標準。顯然，思無邪，也是孔子對理想的西周社會的決然肯定和溢美讚譽。這說明，中國文學的起點是非常美好正直的。先秦諸子中，引用《詩經》者頗多，如孟子、荀子、墨子、莊子、韓非子等人在說理論證時，多引述《詩經》中的句子以增強說服力。乃至今天，《詩經》的文學價值和思無邪的意趣，仍然能靈引今天的文學創作者朝著思無邪的方向，發展發揮各自的天賦才情，在藝術上有所新突破，創造新文學價值。

參考文獻：《百度百科》《維琪百科》等相關詞條。

❷《文心雕龍》——《文心雕龍》是中國古代南朝時期文學理論家劉勰創作的文學理論著作，成書于南朝齊和帝中興元年至二年

（501—502）間。此書是中國古代文學評論理論著作的集大成者，開了中國文學批評的先河。相當於古希臘亞裡斯多德的《詩學》在中國的文學評論地位。

《文心雕龍》共十卷，五十篇，分上下兩編，各二十五篇，包括總論、文體論、創作論、批評論四個部分。總論含上編的《原道》至《辨騷》五篇，明確提出文學批評的根本原則，是全書的"文之樞紐"。文體論含上編的《明詩》至《書記》二十篇。其中前十篇是論有韻之文，後十篇是敘無韻之筆。《文心雕龍》也是中國現存最早的一部文章學論著，書中所論多涉及文學創作，總結了先秦以來文學創作的經驗，又繼承和發揚了前人文學理論的豐富遺產，在文學的各個方面提出了自己精闢的見解，形成了完整的理論體系。它的產生在中國文藝理論史上具有重大的意義，對後世產生了巨大而深遠的影響。魯迅也認為它可以和亞裡斯多德的《詩學》相媲美。

參考文獻：《維琪百科》《百度百科》等相關詞條。

❸策士階層——策士本來是指戰國時代以遊說諸侯各國國王及大臣為生的謀略之士，也名縱橫家，或縱橫之士。中國古代戰國時代的一大特色詳細地記載於《戰國策》之中。該說收錄了戰國時期各國歷史資料的彙編，記載了東周、西周、秦、齊、楚、晉、韓、趙、魏、宋、衛等國的事蹟。記錄了大約 245 年的戰國時代歷史。在這段時間裡，各國間的爭鬥越來越激烈，最終演變成一種獨特的階段，先是諸侯相互兼併，然後是大夫篡奪。在內部，國家力圖擴張，在外部則不斷地侵略吞併。在這種爭霸的環境下，各國都需要高才秀士來施展出謀劃策之能事，相當於現在的參謀官，顧問之類。以出奇制勝，化險為夷，度過危難時勢，從而實現圖存和強國的目標。因此，"求士"、"蓄士"的風氣十分盛行，這些策士順勢成為了一種階層，甚至戰時的時髦現象。這些策士的最大才能即是能言善辯，口若懸河，憑三寸不爛之舌，博取各國君的青睞，並收留供養他們。策士階層一般不在供職國做官，僅僅是一個顧問角色，他們流動性比較大。除了口才一流外，他們的詭詐術厚黑術表演術也是一流。後來秦國統一了中國，策士階層自然就無用武之地，自生自滅了。策士階層現象，對於今後中國古代王朝留下了不少負面影響——巧詐厚黑為王，為達目的可不擇手段，"勝者王侯敗者寇"的價值觀盛行，人格奸佞虛偽之才輩出，道德只是一件虛偽的外衣。奴才人格廣為培植，導致中國官文化為主流特色。

參考文獻：《維琪百科》《百度百科》等相關詞條

❹小乘和大乘佛法——佛法共分為三乘，聲聞乘，緣覺乘，大乘或一佛乘。聲聞乘與緣覺乘共稱為小乘佛法，其餘為大乘佛法。大小乘的分法主要依據為對"我"見的認知程度。簡言之，小乘佛法，佛主要對治的眾生病，即是"我見，簡稱"人無我"見。按佛義，眾生的一切煩惱源自無明顛倒見中的"有我見"，破除了我見，建立了牢固的無我見，並通過禪修相應閥門，就可破除我見，消除煩惱，證入解脫小乘聖地——四果阿羅漢地，辟支佛地。但是小乘雖然破了人我見，證入了人無我，但法無我還未證到。大乘佛法的根本法義是，破除二無我見——人無我，和法無我。通過修行，破除二無我，證入登地菩薩，即入成佛之道。阿羅漢為小乘最高果位，非佛地。菩薩最高果位，成佛。

參考文獻：《中國佛學大辭典》《百度百科》相關詞條等。

第四章

❶參見第三章注釋❸

❷經行法——經行（巴厘語：caṅkamati），又稱行禪，佛修行法門的術語，一種以步行方式來修行止觀的方法。 經行也是一種禪修法，是動中禪的特殊形式。即安那般那禪修的一種。它是禪坐的有力輔助修法，對提升覺知力有殊勝的助緣作用。經行一般選在戶外林中空氣清涼的空場地，即一條直線約二十到三十步的平坦地面即可。步行來回經行。緩緩地走，帶著專注的覺知走，維持不變。一般在早晚進行，

也可一天多次經行。也可以選擇在室內一定量的空地修煉經行。經行的主要目的是提高時時的覺知力，提高動中定的能力，從而增長慧力。尤其適合現代浮躁社會的人修持。現代人坐禪肯比登天。

參考文獻：《維琪百科》《百度百科》《佛學大辭典》相關詞條等。

❸《事事本無礙》——作者：肯恩・威爾柏（英語：Kenneth Earl Wilber II，1949年1月31日），美國哲學家、超個人心理學家、整合理論家，一位深居簡出的修持者。在1998年，他創立了整合學院，教導及應用整合理論。《事事本無礙》一書，應該是一部非常接近佛法意識修行的書。他在書中的封面獻詞："無邊界，東西方的個人成長方法。"顯然道出了書中的主題。他所說的無邊界，很接近佛法的二無我見，即外境無邊界，內心也無邊界，為何無邊界？按他的觀點，無論外境還是意識，都不存在，無有生滅，空而已。這個理念已經非常接近了佛法。所以說，他應成為美國最好的佛弟子。書中對佛陀的法門也是倍加遵從和隨順。書中還介紹了一些修持的實操方法，值得參考。英語母語國家對內明智學和佛法感興趣的人，建議除閱覽佛經以外，閱讀《事事本無礙》，也會受到很大的啟發。

第五章

❶三觀——當代流行語：世界觀，價值觀，人生觀。

所謂世界觀，即個人對世界總的看法，此看法由於是廣大眾生的流行語，所以並非哲學意趣的世界觀。而是對整個社會、民族、國家、國際社會地球及環境等的一種總的認知和看法。如，理想主義的世界觀，認同世界是在朝美好的方向發展，人類會越來越進步，越有道德感，越來越有地球村團結和諧的氣象，歲月靜好是必然等等。相反悲觀主義的世界觀，與之正相反。感覺世界末日在一天天到來，人類在一天天墮落，等等。還有一種現實主義的世界觀，持不卑不亢的態度，只關注當下的一切，不關心世界怎樣，把自己過好就行了。當然還有很多種的世界觀。

所謂價值觀，即對整體綜合事物價值的肯定或否定標準。價值觀這個題目也非常龐大複雜，涉及社會民族國家及個人的方方面面。比如，智能手機的價值觀，住房的價值觀，職業的價值觀，文化類的價值觀，信仰的價值觀，等等，不勝枚舉。

所謂人生觀，即對人生總體的看法，尤其是對人生的意義乃至活著的意義之觀感認知，是人生觀的核心意識。以上三觀的總和，是現代人社交是否成友的一種參照標準。三觀相同者，成為朋友的機緣可能性就很大，反之，成為路人。

參考文獻：《百度百科》相關詞條等。

❷《周禮》——請參見第二章中的注釋❼西周朝代社會條目

❸貞觀之治——是指唐太宗李世民在位二十三年（西元 627 年～649 年）期間的清明政治。此時的唐太宗能任人廉能，選賢用能；廣開言路，虛心納諫，重用魏徵等諫臣諍臣而不受追究；並採取了以農為本、厲行節約、休養生息、文教復興、完善科舉制度等政策制度以讓社會出現安定的局面；大力平定外患，尊重邊族風俗，穩固邊疆。

他在位二十三年期間，只使用一個年號，為"貞觀"（627 年～649 年），故史稱"貞觀之治"。這是自西周理想和平社會以來，又一度出現的大一統帝國時代絕版的繁榮和平的強盛朝代。可惜時間就是太短暫了！之所以會出現貞觀之治的清明繁榮局面，主要因素如下：李世民本人深信佛教，禮敬佛教，並大力推廣佛教，甚至佛教自然成為了一種准國教，在上於儒道之教。特別是對唐玄奘大師西天取經的珍視，為他的執政增添了巨大的福德和福報。再有就是，從諫如流

（官員可以隨時向皇帝諫言，而不受追究），整理官治（合理使用官員），完善體制。他下令合併州縣，革除"民少吏多"的弊利，有利於減輕人民負擔。制定法律儘量輕刑。唐太宗十分注重法治，他曾說："國家法律不是帝王一家之法，是天下都要共同遵守的法律，因此一切都要以法為准。"法律制定出來後，唐太宗以身作則，帶頭守法，維護法律的劃一和穩定。經濟上實行均田制與租庸調製，獎勵墾荒，使農民有可能安定生產，耕作有時，衣食有餘，安居樂業，促進了經濟的發展。對災區免除租賦，開倉賑恤。另外還緊縮政府機構，以節省政府開支。總之，唐太宗由於篤信佛教，並承佛法行事，使得他慈悲心大開，世間智慧也倍增，於是才有了善用王權和王法的巨大成果：政治、經濟、法律、社會民生、文化、教育、軍事等諸多國家支柱方面，取得了全面繁榮昌盛的和平大好局面。為後世統治者留下了"清明政治和諧政治"的典範作品和遺產。贏得了大唐盛世的美譽，流傳於全世界。

參考文獻：《百度百科》《維琪百科》相關詞條等。

❹唯識學——唯識學是繼大乘中觀學之後印度佛學的主流與核心。大約從三到七世紀五百年中，唯識思想一直保持很大的優勢，對其他各種思想與學說產生了很大的影響。公認的唯識學法門立言者為彌勒菩薩。以《瑜伽師地論》為準繩。這應該是唯識學的正理。理由是彌勒菩薩為大聖者，所說法與佛說等同。"唯識無境"是唯識的核心法眼句。大體說，唯識學可分為古義唯識學與新義唯識學兩大體系。古義唯識學源頭為《瑜伽師地論》《攝大乘論》（無著菩薩著）及世親菩薩的一些論著，如《三自性論》等。新義唯識學系列，基本依唐玄奘

翻譯的《成唯識論》為主要藍本（印度十大論師言）。但是按隨順佛法的接近程度來看，古義唯識學更應與佛法相應，不失原義。因為古義唯識是隨順佛三時正教法而正解唯識法理。

清末以後的唯識學在中國、日本及歐美各國曾廣泛流行，佛學界掀起過唯識學熱的浪潮。之後49年後中國唯識學熱迅速冷卻了下來，直到最近10年來，又開始了唯識學的熱議。但是極少有人真能正解唯識學原理。唯識學雖然比較艱深難懂，但只要掌握了要領精髓，其實就是一件簡單的事了。其要領即是解悟透徹"三自性"與"三無自性"原理。但必須是解悟了佛三時判教法所說的部分經典後方可理解。

參考文獻：《維琪百科》《百度百科》《解深密經》等。

❺五福文化——最早出自中國古書《尚書·洪範》。所記載的五福是："一曰壽、二曰富、三曰康寧、四曰修好德、五曰考終"。

其意思：一是滿足長壽，二是財富滿足，三是身心健康安寧，四是修善德行，五是自然老死無疾而終，後來中國人將五福的內容有所改變，前三者沒有改動，第四者改為子孫眾多。也有改成五福為：壽、富、貴、安樂、子孫眾多。

顯然五福文化的原始意義更為個人化一些，更進步一些，特別是將好德美德放在重要的位置，還將善終放在重要位置，這說明古代的五福文化更淳樸，更趨善，更趨精神性。而後來改動的五福，大大降低了五福文化的趨善內涵和個性化精神內涵。更加的物質化世俗化。尤其是將滿足善德行剔除，這是極大的善文化貶損。五福文化與官文化和合，深深灌注了中國人的潛意識當中。在當代中國人的性格和行為中，時時展露出五福文化的影子。

參考文獻：《百度百科》有關詞條等

❻西方極樂淨土——屬阿彌陀佛的淨土。供他方世界發願眾生來解脫居住之所。該淨土極為美好，沒有三惡道，沒有男女身，沒有諸苦，無量長壽，故稱西方極樂世界。阿彌陀佛成佛之前發過48個大願，其中有一大願是，願接引娑婆世界有罪業但希望求得生其淨土的臨命終時眾生前來居住，修行解脫。因此，西方極樂淨土是廣大的有罪眾生唯一的往生希望之地。只要發大願往生其土，並且常念"阿彌陀佛"名號，就有機會往生淨土。

參考文獻：《阿彌陀經》《觀無量壽經》《無量壽經》等。

第六章

❶黃帝內經——關於此書的介紹太過於複雜,我只能用極簡的方式將該書的精髓簡易說明一下:《黃帝內經》是一部綜合性的中國醫書,在是以假託黃帝之名,實依道家理論和《易經》理論地基上,建立起來的了中醫學大廈。該書的主要理論架構為:"陰陽五行學說"、"脈象學說"、"藏象學說"、"經絡學說"、"病因學說"、"病機學說"、"病症"、"診法"、"論治"及"養生學"、"運氣學"等學說,從哲學辯證法及整體觀上囊括了完整的中醫學理論,並且還詳述了診病治病調病養病養生的實操方法系統。包括:望聞問切診斷法,針灸法,刺血療法,中草藥配方法,治心療法,四季養生法,五臟養生法等等,幾乎包羅萬象。從理論上來,該書以陰陽五行辯證法構建的醫學理論體系,達到了哲學的高度。這在 世界醫學史上,可以說是一部理論性最完整的醫理巨著,而且至今該理論仍沒過時,仍是指導醫學醫療實踐中的指南針。簡言之,《黃帝 內經》應是一部整體的自然哲學醫理和醫療最上之作。所以永遠不會 過時褪色,至今仍是中國醫學院的基礎教科書。由於該書是建立在自 然哲學的地基上,所以書中的醫理醫法最具普適性,通用性。全地球人都可享用這份珍貴的遺產。它被後世尊為"醫家之宗"。就知識資訊含量來說,它的內容也十分廣博,記載了古代哲學、天文學、氣象學、物候學、生物學、地理學、數學、社會學、心理學、音律學等多學科知識和成果,並將這些知識和成果滲透到醫學理論及實操對治疾病之中。歷來受到廣大醫家和有關學科專家的重視,成為中、外學術界的研究物件。

參考文獻:《維琪百科》有關詞條。

❷宿命通——請參見第二章注釋❾

❸異熟識——梵語 vipaˆka-vijn˜aˆna。音譯毗播迦毗若南。是阿賴耶識的異名。是因果業報的主體,所以異熟識與阿賴耶識的功能一樣。為何名異熟識?因為唯識學家的認知,阿賴耶識所由善惡業所薰習而成,以業種子為增上緣而招感的異熟果(不同時空而生的不同果 報),故稱異熟識,

即為阿賴耶識之果相。異熟識約有兩種：一是假異熟識，另為真異熟識。即六識為假異熟識，因有間斷，所以非'真異熟'；第八識方是真異熟，因為它具有業果義、不間斷義、而且遍三界義，故稱真異熟識。

但是行者究竟成佛時，異熟識滅，不名為異熟識。所以異熟識之名僅存於善惡業之果位；成佛果時，異熟的因果全不存在。而極清淨佛性圓滿開顯。所以異熟識本質上也是虛偽假有，與雜染因果相應，不與清淨法相應。

參考文獻：《佛學大辭典》《攝大乘論》卷上、《成唯識論》卷二、卷三、卷五、卷八。

❹正法——梵語 sad-dharma，巴厘語 saddhamma。即正真之法。亦即佛陀所說之教法。又名白法（梵 s/ukla-dharma）、淨法，或稱微妙法。

凡是與佛法正理相應的法理，皆稱正法，反之，不想贏者即是非正法。正法的分辨非常重要，大略有幾種分辨法：原佛經典可判作正法，菩薩摩訶薩論，可判為正法，因為都是聖言量。即聖者所說言論。除此之外，皆為外道凡夫所說之法。但是雖是凡夫，但能說法與佛經義菩薩摩訶薩論義隨順相應，也可視為正法。否則為非正法。最難分辨非正法——相似佛法，即貌似佛法，其實是非正法。這是學佛人必須要注意的關鍵點。

參考文獻《佛學大辭典》有關詞條。

❺象法時期——強參見第二章注釋❻末法時期。

❻現量智——現證量、證量，古印度哲學術語，被唯識學中的因明學所沿用。是量的一種，意指經由各種感官體驗或經歷進而覺悟、體悟所印證的知識。指由感官和物件接觸所產生的直觀無分別的知識。具有概念思惟成分的有分別的知識，都是比量的知識，非現量知識，只有不加入思惟活動、不能用語言表述出來的純粹直接感覺，才是真現量。現量分現量識和現量智。一般凡夫都是現量識，沒有現量智。唯有聖者有現量智。智，即指般若智慧。聖者菩薩及佛都是現量印證空性的智慧，所以是現量智。

參考文獻：《維琪百科》《百度百科》

❼比量識——比量相對於現量而成立。即有分別的理性思維邏輯而得的知識為比量識。如媽，科學家，哲學家等通過研究分析與綜合的推理思惟及實驗所獲得的知識為比量識。比量識為間接所獲得的知識，與現量識有很大差距。比如具天眼通宿命通的人，就是現量識，或現量智。而依頭腦分別意識所推斷的知識，皆為比量識，比如預言家即是。有人說，也有一種可稱為比量智。即能隨順佛法智慧而通過如理

思維如理作意所解悟的真理，應為比量智。這個說法應該可以成立。還有一種叫非量識。非量識既不是現量也非比量，即烏合之眾的思維方式基本都是非量識。比如，人云亦云者，盲信者，隨心所欲者，信口開河者，妄語者等等皆屬於非量識。參考文獻：《維琪百科》《百度百科》等有關詞條。

第七章

❶《大般涅槃經》——大乘佛教的根本經典之一，是大乘五大部經

（1般若部、2寶積部、3大集部、4華嚴部、5涅槃部）涅槃部的第一位。大乘佛教的涅槃經與部派佛教的涅槃經有一樣的名稱，如現存的巴厘經藏的大般涅槃經、長阿含遊行經的不同譯本大般涅槃經。

《大般涅槃經》的重點是：佛在此經著重開示了"佛性"的秘密理則，將佛性全面的法理無死角地展示給眾生。除了此經以外，沒有一經能如此全面展開佛性的法義。所以此經也是究竟了義法大經。是學佛人最終必學之經。

❷《華嚴經》——也名《大方廣佛華嚴經》。被佛教界公認為《華嚴》一經，于三藏之王，末後歸宗。意思是，僅此華嚴一經，方可

概括佛三藏十二部全體之經典所有經義。也是佛法義理最終總結性的最大之經。華嚴經是一部經集，有分為四十卷者，六十卷者，八十卷者等。華嚴經是佛在菩提樹下初成佛時，對天界大菩薩、天人等說的經教。那時佛還未開始對地上眾生

轉大法。所以說，佛三轉法輪後，萬法不離其宗，最終又轉回到華嚴經進行總結。

末後歸結就是此義。中國漢地有專門的華嚴宗，也名賢首宗修行法門，主要依據即是《華嚴經》。但此宗弟子人數比較少，遠少於禪宗、淨土宗和唯識宗。

參考文獻：《維琪百科》《百度百科》《佛學大辭典》等。

❸菩薩摩訶薩——請參見第一章❹

❹六度——也名六波羅蜜多：佈施波羅蜜（檀波羅）持戒波羅蜜密屍波羅密）忍辱波羅蜜（羼提波羅密）精進波羅蜜（毗梨耶波羅密）禪定波羅蜜，般若波羅蜜（智慧波羅蜜）。這是大乘佛法的根本修行成佛法門。不修此六度，成佛無有是處。六種波羅蜜中，般若波羅蜜為最上和根本。行前五者波羅蜜時，皆不可離般若波羅蜜。即不離三輪體空。一輪我者空，二輪事者空，三輪行為者空。

參考文獻：《維琪百科》《佛學大辭典》《大般若經》等

❺般若智慧——般若"為梵語 Prajñā 音譯，本義為"超越之智慧"。字根為 प्र- (Pra) 超越的、超前的。從法義上理解般若，即是空性之義。即空性智慧，是般若智慧的本質屬性。

般若智慧反應了佛法的最主要大門——空門。空門是佛法與其他一切外道所修行之法的不共之法。也是根本區別之一。

般若智慧分三種：文字般若，觀照般若，實相般若。文字般若主要對應於通過文字言說學習佛經教而獲得解悟的般若智慧。凡夫能通過思惟修所能解悟到的般若智慧。

觀照般若主要對應于修行人通過禪修（觀察義禪）而實修所體悟到的般若智慧。地前菩薩所能達到的覺悟境界。

實相般若，對應于修行者實際證悟到的真實相，或真實性而言。即登地菩薩位所達到的境界。

參考文獻：《維琪百科》《百度百科》《佛學大辭典》《大般若經》《楞伽經》等相關詞條或詞彙。

❻兜率天——兜率天，梵名 Tuṣita，巴厘文 Tusita，藏文 Dgah-idan，又譯作睹史多天、兜駛多天等，意譯為妙足天、知足天、喜足天、喜樂天。為欲界六天中的第四層天。地上人間四百年，為兜率天一晝夜；兜率天人壽為四千歲。兜率天分外院與內院。外院為一般有福德但缺智慧眾生居住，內院為一生補處菩薩居所，有福德智慧並發願往生兜率天的眾生隨其居住修行。現在彌勒菩薩正在此內院度化有緣眾生。閻浮提世界所有一生補處菩薩都居住於兜率天。釋迦牟尼佛成佛前也同樣居住於兜率天內院。

兜率天雖屬欲界天，但此界也相當美妙。尤其內院也為清淨之土。有《彌勒上生經》作證。所以眾生學佛未來的去處，往生兜率天也是一種殊勝的選擇。

參考文獻《維琪百科》《百度百科》《彌勒上生經》等相關詞條或詞彙

❼六神通——請參見第二章❾

❽一生補處菩薩——請參見第七章❻

❾龍樹——龍樹菩薩摩訶薩。初地歡喜地菩薩。是佛親授記菩薩，見《楞伽經》及《摩訶摩耶經》。約生於西元二至三世紀。大乘佛教的開創者，佛法大論師，辯才無礙。龍樹出世前，印度96種外道邪說遍地。他證入初地菩薩後，廣開大乘佛佛法，著作頗多，主要有《中論》《十二門論》《大智度論》等巨著。主要論說解釋《大般若經》法義。闡述大乘佛法的般若核心法義——空門。

當時的外道普興辯論成風，但他們遇上龍樹，都紛紛敗下陣來，被龍樹所降伏，度化為佛弟子。據資料，現有大乘經典多為龍樹證入歡喜地菩薩後，從海底龍宮中取出，傳播於世間。如《華嚴經》即是。龍樹菩薩還訂立佛教儀軌服飾寺廟規制及戒律制度等項繁雜工作。也就是說，現在大乘佛寺廟的建築和律法規制，都是承繼了龍樹的衣缽。龍樹也是佛三時判教法中二時教法的主說人。是世界佛教史中第二個里程碑人物（釋迦牟尼佛是第一里程碑）。

參考文獻：維琪百科》《百度百科》等相關詞條

❿無著——約出生於西元二至三世紀，於龍樹涅槃後約一百年後出世。無著為婆羅門種性，出身健馱邏國，自小受完整婆羅門經典教

育，但受到佛教影響，出家為僧，接受大小乘佛法，修行空觀，但意猶未安。於是入定上兜率天詢問彌勒菩薩，得其教導悟入大乘登地菩薩。成為龍樹菩薩之後世界佛教史上第三個里程碑。

無著菩薩是傳授佛第三時判教法的開創者，尤其以《攝大乘論》為最重磅之作。書中全面論述了佛第三時教法中的唯識學法義。是今天唯識學人的必學必修之作。《攝大乘論》也曾影響激勵了玄奘大師動念啟程往印度出走取經的大願。

參考文獻：《維琪百科》

⓫世親——世親為婆羅門種姓，出生在健馱邏國，為無著的弟弟，從小受完整的婆羅門經典教育。世親初於說一切有部出家，通曉小乘佛法，作《阿毘達磨俱舍論》。後來，其兄無著勸其改宗大乘，轉而弘揚大乘唯識宗義。主要論著《三自性論》《大乘百法明門論》。世親菩薩雖未證入登地聖者菩薩位，但已證入賢位菩薩四加行地的暖位菩薩，距離登地菩薩只差分毫。所以他的論著可視為佛說法義。

⓬三時教法——又作三時判教，或三轉法輪。指佛陀教法的三個時期。唯識宗的三時判教，是唐代窺基，根據《解深密經·無自性相

品》之三時說而立的。但後人沒引起重視。導致窺基大師以後無人繼承，唯識宗停擺諸多世紀，直到清末民國初年，才被少數學佛知識份子重新整合。但是三時判教法卻沒能受到佛學界的普遍瞭解和認同。則導致相似佛法滿天飛，嚴重障礙了學佛人和佛弟子正確熏習佛法的唯一正路徑。

應該說，三時判教法是正聞學習佛法的唯一正路徑。而且適合於佛教任何宗派學佛人契入佛法正教理。否則就易走向歧路，墮為相似佛法見。中國漢傳佛教近兩千年的佛教史已經證明瞭這一點。

注意：不要強調認為，三時判教法是三個時段佛說的不同法義。而應該強調認同：所謂三時教法，是根據佛法從不了義法（一時——有，阿含時）到相對了義法（二時——空，般若時），再到究竟完全了義法（三時——正真中道，唯識與涅槃時）的次第過程。

另，《成唯識論述記》卷一也有關於三時判教的論說：

一、第一時判教，釋尊于初時為發趣聲聞乘者宣說四諦之理，稱為第一時有教。指阿含經》等所說'我空法有'之旨，謂一切存在均由因緣所生滅，故無實體，然實有構成存在之要素，故稱有教，指小乘。

二、第二時判教，釋尊為發趣大乘者講說'諸法皆空'之理，如《般若經》等之說，謂一切萬法本來即為空，此系否定之教法，稱為空教，指大乘空宗。

三、第三時判教，釋尊普為發趣一切乘者講說中道之義，如《華嚴經》、《解深密經》等，以三性三無性之說，談空之真意，肯定非有非無之中道，故稱中道教，指唯識宗。這個論說與佛經《解深密經》所說相應。

參考文獻：《佛學大辭典》《解深密經》《密教部——佛說文殊師利法寶藏陀羅尼經》等

❸請參見 YouTube 頻道：【中英字幕】Aquarian Gospel: Jesus studied Buddhism and became a monk in India? 有關《水上門徒行傳》的記載：耶穌曾在印度學佛並出家？

❹關於《聖經》有關輪回的言說："「因為眾先知和律法說預言到約翰為止。你們若肯領受，這人就是那應當來的以利亞。（馬太福音 11：13-14）"。

「門徒問耶穌說：『文士為什麼說以利亞必須先來。』耶穌回答說：

『以利亞固然先來，並要復興萬事。只是我告訴你們，以利亞已經來了，人卻不認識他，竟任意待他。人子也將要這樣受他們的害。』門徒這才明白耶穌所說的是指著施洗的約翰。」（馬太福音 17：10-13）

「下山的時候，耶穌囑咐他們說：『人子還沒有從死裡復活，你們不要將所看見的告訴人。』門徒將這話存記在心，彼此議論從死裡復活是什麼意思。他們就問耶穌說：『文士為什麼說以利亞必須先來。』耶穌說：『以利亞固然先來，復興萬事。經上不是指著人子說，他要受許多的苦，被人輕慢呢。我告訴你們，以利亞已經來了。他們也任意待他，正如經上所指著他的話。』」（馬可福音 9：9-13）

「他們又問他說，『這樣你是誰呢？是以利亞麼？他說，『我不是』

『是那先知麼？』他回答說，『不是。』於是他們說，『你到底是

誰？叫我們好回覆差我們來的人。你自己說，你是誰？。』他說，

『我就是那在曠野有人聲喊著說，修直主的道路，正如先知以賽亞所說的。』那差來的是法利賽人。他們就問他說，『你既不是基督，不是以利亞，也不是那先知，為什麼施洗呢？』約翰回答說，『我是用

水施洗，但有一位站在你們中間，是你們不認識的，就是那在我以後來的，我給他解鞋帶，也不配。」（約翰福音 1：21-27）

「耶穌過去的時候，看見一個人生來是瞎眼的。門徒問耶穌說，『拉比，這人生來是瞎眼的，是誰犯了罪，是這人呢？是他父母呢？』耶穌回答說，『也不是這人犯了罪，也不是他父母犯了罪，是要在他身上顯出神的作為來。」（約翰福音 9：1-3）

「我是在罪孽裡生的。在我母親懷胎的時候，就有了罪。」（詩篇 51：5）

「凡動刀的，必死在刀下。」（馬太福音 26：52）

「用刀殺人的，必被刀殺。」（啟示錄 13：10）

「以眼還眼，以牙還牙，以手還手，以腳還腳，以烙還烙，以傷還

傷，以打還打。」（出埃及記 21：24-25）

❶❺三藏十二部——三藏即經、律、論，十二部即佛說經按體例形式和內容分為了十二類別，亦稱十二分教，即長行、重頌、孤起、譬喻、因緣、無問自說、本生、本事、未曾有、方廣、論議、授記。這十二

部類別其實都含在三藏之中（經，律，論），非單獨添加的十二部類別的經典。萬不可誤解。

參考文獻：《佛學大辭典》《百度百科》相關詞條

❶❻常樂我淨——取自《大般涅槃經》根本法義。佛性的另一種表法。 即佛性（常樂我淨）只有完全徹底去除了"四顛倒"之後，方得 開顯真正的常樂我淨（全然的佛性）。四顛倒——行者妄執為無 我見，無常見，無樂苦見，不淨染見。當然這是修行成佛的必經 程式，無四顛倒，即無真實的常樂我淨。這是《大般涅槃經》的 根本究竟了義處。

去除四顛倒的常樂我淨，才得真正的常樂我淨，即所謂四德——常般若波羅蜜德，樂般若波羅蜜德，我般若波羅蜜德，淨般若波羅蜜德。此四德即為諸佛之究竟涅槃境界。

參考文獻：《大般涅槃經》《大乘莊嚴經論》《百度百科》等。

❶❼參考文獻：《長阿含經》第一經——大本經。《太子瑞應本起經》卷上。

完

作者：沙默

2024 年 1 月 25 日

www.ingramcontent.com/pod-product-compliance
Lightning Source LLC
Chambersburg PA
CBHW081152020426
42333CB00020B/2489